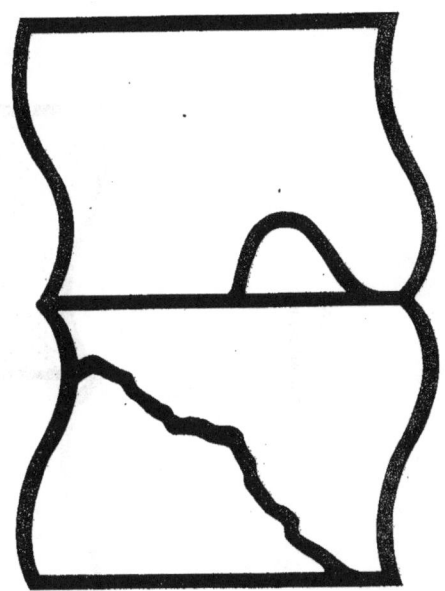

Texte détérioré — reliure défectueuse

NF Z 43-120-11

Contraste insuffisant
NF Z 43-120-14

BIBLIOTHÈQUE MORALE

LA JEUNESSE

2ᵉ SÉRIE IN-4°

BIBLIOTHÈQUE MORALE

LA JEUNESSE

2ᵉ SÉRIE IN-4º

Bataille de Saint-Privat.

L'ALSACE-LORRAINE

HISTORIQUE ET LÉGENDAIRE

PAR

E. DELAUNEY

AVEC GRAVURES DANS LE TEXTE

ROUEN
MÉGARD ET Cⁱᵉ, LIBRAIRES-ÉDITEURS
1889

Propriété des Éditeurs,

L'ALSACE-LORRAINE

HISTORIQUE ET LÉGENDAIRE.

I.

Une Naïade prisonnière.

Francis Lytton s'impatientait.

On est Yankee ou on ne l'est pas ; et lorsqu'on a traversé l'Atlantique, parcouru toutes les capitales de l'Europe, interviéwé des têtes couronnées ou certains chanceliers qui se croient au-dessus des souverains de la terre; qu'on a fait tomber à prix d'or les barrières réputées les plus solides, et, d'un magique Sésame, entr'ouvert devant soi les portes les mieux condamnées, il est dur d'être arrêté par une simple cahute en planches.

Or, c'était le cas.

Francis Lytton, qu'un récent accident de chasse rendait valétudinaire avant l'âge, avait été envoyé par une des célébrités médicales du jour aux eaux de Bussang (Vosges), pour y chercher une revivification des organes vitaux. Et précisément pour que la cure fût aussi rapide qu'on le pouvait désirer, le jeune homme, amateur passionné de belle nature, consacrait à des excursions journalières ses forces renaissantes.

Au mois de juin 1886, deux ou trois jours après son arrivée dans le pays, il était parti de bonne heure et sans guide, ayant en secrète aversion ce modeste et utile accessoire du bagage d'un voyageur. D'ailleurs, il voulait présenter ses hommages à une nymphe des eaux qu'il se figurait volontiers timide et gracieuse. Point n'était besoin d'un tiers pour cela. Poète à ses heures, Lytton savait tout ce qui se cache de délicieux, d'innommé, là où le commun des mortels ne voit qu'une source murmurante, une ramure agitée par le vent, un nid où palpitent de jeunes ailes fraîchement écloses. Et ces choses, pour les savourer, il faut être seul ou n'avoir avec soi qu'un de ces amis rares qui vous complètent en doublant l'intensité de votre vie et de vos jouissances. Or, ce *rara avis*, il ne le possédait pas, et, partant, il préférait être seul.

Pour continuer notre comparaison tant soit peu renouvelée des Grecs, disons que le jeune touriste s'acheminait vers la Naïade qui préside aux destinées de la Moselle, cette rivière charmante entre toutes, dont la vallée, tant en France qu'en Allemagne, jouit d'une réputation méritée. Il en avait entendu vanter si fort le parcours accidenté, qu'il se sentait une velléité de le suivre en voiture jusqu'au confluent de la Meurthe, près de Nancy; ce qui constituait, lui assurait-on, l'excursion la plus pittoresque et la plus variée qui se pût faire.

En attendant d'avoir reconquis sa liberté d'action, pour le moment aliénée entre les mains de la docte Faculté, et de pouvoir mettre ce projet à exécution, il voulait avoir visité la source, et voilà qu'il était arrêté par l'obstacle le plus irritant,

Il était parti de bonne heure et sans guide.

parce que c'était le plus vulgaire : quatre planches fermées par un cadenas. Il avait avisé un petit pâtre dans le voisinage et avait appris de lui que, la source jaillissant dans un pré —

cela se voyait du reste — le propriétaire, trouvant à juste titre que les pèlerinages des amateurs de sources détérioraient son pré, avait pris le parti de mettre sous clef l'objet de l'adoration des étrangers et de se dédommager par le prix attaché à la possession de la susdite clef du préjudice causé à son herbe verdoyante.

— Où se trouve cette clef?

— Ce n'est pas l'heure des visites, monsieur, avait répondu le petit pâtre; elle est tout là-bas, tout là-bas. Il faut donner cinq sous.

Evidemment, en ajoutant ce renseignement qui ne lui était point demandé, le jeune pastour voulait mettre le voyageur en garde contre ce qu'il considérait comme une grosse dépense pour un bien piètre profit.

Lytton ne s'arrêta pas à cette suggestion d'économie, et, lui jetant une pièce de 1 fr. que l'enfant attrapa au vol, il lui dit :

— Cours me la chercher.... tout là-bas, tout là-bas.

Le petit berger avait pris ses jambes à son cou ; mais, soit que le propriétaire fût moins matinal que le voyageur, soit que, mal réveillé, il ne se rappelât pas ce qu'il avait fait de la clef, l'enfant tardait beaucoup.

Lytton avait commencé par jouir des senteurs aromatiques qui trahissent l'approche de la fenaison, des chants d'oiseaux qui éclataient de toutes parts en joyeuses fanfares, de cette transparence de l'air matinal qui permet à l'œil d'embrasser mille détails perdus plus tard sous les rayons du soleil de midi, de tout un peu en un mot. Puis il avait songé à son journal, le *New-York Herald,* auquel il était attaché, puis aux nouvelles que pourrait bien lui apporter le courrier du matin ; et c'était peut-être la pensée de ce courrier dont l'heure approchait, qui lui faisait maintenant trouver le temps si long.

Heureusement qu'il lui survint un nouveau sujet de distractions : c'était jour de marché à Urbès, et les jardinières se succédaient sur la route. Ce n'était pas la première fois qu'il avait l'occasion de s'émerveiller de la proverbiale beauté du type bussenète, surtout parmi les femmes ; beauté singulière dont on ne peut chercher l'explication que dans une cause toute particulière, puisqu'elle est spéciale à la localité. Ce type n'a pas, à proprement parler, de caractère distinctif, n'étant ni blond ni brun ; cependant il fait l'admiration de tous les étrangers par une fraîcheur, un joli, un gracieux vraiment ravissant. La fille des champs, souvent lourde et commune ailleurs, a, dans cette région des Vosges, des traits fins et expressifs, les attaches et les extrémités mignonnes, la taille souple et cambrée ; ajoutez à cela le délicieux costume des montagnes vosgiennes que, dans leur naïve coquetterie, ces charmantes filles d'Ève ont eu le bon esprit de conserver : une cornette à fond clair, bordée de velours noir, enrubannée à profusion, un fichu rose modestement croisé sur un corsage sombre, dont tout le mérite consiste dans la façon dont il est ajusté. Et comme on était en été, un immense chapeau de paille à nœuds noirs jetait son ombre discrète sur ces frais minois de paysannes que plus d'une marquise envierait.

Ainsi occupé, Lytton s'était peu à peu éloigné de la source. Il ne se doutait pas qu'il n'était plus seul. Sa promenade l'ayant ramené près de la baraque en planches, il s'étonna de voir un étranger à la haute stature, et que ses favoris blonds, le monocle collé sur son œil bleu et un flegme tout britannique, faisaient de loin reconnaître pour un fils d'Albion.

Il n'est point d'usage entre Anglais et Américains de s'aborder sans être bien et dûment présentés. Toutefois, malgré leur flegme, les Anglais ne sont pas non plus réputés pour la patience, et sir Henry Lionels comptait les minutes triples dans cette station imprévue. Il examinait son compagnon d'impatience d'un œil discret, et, reconnaissant en lui un homme de son monde, il pensa que la liberté d'une ville d'eau l'autorisait à l'interpeller.

— Savez-vous, lui demanda-t-il en anglais, pourquoi cette source n'est pas visible?

Francis Lytton répondit de même en communiquant les quelques renseignements qu'il avait pu recueillir de la bouche de son messager.

— C'est surprenant, reprit l'Anglais; il n'en était point ainsi autrefois. Je suis venu avec ma mère il y a quelques années, et la source était libre. C'est une niche que le propriétaire aura voulu faire aux touristes allemands. Je sais qu'il est de tradition pour eux de venir en cet endroit pour une libation spéciale.

— Tiens, pourquoi? demanda Lytton.

— C'est peut-être un moyen d'indiquer qu'ils espèrent reconquérir un jour ce qui leur revient de droit.

— C'est sujet à discussion, remarqua froidement Lytton, et dans ces conditions, je ne m'étonne pas de la mesure que j'étais prêt à déclarer vexatoire. C'est peut-être également à titre de symbole que les Français ont enfermé cette source?

— Je ne sais; mais c'est fort ennuyeux pour nous autres Anglais, conclut nonchalamment sir Lionels.

En ce moment le jeune pâtre accourait tout essoufflé, suivi de loin par une vieille femme qui n'entendait pas être frustrée de ses 10 sous, l'enfant ayant trouvé sage de garder pour lui l'intégralité de sa bonne aubaine.

La visite s'acheva sans encombre. Lytton trouva la nymphe prisonnière sombre comme son eau, privée des caresses du soleil. Il ne put entrer en communion d'esprit avec elle, et, dois-je le dire? cela lui gâta un peu sa Moselle.

En quittant la source, les deux jeunes gens tirèrent chacun

de leur côté en gens bien appris, et Lytton, réfléchissant aux quelques mots échangés pendant leur rencontre, se disait :

— Comme un principe faux suffit pour aveugler un peuple ! Voilà cet Anglais monarchiste qui fait cause commune avec la Prusse impériale, uniquement parce que la fille de sa reine est appelée à régner un jour dans ce pays-là ! Ne faut-il pas être aveugle ou de mauvaise foi pour contester que la France ait droit à ces limites naturelles que le bon sens des anciens avait consacrées, que la première République avait revendiquées et conquises, que l'orgueil insensé des Napoléons a remises en péril ? Et si la Gaule avait le Rhin pour frontière naturelle, à plus forte raison la France actuelle avait-elle des droits imprescriptibles à cette rive gauche du grand fleuve qui lui a été ravie. Ah ! ce monde sera un pauvre monde, tant que les géographes n'auront point à enregistrer sur leurs cartes les Etats-Unis d'Europe.

Et sur cette réflexion philosophique, Francis Lytton siffla l'air de *Yankee Doodle*, pressa le pas et put bientôt décacheter son courrier, qu'un petit nègre qui lui servait de groom lui apportait en folâtrant dans le parc délicieux au milieu duquel s'élève le grand *hôtel des Sources*.

II.

Edel-Sass.

Quelques jours plus tard, Lytton parcourait, pour la vingtième fois peut-être depuis son arrivée, les hauteurs de Bussang. C'était sa promenade favorite.

De ces hauteurs le regard plane sur une partie de la Suisse, de la forêt Noire et du Rhin. Si, après s'être reposé sur les lignes adoucies du Ballon d'Alsace, l'œil, toujours avide de lumière et d'espace, se hasarde plus haut, il rencontre dans un lointain vaporeux les arêtes hardies des pics menaçants de la chaîne des Alpes venant noyer dans l'azur les blancheurs nacrées de leur manteau de glace. Si, au contraire, lassé de ces perspectives infinies, il s'abaisse vers le sol, il aperçoit, traînant à terre comme un manteau royal, la verdure sombre qui a fait donner à cette région le nom de forêt Noire. Ailleurs, les grands bois sont coupés de taches étincelantes qui marquent la place de tel ou tel lac.

Les points de vue ravissants, tour à tour agrestes et sévères, se succèdent à l'horizon, et l'on conçoit qu'avec sa nature d'artiste, Lytton aimât à savourer longuement cette fête des yeux où le cœur et l'intelligence trouvent si facilement leur compte. Aussi fut-il vraiment froissé en se trouvant, au détour d'un sentier, au milieu d'une société élégante et nombreuse. Il se préparait à saluer froidement les quelques personnes qu'il connaissait, lorsqu'une femme charmante encore, quoiqu'elle eût dépassé la cinquantaine, avec laquelle il avait lié une de ces intimités relatives que favorise le séjour des villes d'eaux, vint à lui, et, le tirant un peu à l'écart, lui dit :

— J'ai une faveur à solliciter de vous, mon cher monsieur Lytton.

Aussitôt, oubliant, dans son désir d'être agréable, la minute de contrariété qu'il venait d'éprouver, il se mit à la disposition de l'aimable personne qui réclamait son obligeance. Elle l'informa en quelques mots de ce qu'elle souhaitait de lui. Il en résultait qu'elle avait pris sous sa protection un jeune Anglais que la mort de sa mère avait plongé dans une profonde douleur mal consolée, et qu'à la veille de partir, elle désirait le recommander à quelqu'un qui l'arrachât à son isolement et à un commencement de spleen dont elle s'effrayait pour lui.

— J'ai si bien apprécié votre aimable talent de causeur dans nos longues conversations des jours de pluie, lui disait-elle, que je veux en faire bénéficier mon protégé. Voilà pourquoi je prends sur moi de solliciter l'autorisation de vous le présenter, pour que vous tâchiez de l'aimer et de le rattacher à la vie.

Sur la réponse affirmative qui lui fut faite, la comtesse fit un petit signe amical, et, à la grande surprise de Francis Lytton, ce fut son interlocuteur de la source qui répondit à ce signal, et lui fut officiellement présenté sous le nom de sir Henry Lionels.

Restait à savoir ce qui adviendrait de cette présentation.

Quelques jours plus tard, les deux jeunes gens étaient inséparables; car sir Henry s'était fait l'ombre de l'aimable compagnon auquel, bien inspirée, la comtesse l'avait confié. Celle-ci n'avait point exagéré en prisant bien haut les qualités brillantes du journaliste américain. A un savoir solide, Lytton joignait une belle intelligence, une imagination bien équilibrée et un rare esprit d'analyse. De plus, sa parole facile reflétait la grâce primesautière de son style élégant et mouvementé.

Sir Henry Lionels était tout le contraire. Timide à l'excès, défiant de lui-même, sujet à des accès de splénétique tristesse, il n'était à son aise que lorsqu'il se sentait quasiment en tutelle. Son âme semblait appartenir à cette famille des plantes frêles qui ne prospèrent qu'en s'étayant sur autrui; mais il faut convenir que, sous une direction éclairée, le grand enfant prenait de l'aplomb, s'épanouissait peu à peu et laissait entrevoir une riche nature capable de toutes les délicatesses du sentiment. Seulement un dragon veillait à la porte de ce cœur d'or, et ce dragon s'appelait la fausse honte.

Un point qui n'avait rien en apparence de fort intéressant pour aucun des deux amis, les unissait et les divisait à la fois; et, chose étrange! ce point était celui-là même qui avait fourni le texte de leur première conversation au bord de la Moselle : l'antagonisme de la France et de l'Allemagne.

Là-bas, dans ce pays des Vosges, proche des nouvelles frontières si artificielles, qu'il faut à chaque instant consulter telle ou telle borne pour savoir si l'on est en France ou en pays conquis, la plaie douloureuse de l'annexion est plus sensible qu'ailleurs. On n'en a point pris son parti — on ne le prendra jamais — et la souffrance qu'elle occasionne se trahit vingt fois le jour par un regard douloureux, un demi-mot furtif, un sourire éloquent, un regret à peine articulé, que Lytton, avec ses sympathies de républicain pour la France républicaine, devinait, et avec lesquels il sympathisait. L'expression de cette sympathie surprenait sir Henry et le choquait presque comme une anomalie.

— Que trouvez-vous donc de si fâcheux à ce que l'Alsace-Lorraine soit retournée au Fater-land dont elle était séparée? demandait-il un soir. Nous sommes simplement en présence d'une rétrocession légitime. C'est depuis deux siècles que son sort était à plaindre.

— Vous plaisantez, sir Henry. Une rétrocession légitime! Mais depuis quand une amputation, un démembrement par la force brutale, seraient-ils consacrés par un terme aussi impropre? Et que faites-vous de l'histoire? L'Alsace et la Lorraine ne sont-elles pas gauloises au même titre que la Normandie ou la Bretagne? Et l'Alsace plus encore peut-être, parce que, province frontière, elle a plus souffert des grandes invasions de barbares qui ont, au commencement de l'ère chrétienne, rajeuni le sang des races occidentales par l'infusion de celui des races orientales.

— Remonter aux Gaulois? Pourquoi pas au déluge? se récria sir Henry, qu'une santé délicate avait éloigné des fortes études et qui n'était que médiocrement versé dans l'histoire et surtout dans sa philosophie.

— Parce qu'il faut toujours en revenir aux origines; que c'est la seule manière équitable de procéder, si vous voulez de bonne foi établir la question de droit entre la France et l'Allemagne.

— Je serais curieux de voir comment vous vous y prendriez, dit flegmatiquement l'Anglais, pour lequel la question était résolue d'avance.

— Cela vous intéresserait-il? demanda Francis, toujours occupé des convenances des autres. Je ne voudrais pas vous imposer un cours....

— M'imposer! interrompit sir Henry avec autant d'animation qu'il était dans sa nature d'en montrer. Ce sera pour moi un vrai plaisir. Je vous reconnais un esprit supérieur et ne vous crois pas incapable d'arriver à me démontrer que le blanc est noir, et c'est précisément ce qui m'inspire le plus vif désir de vous écouter.

— Et si je réussissais à vous convaincre?

L'Anglais eut un sourire d'incrédulité.

— J'admirerais votre talent et je mettrais en doute mon bon sens, voilà tout.

Francis Lytton se piqua au jeu.

— Nous verrons, fit-il.

Et il alluma un pur havane qu'il mâchonnait depuis le commencement de la discussion.

— Vous ne contesterez pas, reprit-il, qu'en dehors de l'Espagne et de l'Italie, il existe en Europe peu de pays mieux délimités que l'ancienne région gauloise. Et notez que je ne parle ni des mers, ni des Pyrénées, ni des Alpes, frontières que nul ne peut contester, mais seulement de cette autre frontière naturelle qui s'étend de Bâle à la mer du Nord et qui est formée par un cours d'eau important, puisqu'il a treize cents kilomètres de longueur.

— Le Rhin?

— Oui. Le malheur, c'est qu'au point de vue militaire, le Rhin, même à l'époque reculée où ses bords étaient défendus par d'immenses forêts et des marécages, n'a jamais présenté qu'un obstacle trop facile à franchir; ce qui explique la succession d'incursions dont il a été le témoin et le complice inconscient.

— Pardon; mais de ce fait qu'elle fut enclavée par le Rhin, s'ensuit-il que l'Alsace-Lorraine fit partie intégrante de la Gaule?

— Oui, tout nous l'atteste, et je vais vous le démontrer. Au temps du paganisme, qu'est-ce qui constituait l'homogénéité d'un peuple? C'était l'homogénéité de la croyance; or, ici, la religion était la même que sur les plages où déferlent les vagues de l'Atlantique, puisqu'on y rencontre presque aussi souvent qu'en Bretagne — le pays aux souvenirs druidiques par excellence — les menhirs, les dolmens, les cromlechs, qui font revivre à nos yeux cette race si forte, qu'une des premières elle fit éprouver à Rome les angoisses de l'invasion.

Lorsqu'à leur tour les Romains s'emparent de la Gaule, ils la veulent tout entière : la Gaule Celtique ou Germanique (1) comme la Gaule Cisalpine. Ils ne s'arrêtent qu'au Rhin, la frontière reconnue du pays. Et comment César, dans ses *Commentaires*, parle-t-il de ce magnifique pays rhénan? Il le nomme *optimus totius Galliæ* (le meilleur de toute la Gaule). Aussi, frappé de sa beauté, devinant les convoitises qu'il éveillera, le conquérant par excellence, car il sait et veut conserver ses conquêtes, examine la frontière de l'est, et, la voyant si accessible aux surprises et aux coups de mains, son premier soin est de la fortifier. Pour cela il établit sur tout le parcours du fleuve une série de postes ou cantonnements formidables (*castra stativa* ou *tabernæ* (2) confiés à huit

---

(1) Ainsi nommée seulement parce qu'elle confinait à la Germanie.

(2) Camps d'hiver.

légions et qui sont l'origine de la plupart des grandes villes rhénanes.

Mais déjà la farouche Teutonia, plus marâtre que mère, se montrait dure pour ses enfants, et ceux-ci, à la recherche d'une patrie plus clémente, se sentaient invinciblement attirés vers ce beau pays de Gaule qui était déjà le « plus humain des séjours » et habité par le peuple le plus gai du monde, « pour ce que le rire est le propre de l'homme, » dit un poète du moyen-âge.

Aussi Jules César avait à peine terminé ses camps retranchés, que les Germains reprenaient le cours de leurs incursions, et, toujours repoussés, honnis, *rasés* — ce qui était pour eux le comble du déshonneur — ils revenaient toujours à la charge. C'est par centaines que l'on pourrait compter leurs invasions. En une seule fois quatre-vingt-dix mille cadavres restèrent couchés dans la plaine qui s'étend entre Colmar et Ensisheim ; jugez des autres ! Qui dira jamais la profondeur du fleuve de sang qu'a fait couler ce fleuve frontière ? Précisément parce qu'il manque de la profondeur nécessaire pour remplir dignement ses attributions, et que le Goth, le Hun et le barbare le passaient à gué avec femmes et enfants.

Mais ne nous attardons pas. Il est un premier point acquis pour vous, j'espère. C'est que l'Alsace était essentiellement gauloise tant par la loi géographique que par sa religion, sa langue, ses mœurs et son histoire primitive.

— Admettons tout ce que vous venez de résumer si nettement ; mais de nos jours il y a une différence capitale : vous ne sauriez nier que la langue allemande ne soit, pour ainsi dire, la langue mère de l'Alsace-Lorraine ; or, vous savez :
So weit die deutsche zunge klingt.

— « Aussi loin que sonne la langue allemande avec ses hymnes à Dieu dans le ciel, partout où l'on marche avec fureur sur le clinquant des Welches, là est l'Allemagne, » reprit Lytton, traduisant le chant fameux auquel son compagnon venait de faire allusion. Seulement, cela ne prouve pas grand'chose, comme je vais vous le démontrer. Cet élément germanique date à peu près de notre ère ; et la preuve qu'il n'a point la portée que vous lui attribuez, c'est que dix siècles de luttes contre l'envahisseur protestent contre toute idée d'assimilation avec lui. Voici, d'ailleurs, quelle en fut l'origine :

Las de voir ces hordes d'outre-Rhin commettre toutes les atrocités, violer tous les sentiments d'honneur et d'humanité en livrant leurs filles mêmes comme otages dans des traités qu'ils ne comptaient pas tenir, enfreindre tous les serments qu'on leur imposait, les Romains résolurent d'essayer d'une tactique nouvelle : ils tentèrent de les civiliser, de les policer en permettant à un certain nombre d'entre eux de s'établir en deçà du Rhin ; ce qui prouve que l'antique Alsace avait part à la civilisation gauloise et était déjà de plusieurs siècles en avance sur la sauvage Germanie. On évalue à quarante mille environ le nombre des barbares qui s'abattirent sur la Gaule cis-rhénane et furent absorbés dans la population. Ils n'eurent, du reste, d'autre effet sur elle que d'altérer sa langue par l'immixtion de leur guttural idiome, triste héritage dont, après dix-huit siècles, elle paye encore les désastreuses conséquences. Les Romains ne tardèrent pas à reconnaître la lourde faute qu'ils avaient commise. La punition ne se fit pas attendre : ils expièrent cruellement cette faiblesse par l'anéantissement des légions de Varus, attirées, vous le savez, dans un véritable guet-apens.

Mais passons.

J'ai dit que dix siècles de résistance contre l'envahisseur suivirent cette première tentative de fusion. Je dois à la vérité de vous démontrer le bien-fondé de cette allégation. Ce n'est pas difficile.

Je ne m'arrêterai point aux luttes gigantesques que l'histoire a consignées, et dont les chefs furent Arioviste, Arminius, etc. Je pourrais cependant en tirer une utile leçon en constatant que ces chefs barbares donnaient beau jeu par leurs victoires aux habitants de la Gaule germanique, si elle eût été germanique autrement que de nom. Mais comme naguère, nous voyons l'Alsace subir avec une mâle énergie les désagréments de la situation de pays frontière et fournir elle-même un élément vital aux défenseurs de la patrie gauloise.

Je passe d'emblée à ce moment capital de l'histoire d'Occident où les Francs prirent pied d'une manière durable dans ce bassin de la Moselle si ardemment convoité.

Comme les Romains, à peine y sont-ils installés, qu'ils se préoccupent à leur tour d'interdire l'accès du Rhin aux hordes barbares qu'ils sentent prêtes à venir réclamer leur part de cette riche curée. Ce que les Romains, peuple en décadence, n'avaient pu faire, les Francs, peuple de l'avenir, l'accomplirent. Non seulement ils défendirent, et défendirent bien leur frontière politique de l'est, mais ils ne se contentèrent pas du rôle défensif, et dès la bataille de Tolbiac ils se posent en agresseurs. Depuis lors la Germanie, marchant d'échec en échec, finit, soumise et vaincue, par devenir la vassale de Charlemagne et des souverains qui lui succédèrent dans les villes gallo-franques d'Aix-la-Chapelle et de Trèves.

— Gallo-franques, si l'on veut! dit sir Henry en souriant. Pour ma part, j'incline à penser que Charlemagne était bien aussi Germain que Franc, pour ne pas dire plus.

— Ah! entendons-nous au moins, se récria Francis Lytton. Vous avez, paraît-il, étudié l'histoire à la façon d'outre-Rhin, dans un de ces cours où, avec une insigne mauvaise foi, l'on enseigne que Charlemagne n'était autre qu'un prince germain, prince que, par pure vanité, la France dispute à l'Allemagne pour le placer au point culminant de sa seconde dynastie. Mais tout le monde connaît cette outrecuidante prétention, et un enfant de dix ans en ferait raison. Pourquoi ne réclament-ils pas aussi Dagobert, qui, gouverneur de l'Austrasie jusqu'au moment où il succède à son père, est un véritable monarque alsacien et témoigne à Strasbourg et ses environs ses préférences toutes les fois que l'occasion s'en présente? Non, cela ne supporte pas la discussion. Par sa filiation parfaitement établie, Charlemagne a toutes ses attaches dans l'antique Gaule en voie de transformation.

Après la mort de Pépin le Bref, le royaume de celui-ci est partagé entre ses deux fils, Charles et Carloman; mais ce dernier meurt trois ans plus tard, et Charles, qui n'était point encore *Magnus*, devient seul roi des Francs. Toutefois, il appartient plus spécialement à l'Austrasie, ce puissant royaume de l'est, issu du partage qui eut lieu à la mort de Clovis, et ainsi nommé par opposition à la Neustrie, royaume de l'ouest. Or, sous l'administration de la dynastie mérovingienne dont presque tous les rejetons se disputent dans les partages l'Alsace-Lorraine, l'Austrasie n'était pas devenue germaine, loin de là. La même différence qui existe dans le tracé des fleuves et des montagnes de la Gaule et de la Germanie, se retrouve dans les caractères de la vie morale des deux peuples, dans leurs visées respectives. Tandis que, sur la rive droite du Rhin, la Germanie dans l'enfance a conservé les habitudes nomades des peuples primitifs, l'Austrasie, sur la rive gauche, offre déjà les éléments d'une société essentiellement sédentaire, témoigne d'un acheminement vers une sérieuse organisation politique, est déjà un peuple prospère.

Malheureusement, comme tous les conquérants, Charlemagne était porté à se figurer que les agrégations des peuples fondées sur la force étaient stables. Plus instruits par l'expérience des siècles, nous savons que nulle n'a duré, nulle ne durera. Il voulut réunir la Gaule et la Germanie sous une même domination : elles ne pouvaient pas demeurer unies. Son tort fut de le supposer possible. Les parties qu'il avait cru lier ensemble par un nœud indissoluble, n'ayant entre elles aucune affinité, aucune cohésion, tiraient chacune de son côté : la France neustrienne, parce que, en ayant fini avec l'amalgame des races indigènes et conquérantes qui s'était consommé dans son sein, elle commençait à se sentir un être à part ; la Germanie, parce qu'elle n'était pas mûre pour cette civilisation croissante ; en un mot, qu'elle était de plusieurs siècles en retard.

En ce moment un domestique de l'hôtel s'approcha de la terrasse sur laquelle avait lieu cette conversation.

— Une dépêche pour monsieur, fit-il en présentant un pli à Francis.

Le jeune homme l'ouvrit vivement, le parcourut d'un rapide coup d'œil, et sa physionomie s'illumina.

— J'avais sollicité une prolongation de congé pour me donner la possibilité de faire plus ample connaissance avec ce pays qui exerce sur moi un attrait irrésistible, et voilà qu'au lieu d'un congé, on me mande de prendre tout le temps qui me sera nécessaire, à la condition de faire servir mes loisirs à une correspondance spécialement consacrée à l'Alsace. On me laisse d'ailleurs toute latitude, pourvu que je recueille quelques notes sur les progrès de l'œuvre de germanisation. Comme à l'ordinaire, ma bonne étoile me sert à souhait. Rien ne pouvait m'être plus agréable.

— Ce que je vois de plus clair, c'est que vous me restez

quelque temps encore, remarqua sir Henry. La perspective d'une séparation à si bref délai m'était vraiment fort pénible.

— Comment l'entendez-vous? reprit Lytton. Je ne saurais étudier le pays comme je désire le faire autrement que *de visu;* force me sera donc de quitter Bussang demain ou après-demain, ma cure étant terminée.

L'œil bleu de l'Anglais s'était subitement éteint.

— Vous m'aviez fait revivre, dit-il sourdement; je vais marcher à ma destinée.

— Toujours ces idées noires! reprit Lytton amicalement.

Mais, quels que fussent les efforts du jeune homme pour relever le moral de son compagnon, l'entrain de celui-ci avait disparu, et la conversation languit jusqu'à l'heure où les deux jeunes gens se séparaient d'ordinaire.

III.

A la recherche de la vérité.

— Savez-vous à quoi je réfléchissais hier soir? dit Lytton à sir Henry à leur première rencontre du lendemain.

L'Anglais se contenta d'une dénégation flegmatique.

— Eh bien ! puisque nous nous plaisons dans la compagnie l'un de l'autre, et que rien ne vous attache ici, je me demande pourquoi vous ne m'accompagneriez pas dans les pérégrinations que je vais entreprendre. Ce serait une distraction pour vous et un réel plaisir pour moi.

— Voilà ce que j'appelle une idée, et une bonne ! s'écria sir Henry, dont le morne regard eut un éclair joyeux. Seulement, vous changez les termes de la question; c'est moi qui serai votre obligé dans cet arrangement. Et puisque vous m'emmenez, pressons le départ; je ne souhaitais de le voir différé que pour ne pas vous perdre plus tôt qu'il n'était nécessaire.

— Permettez-moi une seule restriction. Je ne saurais répondre de ne pas vous ennuyer quelquefois de ce sujet de l'Alsace qui vous est tellement antipathique et qui va m'absorber plus encore que par le passé. Il ne vous faudra pas m'en vouloir.

— Loin de là, reprit sir Henry avec cette franchise qui trahissait la bonté de son cœur. J'ai réfléchi également, et je me suis dit que l'histoire telle que vous la racontez n'est pas la même que celle dont on a si souvent fatigué mon enfance. Laquelle est la meilleure, c'est-à-dire la vraie? Telle est la question qui s'impose maintenant à mon esprit et que je voudrais résoudre. Voulez-vous continuer auprès de moi votre rôle d'initiateur?

On devine si cette ouverture devait être du goût de Lytton, si heureux d'arracher son ami à une pernicieuse apathie et de se livrer lui-même au travail de déduction qui plaisait à son esprit investigateur.

Le surlendemain, les deux jeunes hommes prenaient la route de Mulhouse. A peine furent-ils seuls et convenablement installés dans leur coupé, que sir Henry revenait le premier à la discussion interrompue naguère.

— Avant d'entrer dans la période nouvelle de vos études relatives à l'Alsace, et pour que je puisse m'y associer dans la mesure de mes forces, je vous serais reconnaissant de vouloir bien reprendre votre démonstration au point où nous l'avons laissée.

— Volontiers. J'ai suffisamment établi, je pense, que l'histoire, comme les traditions premières de l'Alsace, excluent toute idée de communauté d'origines et d'affinités entre elle et l'Allemagne. Il me reste à vous indiquer à la suite de quelles fautes, dont elle fut la victime et non la coupable, s'opéra le détachement d'avec la patrie française, détachement contre lequel elle a toujours protesté par ses actions ou par ses tendances.

C'est le traité de Verdun qui le consomma. Il n'est pas oiseux d'étudier ce qui le précéda et l'amena.

Ce fut, vous le savez, la division impolitique et inintelligente des fils de Louis le Débonnaire, trop faibles pour porter à trois le lourd fardeau de responsabilité et de gloire que leur avait légué leur aïeul. Une question de suprématie détermina la scission. La guerre éclata entre Lothaire et ses frères, et à la suite de la bataille de Fontanet, Charles le Chauve et Louis le Germanique opérèrent leur jonction sous les murs de Strasbourg et se jurèrent devant leurs soldats une alliance éternelle.

Ce fait, si simple en lui-même, prend une importance capitale, si nous considérons les conséquences qu'il devait avoir. Charles prête le serment en langue tudesque pour être compris par les soldats de Louis, et Louis en langue française pour être compris par les soldats de Charles. Donc, Francs et Germains en train de devenir Français et Allemands ne se comprenaient plus, et c'est quand on venait de jurer une alliance éternelle — triste éternité que celle des choses politiques — c'est, dis-je, à ce moment précis que l'on sent qu'il convient de se séparer. Alors intervient le traité de Verdun, l'un des plus importants qui fût jamais, puisque, conclu depuis plus de mille ans, il pèse encore sur les destinées de la France actuelle.

Alors, selon l'expression de Salvien, le Rhin redevient le fleuve qui sépare, non deux peuples, mais « deux mondes ». Les divergences essentielles des deux nationalités s'accentuent, et l'Austrasie, serrée comme dans un étau entre ces deux haines croissantes, en subit tous les contre-coups. Du sein de cette Austrasie ruinée, morcelée, nous voyons se

Nous avons parlé de responsabilités et de fautes. Après celle du traité de Verdun dont il n'était que solidaire, Charles le Chauve en commit une autre : ce fut de rêver le rétablissement

Charles le Chauve et Louis le Germanique se jurèrent devant leurs soldats une alliance éternelle.

dégager la Lotharingie, qui, de corruption de nom en corruption de nom, deviendra la Lorraine actuelle, et qui, sœur jumelle de l'Alsace, a presque toujours partagé les mêmes vicissitudes et tendu vers le même but.

à son profit de l'unité monarchique *romaine*. Il paraît avoir compris l'importance de rendre à la France sa frontière naturelle de l'est; seulement ce dessein était trop grandiose pour la mesure de ses forces. A la mort de Louis le Germanique, il crut l'occasion bonne pour ressaisir toute la rive gauche du Rhin; mais la tentative échoua.

Déchirer le traité de Verdun devient pourtant une des préoccupations dominantes de la dynastie carlovingienne; cela lui fut impossible, parce qu'elle s'effondra dans une sorte d'infirmité héréditaire attaquant tantôt le moral et tantôt le physique, ainsi que l'attestent les surnoms de ses rois, tels qu'on n'en a jamais rencontré une pareille succession dans une même famille royale : le Débonnaire, le Chauve, le Bègue, le Gros, le Simple, c'est-à-dire le Malavisé.

Sous Louis III et Carloman, la situation s'aggrave. Ces faibles princes laissent en outre échapper la Lorraine. Toutefois, cette faute est bientôt réparée. Charles le Gros réunit de nouveau sous sa domination la Gaule et la Germanie. Rude tâche qu'un Charlemagne avait menée à bien avec peine, qu'un Charles le Gros était incapable de remplir. Il se laissa déposer par les Germains et permit à ces derniers d'élire tranquillement Arnulf de Carinthie.

C'est alors que se pose nettement, et pour la première fois, la question de savoir à qui va échoir la succession de Charles le Gros de ce côté-ci du Rhin; à qui des deux grands pays entre lesquels elle est placée comme une pomme de discorde, demeurera l'Austrasie, mal revendiquée par les uns, si ardemment convoitée par les autres.

Tandis que cette question se débattait irrésolue, la Lorraine s'était laissé imposer pour roi un certain descendant bâtard de Carloman, troisième fils de Louis le Germanique. Ce Zwentibold, par une tyrannie sans précédent, n'avait pas tardé à s'aliéner tous les esprits. Voulant se défaire de lui, à qui s'adresse la vieille Austrasie, que les lois naturelles de la géographie et la tradition ramenaient forcément vers l'ouest ? A ces Carlovingiens, auteurs de sa grandeur passée comme de sa décadence actuelle, qui représentaient toujours à ses yeux la force efficace qui devait un jour ou l'autre affranchir le pays rhénan de l'illégitime suzeraineté à laquelle aspiraient les Germains. C'est à Charles le Simple que la Lorraine tend les bras.

Malheureusement elle tombait mal. Ce descendant dégénéré de l'empereur d'Occident est, suivant l'expression d'un de ses historiens, « inhabile aux exercices militaires. » Il s'avance bien jusqu'à Nimègue pour répondre à l'appel du pays ; mais, dès qu'il aperçoit les soldats de l'ennemi, il rétrograde honteusement.

Vous supposez peut-être que l'occasion, cette chauve déesse qui ne sourit jamais qu'une fois au même mortel, tint rigueur à Charles le Simple? Non, et c'est fâcheux que les imbéciles seuls aient de ces chances-là. La Lorraine, dont le roi de France a si maladroitement manqué l'acquisition, revient à la charge. Simple ou habile, Charles est le seul descendant direct de Charlemagne, et l'Austrasie, si fidèle, si française, refuse absolument de reconnaître le nouveau souverain des Allemands, Conrad de Franconie. Elle proclame le roi légitime.

Celui-ci pourrait régénérer sa dynastie en se transportant résolument au milieu de ces fermes appuis de la légitimité, dans cette population austrasienne si pleine de sève et de vigueur. Il n'en fait rien. Il achève de dégoûter de lui la Neustrie, déjà écœurée par la façon dont ses rois avaient compris leurs devoirs en présence des incursions des Normands ; il ne se décide à se rendre à leurs vœux que le jour où, abandonné, traqué, il ne sait à qui recourir, et cependant les Austrasiens se lèvent et épousent sa querelle.

Mais les émotions du combat, l'ardeur de la mêlée, ne conviennent pas à son tempérament; il se tient à l'écart et laisse battre les siens, sans les soutenir de son énergie et de son autorité. Ce jour-là, les Carlovingiens avaient commis une faute dont ils ne devaient jamais se relever.

Cependant, il n'entrait pas dans les vues de Hugues le Grand de s'emparer de ce trône déserté; l'habile artisan de la future grandeur capétienne « préférait au métier de roi celui de faiseur de rois ». Et qui pouvait affirmer que cette race méprisée avait bien dit son dernier mot? Il fallait la laisser s'user jusqu'au bout, crainte de surprise; aussi propose-t-il d'élire le fils même de Charles III, Louis IV d'Outremer.

Ici j'ouvre une parenthèse pour vous faire constater une fois encore qu'en 921, « la Lorraine et par conséquent l'Alsace relevaient encore de la couronne de France et n'avaient jamais reconnu le pouvoir arbitraire que s'attribuait la Germanie. »

Et maintenant je continue.

Pendant le règne de Louis d'Outremer, grand batailleur, mais mauvais politique, et d'ailleurs tenu en tutelle par la main autrement puissante du duc de France, l'Austrasie rêve encore de beaux jours. Toutefois, le roi meurt sans avoir deviné que là peut-être était le salut.

Nous arrivons à l'époque où se fonde la grandeur de l'Allemagne. Henri l'Oiseleur (1), qui, à la faveur des divisions de la France, avait cherché à s'emparer de l'Alsace et l'avait même, pendant un temps, désolée par les plus sanglantes incursions, était remplacé par son fils Othon le Grand. Celui-ci travaillait à élever laborieusement l'édifice de l'empire germanique. Il avait su établir sa suzeraineté effective sur tous

---

(1) Ce surnom lui vient de ce qu'il était occupé à prendre des oiseaux à la pipée lorsqu'on vint lui annoncer son élection au trône.

les grands vassaux de Saxe, de Franconie, de Souabe, de Bavière et même de Lorraine.

Ceci demande explication.

Les Hongrois — qu'on appelait encore les Huns, car ils étaient de la même famille que ces derniers — après avoir ravagé l'Europe, jetèrent, eux aussi, leur dévolu sur cette

Henri l'Oiseleur.

riche proie, destinée à servir d'amorce à toutes les convoitises. Ils avaient bien préparé leur coup. Dans l'ombre propice des profondeurs de la forêt Noire, ils avaient grossièrement ajusté un nombre suffisant de barques; puis, un beau matin, à l'improviste, ils les mirent à flot sur le Rhin à la hauteur d'Huningue, et fondirent sur l'Alsace. Les milices du pays tentèrent vainement de les arrêter au passage; elles furent taillées en pièces, et les populations alsaciennes, livrées sans défense à ces hordes dignes d'être commandées par Attila en personne, subirent des atrocités effroyables.

Les rois de France, occupés à l'ouest des pirateries des Normands et de leurs propres dissensions intestines, ne purent intervenir. Seul, Henri l'Oiseleur, pour éviter à son pays un semblable fléau, vint au-devant de ces barbares et les anéantit à la bataille de Mersebourg, comme Mérovée l'avait fait, cinq siècles plus tôt, à la bataille de Châlons-sur-Marne.

Cette victoire, qui sauvait non seulement l'Alsace affolée, mais l'Europe tout entière, amena un élan spontané en faveur du prince victorieux, et les populations cisrhénanes l'acclamèrent comme un libérateur. Cette soumission du reste était un hommage tout personnel et n'engageait les Austrasiens que vis-à-vis de celui qui en était l'objet, puisque, sous le règne de son successeur, nous voyons l'Alsace revenir au principe de légitimité qui l'attachait à la dynastie carlovingienne, et prendre fait et cause pour Louis IV d'Outremer, qui ne daigne pas s'en apercevoir.

Son fils Lothaire a une inspiration de génie. Il se sent petit auprès du duc de France, qui le patronne, et des grands vassaux, tous plus riches et plus puissants que lui. Il cherche le moyen de se mettre hors de pair et pressent que c'est à l'Austrasie qu'il doit demander le prestige qui lui manque et les valeureux soldats qui seront le meilleur soutien de son trône chancelant. La perspective de cette revendication des frontières naturelles de la France met, comme par enchantement, un terme aux haines et aux dissensions intestines. Hugues Capet et le duc de Bourgogne se joignent d'eux-mêmes à l'instigateur de cette pensée toute française. On ne connaissait pas encore l'équilibre européen et les raisons qui militent en sa faveur; mais Lothaire répondait sans s'en douter à une aspiration générale. Qu'il réussît, et la balance était rétablie entre les deux grandes agglomérations de la Gaule et de la Germanie. Le sang qui devait couler plus tard pour cette cause était épargné, l'histoire de France était changée.

Tout faisait prévoir le succès.

Othon le Grand.

« L'armée était si nombreuse, dit un chroniqueur, que de loin les piques droites ressemblaient à une forêt mouvante. Othon, surpris, n'eut que le temps de quitter Aix-la-Chapelle pour s'enfuir vers le Rhin ; ce fut l'armée française qui mangea ce jour-là le dîner préparé pour la cour allemande. Lothaire, dans l'enivrement un peu hâtif de son triomphe, fit tourner vers le sud-est, comme un défi à l'Allemagne, l'aigle impériale aux ailes déployées qui jusqu'alors avait été tournée vers l'ouest en signe de menace contre la France.

« Rien n'empêchait Lothaire de mettre la main sur la Lorraine et de la rattacher étroitement à la Gaule franque selon le vœu impérissable de ses habitants. Il n'en fit rien cependant, soit qu'il craignît l'influence de son cousin Hugues Capet sur l'armée et les grands vassaux, soit pour tout autre motif. Il commit à cet instant décisif la même faute que ses devanciers ; après avoir vaincu, il ne sut pas retenir le fruit de sa victoire. L'armée repassa la Meuse, et les féodaux, mécontents, se dispersèrent aussitôt. Ce fut alors la revanche de l'Allemagne.

« En trois mois, à la voix d'Othon, elle se leva unanimement pour venger l'injure que les Welches lui avaient faite. Des hordes innombrables entrèrent en France, dévastèrent le pays de Reims, de Laon, de Soissons, saccagèrent le château de Compiègne, puis marchèrent sur Paris. Nos ennemis connaissaient déjà la route naturelle ouverte à l'est aux invasions et le point éternellement vulnérable du territoire gallo-franc.

« Dans les derniers jours de l'an 978, la grande armée d'outre-Rhin posait son camp sur les hauteurs de Montmartre. Lothaire, surpris à son tour, s'était retiré vers Paris, où Hugues disposait tout pour une résistance aussi énergique que celle qu'Eudes, son aïeul, avait opposée jadis aux Normands. Ainsi le suzerain en était réduit à se réfugier derrière les murailles de son vassal. Certes ce n'était point là une vaine protection ; Hugues Capet était si bien le véritable chef du pays, qu'à l'appel de ce prince une foule de soldats et de seigneurs accoururent vers les rives de la Seine. Le mouvement eut quelque chose de si enthousiaste, qu'Othon, effrayé des suites de sa victoire, n'osa pas entreprendre régulièrement le siège de Paris. Satisfait sans doute d'avoir rendu aux Français la visite de bravade que ceux-ci lui avaient faite à Aix-la-Chapelle, il leva bientôt le camp et reprit la route d'Allemagne, non sans être poursuivi l'épée dans les reins par Lothaire et Hugues, qui, à deux reprises, taillèrent en pièces ses soldats. »

Lothaire.

Il semble que, dans ce retour offensif, Lothaire n'eût dû s'arrêter qu'aux bords du Rhin; mais son élan, cette fois encore, demeura timide et incomplet. Une basse question de jalouse rivalité avec Hugues l'empêcha de jouir du fruit de sa victoire; un coup d'audace eût pu le sauver, il aima mieux négocier secrètement avec Othon et lui céder la Lorraine. Un tel traité équivalait à l'arrêt de mort de la dynastie carlovingienne.

Vous le voyez, une des causes qui ont amené la déchéance

définitive de cette dynastie commencée avec tant d'éclat et si misérablement terminée, c'est son impuissance notoire à ressaisir ce que l'on appelait déjà au x° siècle, comme au xix°, « les frontières naturelles ».

Quand la nouvelle de cette honteuse stipulation fut connue, un immense cri de douleur et d'indignation éclata dans la France septentrionale. L'Austrasie protesta hautement; mais la disparition de la race carlovingienne, l'avènement des Capétiens, qui pour elle étaient des usurpateurs au même titre que les princes germains, jetèrent la perturbation dans son sein. Le moment psychologique est arrivé : les empereurs l'ont saisi et prodiguent à ce peuple qu'ils veulent s'attacher les privilèges et les faveurs; et, de guerre lasse, ce peuple accepte le fait accompli.

L'Anglais avait écouté cette argumentation vigoureuse et serrée sans prononcer une parole, et comme s'il pesait dans son esprit la valeur de chaque mot. Quand Lytton s'arrêta, il le regarda avec surprise.

— Ce n'est pas fini, dit-il; vous me laissez en plein moyen-âge, à l'époque la plus difficile et la plus embrouillée de l'histoire. Comment voulez-vous que, sans guide, je me retrouve au milieu du dédale où vous m'abandonnez?

— Que vous dirai-je de plus que vous ne sachiez? Lors du démembrement de l'immense empire carlovingien, l'Austrasie vécut à part de sa vie propre. Les rois de Lorraine recevaient l'onction sainte à Trèves, ceux d'Allemagne à Mayence ou à Cologne, comme ceux de Neustrie à Sens ou à Reims. Aussi les populations austrasiennes se conservèrent-elles purement françaises par leurs sympathies comme par leur histoire; et la preuve, c'est que la plus grande incarnation de la nationalité française, Jeanne d'Arc, naissait plus tard dans une enclave champenoise de la Lorraine.

A partir de Hugues Capet jusqu'à Philippe de Valois, en traversant les règnes glorieux de Philippe-Auguste et de saint Louis, la maison de France, occupée ailleurs de l'œuvre maîtresse qui fait sa grandeur, la lente et infatigable reconstruction de l'unité gauloise, paraît ne plus songer aux limites du Rhin. Les divers Etats ou territoires entre la Meuse, le Rhin et les Alpes sont tous passés, sauf le Dauphiné, je crois, sous la dépendance de l'empire d'Allemagne.

Un peu plus tard, au xv° siècle, on put croire un instant qu'un nouveau royaume intermédiaire allait s'élever entre la France et l'Allemagne. Le duc de Bourgogne, Charles le Téméraire, déjà maître des Pays-Bas, venait en outre de mettre la main sur l'Alsace et la Lorraine. La profonde habileté de Louis XI fit échouer ce projet.

Au siècle suivant, Henri II recouvre les villes austrasiennes de Metz, Toul et Verdun, qui étaient regardées comme les clefs de la Lorraine. La mort prématurée de Henri IV a entravé un dessein grandiose. Plus ambitieux, il méditait d'anéantir le fameux traité de Verdun, en réunissant à la couronne d'abord la Lorraine par un mariage, puis le Luxembourg, le Limbourg, les duchés de Clèves et de Juliers, et même les Provinces-Unies.

Cette politique fut reprise par Richelieu et par Mazarin. A maintes reprises des écrits circulèrent en France pour démontrer que les terres de l'ancien royaume d'Austrasie, dont l'Alsace-Lorraine n'était qu'un débris, étaient appelées à tort « terres d'empire » et devaient revenir à l'agglomération gauloise, dont elles avaient à l'origine fait partie. C'est sous Mazarin et pendant le règne de Louis XIV que la France, d'un pas de géant, s'avance enfin vers les frontières de l'est ; mais c'est aux soldats de la République que revient l'honneur d'avoir fait solennellement reconnaître le Rhin comme limite *de l'endroit où il sort du territoire helvétique jusqu'à celui où il entre sur le territoire batave.*

Cet état de choses dura vingt ans. Les fautes du premier Empire aboutirent aux traités de 1815, qui ont détaché de la France toute l'ancienne Austrasie, sauf l'Alsace et la Lorraine ducale, ouvert la trouée de Belfort, isolé Metz de Strasbourg, et livré d'avance à l'étranger les trois grandes routes de Paris par les vallées de l'Oise, de la Seine et de la Marne.

Voyez si vous direz encore que le démembrement opéré par la force en 1870 peut être sanctionné par le mot que vous employiez naguère : celui de rétrocession légitime.

— Dans ces conditions-là, non, bien sûr ; mais sans vouloir contredire en rien le très net exposé que je dois à votre érudition, permettez-moi de vous objecter que vous avez peut-être puisé vos renseignements à des sources par trop françaises. En plein XIX° siècle, la conduite des Allemands serait tout bonnement monstrueuse, si vous admettiez qu'ils ont, pour les besoins de leur cause, altéré la vérité historique, sciemment foulé aux pieds les droits les plus sacrés en ne tenant aucun compte des vœux et des aspirations d'une population fière et patriotique et mis en pratique cet axiome indigne d'une nation civilisée : « La force prime le droit. » Ce n'est pas possible. Dans les choses de la politique, il y a un côté qui échappe souvent : ce n'est pas toujours le plus noble. Sans afficher des sympathies qui lui eussent suscité des difficultés de la part de la France, la masse des Alsaciens Lorrains n'a certainement pas contre son vainqueur les antipathies que vous lui supposez, et peut-être même avant l'annexion, l'Allemagne a-t-elle pu croire qu'elle répondrait à un désir latent en opérant ce rapprochement.

Le journaliste fit un geste de dénégation énergique. Sir Henry n'en tint aucun compte et poursuivit avec une animation croissante :

— Et tenez, je suis sûr que le voyage entrepris dans le but d'interroger les souvenirs du passé comme les aspirations de l'avenir, vous en fournira la preuve. Combien de temps pensez-vous y consacrer ?

— Un mois, six semaines.... Je ne sais pas au juste.

— Eh bien ! je vous le prédis : dans un mois, six semaines, vous aurez éprouvé des désillusions ; mais vous verrez plus juste et vous ferez amende honorable du jugement erroné que vous portez aujourd'hui sur la Prusse.

— Comment cela ?

— Les livres ont du bon ; mais convenez qu'on leur fait dire ce qu'on veut — nous le savons — tandis que l'enseignement de l'expérience ne peut être révoqué en doute. Dans six semaines, vous aurez contrôlé à la fois par le présent et par le passé la justesse ou l'inexactitude de vos données actuelles ; vous serez plus à même de juger.

— Voulez-vous dire que vous vous en rapporteriez à ces enseignements de l'expérience que vous invoquez ? Promettez-vous de les accepter pour arbitre et de laisser éclairer par eux votre religion ?

— Mais assurément.

— Eh bien ! sir Henry, nous sommes tous les deux de bonne foi ; remettons à la fin de notre voyage la conclusion de ce débat. Mieux renseignés alors sur tout ce qui touche à l'Alsace-Lorraine, nous pourrons formuler un jugement en parfaite connaissance de cause ; comme nous n'avons ni l'un ni l'autre de parti pris, celui qui se reconnaîtra dans l'erreur en conviendra franchement.

— Accepté ! s'écria l'Anglais en tendant la main au journaliste.

IV.

L'Ochsenfeld. — Mulhouse.

Cet engagement pris, les deux jeunes gens retombèrent dans le silence, perdus qu'ils étaient dans la contemplation de l'aspect toujours varié de l'Alsace. Ce n'est pas pour rien que celle-ci est si proche de la Suisse; bien qu'elle n'en ait pas les scènes grandioses, les pics qui déchirent la nue, les glaces éternelles et la même quantité de lacs bleus aux flots si purs, elle n'en est pas moins

>Un pays de plaine et de montagne,
>Une terre où les blonds épis
>En été couvrent la campagne,
>Où l'étranger voit, tout surpris,
>Les grands houblons, en longues lignes,
>Pousser joyeux auprès des vignes
>Qui couvrent les vieux coteaux gris!
>. . . . .

comme l'a dit Erckmann-Chatrian, le double chantre de cette magnifique région.

A une chaude journée avait succédé une tiède et transparente soirée de juillet, plus belle cent fois que le jour, grâce au splendide clair de lune qui mettait en relief les points saillants du paysage, tout en laissant le reste dans une pénombre où l'œil se plaisait à deviner ce qu'il ne voyait qu'à demi.

Si Francis était poète et capable de se créer un monde à lui au milieu du monde visible et tangible, sir Lionels, nature un peu passive, reflétait volontiers les impressions qu'il recevait du dehors. Ce calme et cette sérénité agissaient sur son âme mélancolique et lui faisaient du bien, surtout parce qu'il ne se sentait pas seul, et cela dans la meilleure acception du mot. Le sujet de leur conversation les occupait également.

Ce fut donc dans une disposition d'esprit grave et recueillie que les deux amis pénétrèrent dans Mulhouse, la cité ouvrière par excellence; celle qui prouve le mieux que le travail acharné et intelligent est le premier élément du succès. Il était tard, et, malgré l'ardeur qu'il apportait en toutes choses, Lytton comprit qu'il lui fallait remettre au lendemain toute démarche tendant à se procurer les renseignements qu'il venait chercher.

Sir Lionels ne descendit pas de bonne heure le matin suivant, et Lytton avait déjà parcouru la ville et vu vingt personnes quand il rejoignit son ami à l'heure du déjeuner. Après l'échange des premières salutations et les regrets sincères, exprimés par Francis, que son ami eût souffert d'un retour de ces fréquents malaises qui le rendaient si impropre à toute fatigue, le journaliste ajouta :

— Vous me voyez enchanté, et pour nos débuts nous avons de la chance. J'ai découvert que nous foulons déjà une terre où la légende se mêle intimement à l'histoire, jetant sur les grandes lignes rigides de celle-ci les fioritures fantastiques et gracieuses des vieux souvenirs et de l'antique poésie. Pas plus tard qu'hier soir, quand nous avons relayé à Cernay, je ne me doutais guère que nous y étions déjà en plein.

— Quel souvenir se rattache donc à Cernay?

— Oh! un grand nombre; car cette ville a eu ses vicissitudes avant d'être rattachée à la France en 1648 par le traité de Munster ou de Westphalie. Toutefois, ce n'est pas d'elle qu'il s'agit, mais bien d'une vaste lande située à peu de distance et connue sous le nom de l'Ochsenfeld.

— Le champ des bœufs?

— Oui, parce qu'il s'y tenait jadis, paraît-il, quelque marché important.

— Ce n'est point la cause de son illustration, je suppose? fit sir Lionels en ébauchant un pâle sourire.

— Assurément non. Aussi l'endroit, qui est l'objet d'un grand nombre de mystérieuses légendes et de traditions historiques sur lesquelles on n'est point d'accord, porte-t-il d'autres noms : le Rothfeld ou champ rouge, et le Lügenfeld ou champ du mensonge. Je suis surpris même qu'il ne se nomme pas le champ maudit.

— Pourquoi donc?

— Parce que d'aucuns attribuent encore sa stérilité à une malédiction, bien qu'avec les progrès de la géologie moderne, cette stérilité s'explique par la nature même du sol, où les eaux filtrent à travers une mince couche de terre végétale s'absorbant dans un lit profond de gravier.

— Et la cause de cette malédiction?

— Suivant les uns, Attila aurait livré en ce lieu une grande bataille, et, vous le savez, l'herbe ne repoussait jamais, disait-il, là où son cheval avait passé. Suivant d'autres, c'est Louis le Débonnaire qui, trahi par des fils dénaturés, aurait, dans sa douleur, maudit le lieu témoin d'un pareil crime.

— Voyons, racontez-moi cela, car ma mémoire me paraît passablement infidèle.

— Je vous le donne pour ce qu'on me l'a donné ; mais pour être compréhensible, il me faudra peut-être remonter un peu haut.

— Tant mieux ; je vous promets que vous ne m'ennuierez pas.

— Louis le Débonnaire, faible successeur d'un géant de sa race, eut peur devant l'immense empire qui lui était échu en partage ; et pour diminuer les responsabilités dont il se sentait accablé, il associa à sa couronne les trois fils qu'il avait eus de sa première femme Hermangarde, c'est-à-dire qu'il leur partagea son royaume. Lothaire, l'aîné, eut le pays de prédilection de nos rois, l'ancienne Austrasie, dont l'Alsace-Lorraine faisait partie ; Pépin l'Aquitaine, et Louis la Germanie. Il n'avait pas prévu une chose : c'est qu'il pouvait lui naître d'autres fils, et que, n'étant pas taillé en conquérant, il aurait de la peine à leur créer une place au soleil.

C'est pourtant ce qui arriva. Il se remaria, et un fils lui naquit.

Cet événement, si contraire aux intérêts des aînés, n'eût peut-être pas eu de conséquences graves, sans une rivalité de femmes qui éclata bientôt. Judith, la jeune épouse du vieil empereur, et sa bru Irmengarde, femme de Lothaire, étaient également ambitieuses. La dernière tremblait pour la couronne de son mari, tandis que la première voyait avec douleur que son premier-né en fût réduit aux expédients des cadets d'alors....

— Qui étaient ?...

— La tonsure du moine ou la robe du frère quêteur. Elle intriguait de toutes les manières pour remédier à cet état de choses ; et tandis qu'elle pressait Louis de faire une part à son fils, elle usait de toutes les séductions pour obtenir de son beau-fils Lothaire la promesse de se constituer au besoin le défenseur du jeune Charles.

C'était ce que redoutait Irmengarde, qui savait son mari accessible à la flatterie. Dès qu'elle devina à quoi il s'était engagé, sa colère ne connut plus de bornes, et elle résolut d'empêcher la combinaison projetée et de se venger. Elle fit courir les bruits les plus préjudiciables à la cause de Judith, excita les membres de la diète de Worms contre Louis le Débonnaire, qui, dans le projet de dotation à son dernier fils, avait agi sans les consulter, et contraignit Lothaire à la révolte. Par quels moyens celui-ci surprit-il la bonne foi de ses deux frères pour les déterminer à faire cause commune avec lui? Nul ne le sait. Toujours est-il qu'ils s'emparèrent du vieil empereur et le citèrent à comparaître devant la diète de Compiègne.

Louis reconnut bonnement qu'il avait eu tort d'agir sans l'avis de l'auguste assemblée, renonça à ses projets de dotation et se crut quitte de tous autres soucis.

Mais il connaissait mal Irmengarde. Cette méchante princesse — tout comme dans les contes de Perrault — fit enfermer Judith dans un couvent, crever les yeux à un de ses conseillers — elle ne put attraper les autres — et exigea que Lothaire fît déposer son père, qui ne le gênait guère pourtant dans l'exercice de son autorité. Le désaveu de ses frères obligea Lothaire à faire sa soumission à son père, lequel, se préparant à mériter son surnom historique, lui pardonna avec une mansuétude extraordinaire.

A propos, savez-vous où se trouvait, pendant ce temps-là, ce digne empereur que les Allemands n'ont pas eu, que je sache, la velléité de disputer à la France? Dans sa bonne ville de Strasbourg, à laquelle, par lettres impériales, il accordait les franchises les plus étendues.

Toujours poussé par l'ambitieuse Irmengarde, Lothaire intriguait en Italie auprès du pape Grégoire IV, pour faire sanctionner par l'Eglise la déposition de son père, et soulevait, entre celui-ci et son frère Pépin, des difficultés si graves, que Louis déshérita ce dernier et commit la faute de faire bénéficier de cet acte de justice le fils de Judith.

Dès lors les choses s'aggravèrent. Louis le Germanique prit parti pour ses frères, et Lothaire arriva d'Italie à la tête d'une armée bien disciplinée. C'est dans l'Ochsenfeld que la rencontre eut lieu.

L'empereur, ayant appris que le pape se trouvait parmi ses ennemis, s'étonna, à bon droit, de le voir encourager un acte aussi répréhensible que la violation du quatrième commandement. Il lui écrivit à ce sujet. Grégoire IV, fort empêché par le souvenir des obligations que la papauté avait aux Carlovingiens, ne savait comment expliquer sa présence dans le camp des révoltés. Il insinua qu'il était venu dans une pensée d'apaisement ; et au moment même où les deux armées s'ébranlaient, il fit demander une entrevue à l'empereur.

C'était un piège. Les trois frères, profitant de l'entrevue prolongée des deux vieillards, pénétraient dans le camp impérial, corrompaient les chefs à prix d'or, soudoyaient les soldats et enlevaient à leur père toute possibilité de se défendre. Il en acquit la certitude lorsque le pape se fut retiré. Il appela en vain la garde d'honneur attachée à sa personne ; il s'enquit de l'impératrice, elle avait disparu. Un morne désespoir l'envahit. Bientôt sa tente, son seul abri, fut profanée, et le pape, accompagné de ses trois fils et des hauts barons, venait lui signifier sa déchéance.

— Quelle abominable trahison !

— Voilà pourquoi la lande déserte est restée maudite. Ce n'est point son sol ingrat ou sa situation exposée à tous les vents qui sont cause de sa stérilité; ne le croyez point, ou, si vous le pensez, ne le dites pas : vous froisseriez un sentiment populaire.

— Savez-vous comment se termina cette dramatique histoire ?

— Comme elle devait se terminer, tout à la confusion de Lothaire. Mal satisfait d'une déposition dont l'arbitraire, il le comprenait, sautait aux yeux des peuples, bons juges en pareille matière quand ils ne sont pas eux-mêmes juges et parties, il ne recula pas devant un crime plus grand encore. Il réunit un tribunal composé de gens à sa dévotion, et ne craignit pas de faire accuser son père d'un crime contre l'Eglise. Ne me demandez pas lequel, par exemple. C'était la suprême ressource dans ces temps-là, quand on voulait perdre quelqu'un.

Ce triste prince put croire un moment que le coup avait porté : le vieil empereur fut condamné à faire amende honorable publiquement dans l'église de Saint-Médard, et à être ensuite enfermé dans une cellule pour y expier jusqu'à sa mort un crime imaginaire.

Il dut, lui, l'héritier de Charlemagne, subir une dégradation sans exemple, s'agenouiller devant l'autel, paré de tous les insignes du rang suprême, et se les voir arracher un à un : d'abord le globe, signe mystique de la toute-puissance, puis la triple couronne de Charlemagne, puis l'épée, puis le manteau, et alors les indignes, remplaçant tout cela par le cilice des condamnés, le couchèrent dans un cercueil et psalmodièrent sur lui l'office des morts.

Lothaire assistait, triomphant, à cet épouvantable parricide moral; mais ce fut son dernier triomphe. Il n'y avait pas assez longtemps que Charlemagne était mort pour qu'une réaction violente ne se produisît pas en faveur de son héritier.

Les peuples protestèrent, et leur voix avait déjà une autorité imposante. Louis et Pépin comprirent enfin à quoi tendait cette infâme comédie. Ils jurèrent de venger leur père et tinrent parole. Quelques mois plus tard, Louis le Débonnaire était solennellement réinstallé sur le trône à Aix-la-Chapelle, et recevait à nouveau des mains de ses deux fils cette triple couronne qu'une main criminelle avait osé lui enlever.

— C'était bien fait.

— D'autres souvenirs historiques se rattachent encore à cette lande aujourd'hui déserte. C'est là, affirme-t-on également, que César livra à Arioviste cette bataille sans quartiers où quatre-vingt-dix mille barbares, autrement dit Allemands, tombèrent en une seule fois. Un fait d'armes plus récent eût suffi à l'illustrer. C'est là encore que Bernard de Weimar battit en 1684 les troupes lorraines commandées par le duc Charles.

— Tout cela c'est de l'histoire. Vous m'aviez parlé de légendes.

— Elles abondent en effet. Il y en a une, en particulier, qui paraît se rapporter à ce que je vous racontais tout à l'heure. Les populations durent attribuer à un enchantement étrange la défection de l'armée de Louis le Débonnaire. Il en résulte qu'on affirme que sous cette aride bruyère sont des souterrains immenses où des bataillons entiers d'hommes bardés de fer dorment depuis des siècles, attendant une heure marquée d'avance pour se réveiller. Mais si profond que soit leur sommeil, ils ont des nuits privilégiées durant lesquelles ils sortent de leur immobilité et s'en viennent avec leurs casques fantastiques, ornés d'ailes et de cornes, faire dans un religieux silence le tour de l'Ochsenfeld, qui n'a cependant pas moins de dix kilomètres. Malheur à celui qui les rencontre! Il devient fou, ou, tremblante recrue, est emporté dans les profondeurs des galeries souterraines vers une destinée inconnue. J'avais presque envie d'aller tenter l'aventure.

— Oh! non, ne le faites pas, s'écria sir Henry avec élan.

— Allons donc! que craindriez-vous pour moi? Je suis trop de mon temps pour croire aux revenants. « Je suis venu trop tard dans un monde trop vieux, » comme dit un poète français pour lequel j'ai une secrète préférence.

— C'est égal, à quoi serviraient les légendes et les contes de fées, s'ils ne répondaient à un besoin de merveilleux que la nature, qui fait bien toutes choses, a placé en l'homme. Je ne rougis pas d'éprouver un léger frémissement lorsqu'on parle de tenter une excursion dans ce pays de l'inconnu, comme si ce pays existait....

— A dire vrai, je serais plutôt tenté d'aller à l'Ochsenfeld reconnaître les restes d'une voie romaine parfaitement distincte. Pour moi, enfant du Nouveau-Monde, ces vestiges de l'ancienne Rome ont un charme inappréciable.

— Pour cela, je le comprends, et je suis tout disposé à vous suivre, quand nous aurons salué Mulhouse toutefois. Elle me fait l'effet d'une ville charmante, malgré l'espèce de buée à travers laquelle on voit les choses, et qui, du reste, me rappelle quelque peu les brouillards de Londres.

— Dont vous allez prendre la nostalgie?

— Non, pas encore; d'ailleurs, votre présence me paraît suffisante pour conjurer tous les *blue devils*. Vous n'avez pas appris autre chose?

— Pardon, et j'ai comme un remords. Si nous nous fussions dirigés sur Thann, charmante petite ville dont la légende s'est emparée et qui a eu ses heures d'illustration, j'aurais pu vous montrer une des ruines les plus curieuses de l'Alsace : le château d'Engelbourg.

— Et en quoi cette ruine se distingue-t-elle des autres?

— Elle a une origine historique fort singulière. Turenne, cet illustre capitaine français dont vous avez ouï parler sans doute, fit sauter le château en 1674. Par une bizarrerie de l'explosion, la partie supérieure d'une tour s'est détachée et est tombée sur le sol, où, appuyée sur un des côtés de sa circonférence, elle offre l'aspect d'un gigantesque tonneau, défoncé à ses deux extrémités.

— Cela doit faire l'effet d'un immense télescope sans verres ?
— Sans doute.
— Quand j'aurai des velléités d'Erostrate, j'y ferai poser de puissantes lentilles et je doterai ainsi le pays d'un observatoire comme il y en a peu.

— Oui, l'inclinaison nécessaire y est d'abord; et puis vous risquez qu'on vous intente un procès en dommages-intérêts pour avoir crevé l'Œil de la Sorcière, car les sorcières ont joué un grand rôle en Alsace.

— L'Œil de la Sorcière? répéta sir Lytton interrogativement.

— C'est sous ce nom que cette tour est connue dans la région, car il faut bien que l'imagination ait sa part dans les événements les plus simples. Désormais, j'étudierai mon itinéraire d'avance pour ne plus donner prise à des regrets de cette nature.

— Et comment ferez-vous ?
— J'y ai avisé; j'ai rendez-vous avec le conservateur du musée archéologique et du musée historique du vieux Mulhouse. On m'affirme qu'il me fournira tous les détails que je puis désirer. Venez-vous avec moi ?

— Non; je ne suis pas encore assez remis de ma nuit d'insomnie.

— Je vous engage dans ce cas à vous rendre au Tannenwald, où vous achèverez de vous remettre et d'où vous aurez, m'a-t-on dit, une vue splendide sur la forêt Noire, le Jura et les Vosges. Je vous réponds que vous y jouirez d'une tranquillité parfaite.

— Je ne raffole pas des promenades publiques, répondit sir Henry d'un ton mélancolique.

— Aussi n'est-ce pas à ce titre que je vous recommande cette excursion, mais parce que je sais que vous aimez l'ombre et le silence des bois, et que c'est un bois magnifique. Sur le penchant de la colline dont il couronne le sommet, s'étagent les luxueuses villas de ces princes du commerce à la tête desquels se trouvent les Dolfus, les Kœcklin, les Siegfried, les Mieg, les Thierry. Et quand je parle de villas luxueuses, j'ai tort; car — on me l'avait affirmé, et j'ai déjà pu m'en convaincre — ici, rien n'est donné à la montre. On devine que ces intérieurs doivent être des nids de confort, mais l'extérieur n'a rien qui puisse éveiller l'envie dans le cœur des passants. Vous le remarquerez d'ailleurs : on se sent dans une ruche où un désœuvré serait de trop. Rien n'a été prévu pour lui. La ville offre à ses enfants des musées, des écoles, des bibliothèques, des laboratoires, une salle de conférences, tout, excepté un théâtre.

— C'est vrai, je ne l'avais pas remarqué.

— Il paraît qu'on peut vivre sans..., puisque l'expérience a été faite, et qu'elle a réussi.

Les deux jeunes gens se séparèrent, et Lytton reprit le cours de ses investigations.

Dans l'après-midi de ce même jour, sir Henry, descendant du bois dont il était, entre parenthèse, charmé, rencontrait à l'improviste son compagnon, qui, un carnet à la main, prenait des notes devant une des façades de l'hôtel de ville.

— Ah! vous arrivez bien à propos, s'écria ce dernier en riant, je viens de faire une découverte qui m'a enchanté.

— Serait-ce cette vilaine chose ? fit l'Anglais en désignant une pierre sculptée en forme de tête et suspendue par une chaîne.

— Précisément ; c'est une relique de ce beau temps passé que d'aucuns déplorent si vivement ; vous me ferez plaisir en m'aidant à traduire cette inscription.

Et tous deux déchiffrèrent une sorte de quatrain rimé, en vieil allemand, qui leur donna à peu près le résultat suivant : « On me nomme Klapperstein, et je suis bien connue des mauvaises langues. Quiconque se plaît aux disputes et à la médisance devra me porter par la ville. »

Mulhouse n'est pas grand, du moins Mulhouse proprement dit ; car ses faubourgs industriels couvrent une vaste étendue. Il en résulte que si deux personnes de connaissances sont dehors dans le même temps, il est difficile qu'elles ne se rencontrent pas. C'est ce qui eut lieu.

Le conservateur du musée, avec lequel Lytton avait déjà conféré longuement, vint à passer, tandis que les deux amateurs déchiffraient l'inscription ci-dessus. Francis se dirigea vers lui ; sachant qu'il était un archéologue convaincu et passionné pour les antiquités de sa ville natale, il n'hésita pas à l'aborder, et, après les présentations habituelles :

— Je soupçonne, lui dit-il, que cette pierre doit témoigner de quelque usage tout local, et nous serions curieux d'en savoir plus long. Voudriez-vous nous renseigner ?

— Ceci ? Mais c'est le Klapperstein ou pierre des bavards, répondit le vieux savant. Un de nos édiles du xvie siècle n'avait rien trouvé de mieux que d'instituer un châtiment corporel et public pour quiconque était convaincu de calomnie ou de querelle.

— Vraiment ! Et quel était l'usage de cette pierre ?

— On la suspendait au cou des coupables.

— Quoi !... cela ?

— Cela. Et remarquez que la pierre et sa chaîne pèsent quelque chose comme douze kilogrammes.

— Oh! les malheureux! Comment donc pouvaient-ils faire? soupira sir Lionels, que cette seule idée accablait.

— Nos aïeux étaient plus forts que nous.

— Cela durait?...

— Suivant le cas, la longueur d'une promenade, tantôt à pied, tantôt à âne, mais en chevauchant à rebours de l'ordinaire; et comme si ce n'eût pas été un châtiment *assez lourd*, cela se passait un jour de foire ou de marché, afin que la honte qu'on en ressentait fût inoubliable.

— Vos magistrats n'y allaient pas de main-morte, remarqua sir Henry; avec la population de nos villes modernes, il faudrait rudement de pierres semblables.

— Oh! cela ne s'appliquait guère qu'aux femmes, les hommes étant considérés comme impeccables en cette matière.

— Il y avait peut-être moins d'attaques en diffamation que de nos jours, reprit Lytton, et je crois vraiment qu'un Klapperstein quelconque serait nécessaire pour mettre une digue aux procès qui n'ont pour base que le mauvais usage de cet instrument pourtant si utile, la langue.

— Je dois constater, reprit le conservateur, que si l'on sévissait d'une manière vraiment exemplaire contre les délinquants, on savait récompenser le mérite de ceux ou de celles qui avaient la sagesse de se réprimer à propos. J'ai lu dans un des vieux manuscrits confiés à ma garde qu'en 1626, si je ne me trompe, trois femmes de la ville obtinrent des prix pour être restées six mois sans dire de mal de leur prochain. C'est à la lettre, et je pourrais vous le montrer, ajouta-t-il en voyant l'incrédulité peinte sur la figure de ses interlocuteurs.

— Y a-t-il longtemps que cette relique d'un nouveau genre est hors d'usage? demanda sir Henry.

— Plus d'un siècle. La dernière exécution eut lieu le 28 février 1781.

Après quelques minutes encore de causerie, l'aimable cicerone offrit aux deux jeunes étrangers de leur faire visiter l'Hôtel de ville, vieux monument dont la façade est réellement une œuvre d'art. Montaigne en parlait déjà en 1580 comme d'un « palais tout magnifique et tout doré ». Il est moins doré maintenant,

Une vue de Mulhouse.

mais l'effet en est réellement saisissant. Grâce à l'intervention de leur guide, qui avait entrée partout, ils purent visiter la salle du Conseil. Ce qui les intéressa le plus en dehors de la série armoriée des bourgmestres de la ville depuis 1347 jusqu'en 1798, suivie de celle des maires, ce fut une vieille inscription en vers allemands qu'ils eussent peut-être renoncé à rendre, sans le concours de l'érudition de leur nouvel ami. L'heure du dîner seule obligea le complaisant Mulhousien à abréger la discussion qui s'ensuivit et qui se continua entre sir Henry et Lytton.

— Il me paraît impossible que cette ville remonte si fort au delà de 451 pour que les Huns puissent l'avoir détruite. L'origine du nom dont l'étymologie est facile à retrouver me paraît beaucoup plus récente.

— De quoi le faites-vous venir?

— De *mulh*, moulins; *hausen*, maison; et je crois d'autant plus être dans le vrai, que les armoiries de la ville renferment une roue de moulin.

— Avez-vous entendu, remarqua alors sir Henry, ce que nous a dit M. Dietrich à propos de l'accroissement de la population depuis 1871? Il semble que la ville ne s'est pas si mal trouvée de l'annexion que vous voulez bien le dire; et s'il en est ainsi partout, le sort de l'Alsace-Lorraine ne me paraît pas à plaindre.

— Vous auriez tort de conclure aussi promptement. De 1871 à 1885, il y a bien un accroissement de seize mille âmes; mais constatez que, lorsque Mulhouse sollicita son adjonction à la France, elle ne comptait que six mille habitants; elle avait donc presque décuplé pendant cette période de sérénité. En outre, vous oubliez que pour toute cité industrielle, un accroissement continu et ininterrompu est une condition *sine qua non* de vitalité; s'arrêter, c'est mourir. Elle était lancée; sous peine de suicide moral, elle ne pouvait enrayer sa marche. Vous connaissez d'ailleurs l'acharnement des ouvriers allemands à faire baisser partout la main-d'œuvre. Mulhouse était une trop riche proie pour qu'ils ne s'y abattissent pas comme des corbeaux. En outre, certains villages ont dû être annexés depuis et devenir des faubourgs. De là le mouvement de progression qui vous étonne.

— Je ne m'explique pas pourquoi Mulhouse, qui, on nous l'a dit, constituait une toute petite république déjà commerçante et prospère, s'est jetée à la tête de la France en 1798, si j'ai bien compris ce que disait M. Dietrich.

— C'est bien simple pourtant. Elle conserva son indépendance jusqu'au jour où elle sentit le besoin de protéger son industrie, et, par conséquent, son existence.

— En quoi cette industrie était-elle menacée?

— On me l'a expliqué aujourd'hui même.

Enclave industrieuse, elle se trouva surprise par la ligne de douane qu'avait établie le département du Haut-Rhin pour sauvegarder les productions des industriels alsaciens déjà en concurrence avec Mulhouse. Les franchises accordées à son commerce dans tout le royaume furent supprimées. Puis, dans ces temps troublés, il fallait un passeport pour les relations journalières des habitants de la ville avec l'extérieur. Enfin, les vivres firent un moment défaut, parce que les Français en avaient besoin pour leurs soldats; alors la ville sollicita son incorporation, afin d'avoir droit aux privilèges des enfants de la France.

— Oui, contrainte et forcée!

— Ah! par exemple, non. Il n'y a qu'à voir la spontanéité de l'entraînement que subirent les membres du petit et du grand conseil lorsque la proposition en fut faite. Cherchez donc dans toute l'Alsace un lambrequin semblable à celui que j'ai vu aujourd'hui au musée et sur lequel j'ai lu ces mots qui expriment une si entière satisfaction : « La république de Mulhouse repose dans le sein de la république française. »

— Ah ! je comprends ; c'était l'attrait d'une république sur une autre.

— Il y avait la Suisse qui jouissait du même gouvernement et dont Mulhouse faisait partie depuis le traité de Wesphalie. Et vous avez entendu avec quel accent de conviction M. Dietrich, se faisant l'écho de ses concitoyens, affirmait l'attachement jaloux des Mulhousiens pour la France, disant que c'est la seule patrie assez belle et assez attachante pour qu'un peuple annexé depuis moins d'un siècle se fût si cordialement identifié avec elle !

— Je l'ai remarqué. Ces protestations toutes françaises m'ont d'autant plus frappé, qu'elles étaient faites en allemand, et que dans cette langue on est plutôt habitué à entendre vilipender tout ce qui touche à la France, « le pays de la frivolité, » comme la désigne le Prussien.

— Quand ce n'est pas pire.

— A propos, à quelle époque remonte le commerce qui a fait de Mulhouse un des principaux centres ouvriers dans l'industrie textile ?

— En 1746, trois bourgeois de Mulhouse, dont on conserve précieusement les noms dans les archives — car le travail est une noblesse — créèrent la première fabrique d'indiennes peintes, qui eurent un succès fou. Ce furent Schmaltzer, Samuel Kœcklin et Jean-Henri Dolfus.

— Des indiennes ? On n'en fait plus, je crois ?

— Ce nom d'indienne venait précisément de ce que dans l'origine on achetait les tissus de coton dans l'Inde et plus tard en Suisse. Les fondateurs avaient habilement exploité les qualités du Steinbaechlé (1), dont les eaux ont une vertu particulière pour fixer les couleurs. C'est en partie à cela qu'ils durent leur prodigieuse réussite. Le développement fut rapide; mais lorsqu'en 1808, par suite des malentendus de votre pays avec l'homme de génie qui présidait aux destinées de la France, les cotonnades de l'Inde furent prohibées, cela donna un nouvel essor à l'industrie mulhousienne. Partout s'orga-

M. Jean-Henri Dolfus.

nisèrent, comme par enchantement, des filatures et des tissages, qui déterminèrent à leur tour la création d'ateliers de machines. On m'en a cité un, en particulier, qui a déjà lancé seize cents locomotives sur les chemins de fer de l'Europe. Et c'est ainsi qu'une branche qui prospère sur le grand arbre de

---

(1) Dérivation de la Doller, affluent de l'Ill.

l'industrie et du commerce, donne naissance à une foule de rejetons d'où jaillira la richesse pour toutes les classes de la société.

Le reste de la semaine se passa pour les deux amis à visiter en détail les diverses manufactures, filatures et ateliers, qui intéressèrent vivement Lytton, toujours au courant des progrès que son pays est si ardent à rechercher. Il constata avec surprise que l'outillage de Mulhouse est à peu près ce qu'il y a de plus parfait dans son genre.

Présenté au président de la Société industrielle (1), il se renseigna sur le fonctionnement des institutions philanthropiques dont la ville est si richement dotée, s'étonnant presque, lui qui était Américain, et, par conséquent, au-dessus des étonnements, qu'on eût pu faire tant et si bien.

— Il est vrai que là où il y a beaucoup d'argent, il est possible de faire beaucoup, à condition d'avoir aussi beaucoup d'intelligence et de cœur, disait-il un soir qu'il expliquait à sir Henry les cités ouvrières, dont les habitants n'ont, pour devenir propriétaires, qu'à persévérer dans l'économie pendant douze ans en versant un minimum de 25 fr. par mois.

Enfin, il termina par l'envoi d'une volumineuse correspondance adressée à son journal, et où le nom de Dolfus, soit Engel Dolfus, le fondateur du musée, soit Dolfus-Mieg le savant, revenait avec les épithètes les plus flatteuses, ainsi que celui de M. Jean Dolfus — le père Jean, comme on dit si bien — d'abord parce qu'il est un des pères de l'industrie moderne, et surtout parce qu'il a été durant une longue carrière le père de ses administrés.

---

(1) M. Auguste Dolfus, à l'initiative duquel sont dues des créations multiples d'écoles supérieures et professionnelles.

V.

Ensisheim.

Aussitôt ce devoir rempli, Lytton n'eut plus qu'un désir : partir. Et par une belle matinée, le rustique équipage contenant les deux amis s'ébranla dans la direction d'Ensisheim, l'un et l'autre étant partisans des voyages où l'on peut mettre pied à terre quand bon vous semble, presser ou ralentir le pas, se rapprocher d'un point de vue flatteur pour l'œil, ou faire un détour pour examiner une ruine moussue, une pierre d'un aspect étrange.

C'était une promenade de quatre lieues, qui pouvait se faire à la fraîche et dans des conditions charmantes. La bande de terrain qui en cet endroit s'étend entre l'Ill et le Rhin est une pauvre terre, occupée jadis par la magnifique forêt de la Hart; mais, pour être une des moins fertiles de l'Alsace, elle ne manque pas pour cela d'intérêt et de variété.

— Nous sommes encore au milieu d'un des vieux souvenirs

du pays, remarqua Lytton. Cette forêt doit son nom aux Harricides, l'une des premières tribus qui, suivant l'exemple d'Arioviste, fondirent sur le pays près d'un demi-siècle avant Jésus-Christ.

— C'est singulier, remarqua sir Henry, comme on prodigue le nom de *forêt*. Chez nous, ce ne serait guère qu'un taillis.

— Il en est de même ici, répondit Lytton. On m'avait prévenu qu'une exploitation, peut-être inintelligente, a presque supprimé les chênes séculaires qui abritèrent tant de générations écoulées, pour ne laisser que des taillis. Les gouvernements qui se sont succédé y trouvaient tous leur compte, car les forêts d'Alsace étaient d'un grand rapport. On ne les évaluait pas à moins de 250 millions, dont le revenu est perdu pour la France. Nous arrivons trop tôt dans celle-ci; six semaines plus tard ces solitudes se seraient animées pour nous, car....

— Ah! oui, des chasseurs?

— Des chasseurs, si vous voulez, mais sans fusil et tenant leurs chiens en laisse!

— Vous dites?

— Qu'au mois de septembre et d'octobre tous les habitants des villages environnants se livrent activement à la recherche de la truffe.

— Il y a des truffes ici?

— Assurément. Et quoique certains amateurs les dénigrent au profit des productions du Périgord, qui sont évidemment d'une nature bien supérieure, il n'en est pas moins certain que celles-ci ont bien leur valeur.

— Et vous dites qu'on se sert de chiens? Je croyais que c'étaient des.... des....

Sir Henry hésitait; il cherchait une circonlocution élégante pour désigner ce quadrupède que, vivant, on méprise autant qu'on le prise dès qu'il est mort. Lytton, moins puriste, le laissait s'enferrer en souriant.

— Moi, j'appelle cela tout simplement des porcs; et je trouve que c'est à bon droit qu'on a interdit à ces voraces animaux l'entrée de la forêt; car leur habileté tant vantée comme chasseurs de truffes consiste à chasser pour eux, et c'est autant de perdu pour les consommateurs, au nombre desquels je ne suis pas, je le confesse.

— Est-il possible! Je ne m'explique pas qu'on puisse goûter ces savoureux champignons sans les aimer.

— Des champignons?

— Oui, des études récentes les ont fait classer dans cette famille, à ce que je me suis laissé dire. Ne le saviez-vous pas?

— Ma foi, non.

— De quels chiens se sert-on pour cette chasse?

— Les truffiers de profession emploient de préférence des caniches et des roquets, qui se montrent tout aussi intelligents et empressés dans leur office que les anciens auxiliaires des chercheurs de truffes. J'ignore quelle est l'éducation spéciale qu'on leur donne pour cela; mais quand arrive la saison de la récolte, les animaux destinés à y concourir doivent être maintenus soigneusement enfermés, pour que rien n'agisse sur leur odorat et ne diminue la délicatesse de leur flair.

— Je me suis souvent demandé si nos pères connaissaient ce délicieux condiment.

— Je le crois bien. M. Dietrich, dont je tiens tous ces détails, aussi bien que les lettres d'introduction que je vous montrais ce matin, me racontait qu'au XVIIe siècle on en expédiait partout. Colbert, le sévère financier, devait les apprécier, car il se permettait cette superfluité coûteuse, comme en témoignent des notes du temps.

— C'était déjà une source de commerce alors?

— Oui; aussi à ce titre n'était pas libre qui voulait d'en trafiquer. Les truffiers devaient être munis d'un privilège spéciale et payer redevance au seigneur du lieu. Aussi malheur à qui venait marauder sur les terrains qui leur étaient concédés! Il s'exposait aux peines les plus sévères.

Tout en causant ainsi, les quatre petites lieues qu'ils avaient à franchir, en partie sous bois, étaient déjà derrière eux. Ils arrivèrent à Ensisheim avant l'heure du déjeuner.

— Il y a un excellent hôtel qui m'a été recommandé, dit Lytton, comme ils mettaient pied à terre et donnaient leurs ordres au cocher; mais j'ai pris sur moi de descendre à une auberge plus modeste pour pouvoir dire que j'ai logé sous le même toit que le célèbre Turenne. C'est là-bas, paraît-il, qu'il coucha la veille de la bataille de Turkheim.

— Dans cette curieuse maison?

— Oui; celle qui porte encore une couronne au bout d'un crochet de fer, une véritable enseigne moyen-âge. Du reste, tout est à l'avenant : cette façade en relief sculptée, ce pignon pointu enjolivé jusqu'à son sommet extrême, et ce gracieux encorbellement qui forme le balcon du troisième étage.

— Vous ne pouviez me faire un plus vif plaisir que de m'amener ici, s'écria sir Henry, en détaillant avec intérêt tout ce que son ami venait de lui indiquer sommairement.

Tandis que la fraîche hôtesse de la *Couronne*, flairant en eux des clients de distinction, se réjouissait d'une pareille chance, mettait tout son personnel sur pied, distribuait taloches et semonces à qui se trouvait sur son passage, et donnait la chasse à de malheureux volatiles en ce moment bien marris d'avoir reçu le jour dans une maison quasi historique, les deux touristes eurent le temps de visiter l'hôtel de ville. En payant bien, toutes les portes, surtout les portes allemandes, s'ouvrent avec une facilité merveilleuse.

L'ancien palais du conseil souverain d'Alsace les intéressa vivement. Sir Henry était enchanté de retrouver ces fenêtres à vastes baies, si rares en France, mais dont l'usage s'est conservé en Angleterre. La salle du conseil est vraiment mal placée dans une petite ville de trois mille âmes; car, avec ses colonnettes sculptées symétriques, mais non pas semblables, qui supportent l'entablement des fenêtres, et son plafond à caissons, elle ne déparerait pas un des monuments de nos grandes cités. Seulement Lytton fit remarquer à son compagnon que les aigles à deux têtes du nouvel empire allemand juraient avec celle de l'Autriche qui surmonte les armes de la ville.

— Je me demande ce que diraient vos bons amis les Prussiens, si l'Autriche venait à son tour réclamer une rétrocession.

La réponse de sir Henry se perdit dans le bruit des cloches sonnant midi, l'heure habituelle du repas en Allemagne; et Lytton, dont l'estomac bien remis marquait la même heure, se dirigea d'un pas rapide vers l'hôtel de la *Couronne*. Dès qu'ils eurent fait honneur au menu improvisé par l'accorte Alsacience, sir Henry parut réfléchir. Il ne lui fallait pas trop d'idées à la fois; mais quand il en avait une, il la creusait jusqu'à ce qu'il en eût raison.

— Une chose me taquine, dit-il enfin, tout en savourant un moka qui ne venait assurément pas d'Arabie; je ne m'explique pas comment le conseil souverain d'Alsace — j'appuie à dessein sur le mot souverain — est venu s'échouer dans une ville de si minime importance.

— C'est qu'Ensisheim a suivi des destinées contraires à celles de Mulhouse. Village naguère, cette dernière marche à grands pas vers son classement parmi les villes de quatrième ordre; elle travaille, elle progresse, donc elle vit. C'est l'inverse pour les villes qui ont cessé de progresser et se sont endormies dans une paisible quiétude. Sous la domination autrichienne, Ensisheim était le siège de la *régence,* administration à la fois juridique et financière, divisée en deux chambres, et dont relevait tout le pays environnant. Cédée à la France par le traité de Westphalie en 1648, elle éprouva des difficultés à se plier à une organisation différente. Louis XIV transforma la chambre royale et souveraine qu'il avait substituée à la régence d'Autriche et dont le siège était à Brisach, en un conseil souverain qu'il plaça au lieu même de la régence disparue, pensant avec raison qu'ayant un tribunal sous la main, ses nouveaux sujets perdraient plus facilement l'habitude d'aller soumettre leurs différends à la chambre impériale de Spire, ce qui leur paraissait plus légitime. L'événement montra qu'il avait jugé sagement.

En se rendant aux archives de l'église, où sir Henry tenait à examiner de près un aérolithe tombé sur la ville en 1492, et dont il voulait tâcher d'obtenir un morceau, ils eurent l'occasion de constater que l'hôtel de la *Couronne* n'est pas la seule maison curieuse de la grande rue.

Lytton était enchanté, puisque, fils du nouveau continent, où tout porte le sceau d'une civilisation bien prête à dire son dernier mot, il sentait en lui un goût inné qui le portait vers les antiquités de la vieille Europe, où se révèle au contraire l'effort bien souvent remarquable, toujours intéressant, d'une civilisation en travail.

Grande fut la surprise de sir Henry, auquel on avait parlé d'un bolide de trois ou quatre cents kilogrammes, et qui se trouva en présence d'une masse grisâtre sept ou huit fois moindre, ayant à peu près la forme d'une éponge.

— Trois ou quatre quintaux.... à son origine, sir Henry ! se récria Lytton, en riant de l'air mystifié de son compagnon. Mais vous oubliez qu'il y a quatre cents ans de cela ! Or, vous n'êtes pas le seul à aimer à conserver un souvenir palpable des localités où vous trouvez un sujet d'intérêt. Vous avez eu des émules et des devanciers, au nombre desquels il est flatteur de compter Charles-Quint et les chefs des armées coalisées en 1815, qui tous ont voulu avoir leur part.... de bolide, j'allais dire de gâteau.

Sir Henry se rasséréna en se voyant en si auguste compagnie.

— Du reste, continua Lytton, ce n'est pas le seul qui ait diminué dans des proportions aussi considérables. N'avez-vous jamais entendu parler du *Burgrave ensorcelé?*

— Jamais. Quel est cet infortuné personnage ?

— D'abord ce n'est point un personnage. Mais vous êtes excusable de ne pas reconnaître sous cette dénomination étrange un aérolithe célèbre dans le pays d'Elbogen, non loin de Carlsbad. Cette masse de fer météorique est, depuis des siècles, l'objet des traditions les plus bizarres, parfaitement en rapport avec le nom qu'on lui donne encore, comme si elle venait directement de l'enfer. Les campagnards des environs d'Elbogen pensent qu'elle n'est autre chose que l'enveloppe redoutable sous laquelle est enterré à tout jamais un seigneur du pays. Pour être plus complètement dans le vrai, corps et âme, tout chez ce méchant homme s'est converti en fer : ainsi l'a décidé le courroux céleste.

La légende veut aussi que cette masse météorique devienne, par moments, plus pesante ou plus légère : elle est alors à l'épreuve du feu et du marteau.

— Rien, dans ce récit, ne rappelle son origine céleste?

— Non; mais la tradition est certainement fort éloignée de

la vérité, quand elle considère l'aérolithe d'Elbogen comme étant indestructible. Selon les données historiques que l'on possède à son sujet, son apparition daterait de la seconde moitié du XIVe siècle, comme celui que nous avons sous les yeux; mais il a prodigieusement changé de volume depuis cette époque, qui n'est pas fort reculée. Les curieux ont certainement profité des rares moments où il cessait d'être sous la protection de l'enfer pour diminuer sa masse primitive; il ne pèse plus aujourd'hui que quarante-trois livres et un quart.

— Vous l'avez vu?

— Certainement. Le principal morceau arraché au *Burgrave ensorcelé* fut expédié à Vienne en 1812, et ne pesait pas moins de cent cinquante livres. Le modèle de la masse primitive est heureusement conservé dans la salle du Sénat à Elbogen, chef-lieu du cercle de ce nom.

Un détail curieux : préoccupé sans doute des traditions plus ou moins diaboliques qui s'attachaient à cette masse noire, le général impérial Jean de Werth la fit jeter dans le puits du château durant la guerre de Trente ans. Pour l'honneur de la science, on l'en retira bientôt, et le *Burgrave ensorcelé* a pris rang parmi les minéraux célèbres.

Quand sir Henry, ayant achevé son long et minutieux examen, eut conclu la transaction qui en faisait l'heureux propriétaire d'un fragment du fameux météorite, les deux amis s'éloignèrent.

— Qu'allez-vous faire de cela maintenant? demanda Lytton.

— En enrichir ma collection de curiosités. Qu'en pourrais-je faire autrement?

— Je ne sais pas, lui donner une application artistique et utilitaire.

Sir Henry regarda son ami avec stupéfaction.

— Ne savez-vous pas, répondit celui-ci, qu'on en tire des

objets d'art? La France, par exemple, ayant une politesse à rendre à ce fils du ciel connu dans nos régions sublunaires sous le titre de roi d'Annam, n'a-t-elle pas eu l'ingénieuse idée d'extraire d'une pierre semblable un cadeau digne de lui et venant directement du ciel?

— Assurément, je l'ignorais, se récria le jeune Anglais. Et qu'a-t-on bien pu faire de cette matière extra-terrestre?

— Dans le cas qui nous occupe, le gouvernement de la République a fait tailler un sceau splendide avec un échantillon provenant de la chute qui eut lieu le 30 janvier 1868 à Pultusk en Pologne. D'ailleurs, ce n'est pas d'aujourd'hui que date la première idée de tirer parti de ce minerai. On l'a fondu et forgé, puisque le seul objet de fer trouvé dans les ruines de Troie fut un poignard *météorique*. Et l'on connaît deux autres armes de même provenance, l'épée du grand mogol Kchang-Guir et celle d'El Libertador, le fameux patriote du sud américain.

— Décidément, on n'est pas journaliste pour rien, s'écria sir Lionels. Mais dites-moi alors, puisque vous savez tout, d'où proviennent ces corps étranges. Ne sont-ils pas une projection des volcans de la lune?

— On n'admet plus cette hypothèse; et bien que l'on ne puisse encore démontrer mathématiquement leur origine, on est porté à croire que ce sont des fragments de la matière cosmique si ténue qui compose les comètes et les nébuleuses; fragments qui, venant à passer dans les zones d'attraction de notre planète, sont entraînés avec une très grande rapidité par la gravitation et s'échauffent au contact de l'air au point de devenir lumineux et de produire les phénomènes connus sous le nom d'étoiles filantes ou bolides.

— Quelle chute! répétait sir Henry en pensant à la colonne d'air qu'un pareil volume devait déplacer et à la sensation désagréable que ce déplacement pouvait faire éprouver.

— Le météorite que nous venons de voir n'est rien comparativement à bien d'autres, repartit vivement Lytton; ils sont communément beaucoup plus gros. J'ai entendu parler d'un de ces corps tombé près de Trèves et qui pesait 1,500 kilos. Toutefois, le plus considérable que l'on connaisse est, sans contredit, celui dont l'existence fut constatée par Humboldt et que j'ai vu moi-même au Mexique. On en évalue le poids à 200 quintaux.

— Vingt mille kilos?

— Oui, une véritable petite montagne. Il y a ceci de remarquable, c'est que toutes ou presque toutes ces masses renferment, outre une foule de substances minérales diverses, du fer et du nickel en quantité plus ou moins considérable, mais toujours fort appréciable. Ce qui prouve que ces métaux précieux sont répandus non seulement dans l'intérieur de notre globe, mais dans l'univers entier, et permet de supposer que tous les corps célestes ont la même constitution que notre globe et renferment les mêmes éléments.

— C'est déjà quelque chose de savoir que notre pauvre monde a ce point de contact avec les mondes mystérieux que nous voyons circuler dans l'espace, remarqua sir Henry pensif.

Et cette réflexion nouvelle pour lui le plongea dans une méditation profonde, que Lytton respecta, absorbé d'ailleurs dans son examen attentif des gens et des choses.

Quelques heures plus tard, nos voyageurs, qui s'étaient mis en route pour Colmar, se couchaient tranquillement à dix-huit kilomètres de leur destination.

VI.

Turkheim.

Lytton avait eu l'intention d'aller pour quelque temps établir le quartier général de ses futures investigations à Colmar; mais sir Henry se trouvant très fatigué, les deux amis durent se contenter d'aller coucher à Neuf-Brisach, ville forte. Hélas! cette pompeuse appellation avait fait naître des idées trop flatteuses dans l'esprit des voyageurs. Grande fut leur surprise lorsqu'en s'éveillant le lendemain matin, ils n'entendirent aucun bruit autour d'eux. Trompé par ce silence, l'Anglais se rendormit, et il était près de neuf heures lorsqu'il rejoignit le journaliste, qui avait déjà fait les cent pas dans la ville.

— Quelle tranquillité, et pour une ville de guerre encore! Je me suis cru transporté dans le palais de la Belle au bois dormant!

— En devinez-vous la raison ? interrogea Lytton. C'est que la moitié du pays est à vendre ou à louer et compte vainement sur des amateurs qui ne se présenteront jamais. Voyez plutôt, ajouta-t-il en entraînant son compagnon dans une rue transversale. Où croiriez-vous être ?

— Dans un pâturage.

— C'est vrai, et l'illusion est d'autant plus facile, que voici deux chèvres qui broutent comme en plein champ. Cette voie mène cependant à une des plus belles places de la ville, place qui, aujourd'hui, semble un vaste enclos envahi par les mauvaises herbes. Ah ! la guerre est une triste chose. Il y avait jadis ici une population de braves gens vivant des troupes que la France y entretenait. Ce n'était ni une ville commerçante, ni une ville manufacturière ; aussi ne s'y faisait-il point de grande fortune ; mais tout le monde y vivotait et s'y trouvait heureux. Un trio de ferrailleurs décrète un jour la nécessité de faire beaucoup de bruit autour d'un projet de restauration de l'empire d'Allemagne, et voici des peuples qui, hier, se tendaient une main fraternelle, obligés de se ruer l'un contre l'autre, écrasant dans un élan farouche tous les faibles que le hasard avait placés entre eux. Est-ce juste ?

— Je ne comprends pas bien, remarqua flegmatiquement l'Anglais, trop scrupuleux pour se contenter d'une banale adhésion.

— Ce petit commerce de Neuf-Brisach était-il responsable des lubies sanguinaires des têtes couronnées d'en deçà et d'au delà du Rhin ? En attendant, il y avait ici en 1870 une population de plus de deux mille âmes, tombée aujourd'hui à moins des deux tiers, grâce à l'option ; et encore ces deux tiers végètent-ils dans cette torpeur qui suit les grandes catastrophes et précède l'anéantissement. J'ai compté dans ma promenade matinale plus de cinquante-cinq maisons à vendre sur deux cent cinquante peut-être que contient l'ensemble de la ville,

Une vue de Neuf-Brisach.

— Mais les habitants n'ont pas tout perdu, ce me semble; il y a encore garnison ici.

— C'était ce que je me disais; mais il paraît que les officiers ou employés allemands, enchantés de toucher les émoluments que leur fournissent les contributions des Français....

— Ou ex-Français.

— Dans l'espèce, c'est tout comme, puisque, Français ou Prussiens, messieurs les fonctionnaires ne veulent pas les en laisser bénéficier. Ils font venir de chez eux, paraît-il, toute denrée et toute marchandise compatible avec le tarif réduit des colis postaux ; aussi n'y a-t-il rien à gagner sur eux.

— Ce n'est pas bien, reprit sir Henry après une pause assez longue, pendant laquelle il avait pesé le pour et le contre de ce qui lui était dit.

Tout en causant ainsi, les jeunes touristes avaient visité la ville, peu étendue d'ailleurs, dont les fortifications en forme de polygone à huit côtés remontent au xviie siècle. Cette petite cité est construite en face du Vieux-Brisach, situé sur la rive droite du Rhin et que Louis XIV fut obligé d'abandonner à l'Autriche. D'ailleurs, le traité de Ryswick l'obligea également à raser Neuf-Brisach ; et les termes du contrat étant précis, il n'y avait pas à en éluder la lettre. Quant à l'esprit, ce fut autre chose, puisque, à quelques kilomètres de la ville détruite, Vauban éleva immédiatement cette forteresse, autour de laquelle il groupa, à force d'exemptions et de privilèges, l'élément civil nécessaire au bien-être d'une garnison.

Après plus de quinze ans écoulés, la pauvre petite ville avait gardé des cicatrices bien visibles du bombardement qu'elle subit en 1870. Les arbres de la place d'Armes notamment montrent sur leurs troncs séculaires la trace de plus d'un éclat d'obus.

— Bah! disait philosophiquement sir Henry, c'est le sort des combats. On n'a fait que lui rendre la pareille. Ce n'est pas pour rien qu'elle semble regarder en chien de faïence

Vieux-Brisach là-bas, sur l'autre rive du Fater-Rhein. Elle a dû, dans son temps, lui envoyer des messagers qui n'étaient pas tous chargés de fleurs.

— C'est vrai; et Vieux-Brisach, qui, du reste, ne paraît guère plus vivant, a eu maille à partir avec elle; mais les bombardements des Prussiens sont, comme leurs plaisanteries, plus lourds que ceux des Français. A ce propos, saviez-vous que cette ville de Vieux-Brisach, aujourd'hui sur la rive droite du Rhin, fut jadis sur la rive gauche, et a ainsi changé au moins trois ou quatre fois?

— Ah! pour le coup, Lytton, vous plaisantez! Vous abusez de ma bonne foi, et cela nuira désormais dans mon esprit à vos développements historiques, que j'écoutais avec tant de plaisir. Ce n'est pas bien.

— Je ne plaisante pas le moins du monde.

— Et vous voulez me faire croire que cette brave petite ville se déplaçait avec armes et bagages!... Et quels bagages! à en juger par ce qui reste de fortifications démantelées.

— Voilà où vous faites erreur. Je n'ai rien voulu vous faire croire de semblable. Ce n'est pas la ville qui désertait son poste, c'était le Rhin qui quittait son lit pour s'en frayer un plus à sa convenance, lit qu'il abandonnait ensuite; de sorte que la petite place forte était tantôt à droite, tantôt à gauche, et s'est même trouvée au beau milieu dans une île.

— Je commence à trouver que vos recherches dans les vieux bouquins ont bien leur intérêt et leur importance. Que de choses curieuses on apprend en voyageant avec un compagnon tel que vous!

En ce moment, un marmot vint se jeter entre leurs jambes; Lytton le retint pour l'empêcher de tomber.

— Qu'as-tu, petit? lui demanda-t-il.

— C'est eux là-bas, répondit-il en allemand et en désignant

un groupe de gamins gouailleurs qui les regardaient à un des coins de la place d'Armes. Ah! ce sont des Prussiens; ils sont les plus forts; mais quand viendra le jour de la revanche, c'est moi qui leur ferai rendre mes billes.

Lytton avisa une boutique où un étalage d'une douzaine de billes était destiné à amorcer les convoitises de la jeunesse. Il acheta le solde et le glissa dans les poches du petit garçon.

— Les détesteras-tu moins maintenant? demanda-t-il.

— Non, dit l'enfant en serrant les poings; je les hais.

— C'est un vilain sentiment, répondit le journaliste; on ne doit pas haïr.

— Quand ils nous empêchent de parler français, moi et les autres, et qu'ils nous font battre par le maître, si l'on s'en aperçoit!

— Mais ils ont raison; tu es Allemand comme eux.

— Moi, chamais; on le leur fera bien foir un chour, répondit l'enfant.

Et, en prononçant cette énergique protestation avec l'accent tudesque qui prête si fort à rire, il se campait fièrement sur ses petites jambes, comme pour appeler cet avenir dont il attendait la délivrance. Lytton mit quelques pfennings dans la main du petit patriote en lui enjoignant d'aller acheter ce qui lui ferait plaisir.

— Eh bien! que dites-vous de cela? demanda-t-il à son compagnon, quand ils furent suffisamment éloignés.

— Une exception, répondit négligemment sir Lionels.

— Je ne le crois pas, d'autant plus que ce petit bonhomme a dix ans à peine, qu'il est né en pays conquis, et que par conséquent il aurait dû se plier plus facilement au régime actuel. Cette haine du vainqueur, il l'a sucée avec le lait; elle fait partie de son être; et il la transmettra à sa descendance, si tant est que la revanche, comme il dit, ne l'ait pas ramené à des sentiments moins violents.

Désireux de voir une personne pour laquelle il avait une lettre d'introduction, Lytton proposa de prendre le chemin de fer, et en moins d'une demi-heure ils avaient franchi les dix-huit kilomètres qui les séparaient de Colmar.

Suivant son habitude, sir Lionels laissa son compagnon visiter seul les quelques personnes qu'il avait à voir, les vieux savants avec lesquels Lytton était tout de suite en pays de connaissance l'intimidant trop pour qu'il lui fût possible de les affronter. Il se contenta de parcourir la ville, très intéressante par ses maisons anciennes et ses monuments. Il s'en remettait à Lytton du soin de faire toutes les recherches relatives aux questions historiques qu'ils s'étaient donné pour tâche d'étudier.

Ce dernier revint tout triomphant.

— Voici qui me donne de nouveau gain de cause, dit-il, tandis qu'ils savouraient paisiblement une glace dans les environs de la jolie promenade du Champ-de-Mars. Encore une ville d'Alsace qui remonte fort authentiquement au temps des rois francs; après l'avoir fondée, ils l'agrandirent, car je n'ose pas dire qu'ils l'embellirent. Charles le Gros y tint une diète pour aviser aux moyens de protéger l'empire contre les Normands, qui avaient envahi jusqu'à la Lorraine. C'était donc encore la mère-patrie qui s'occupait de défendre ses enfants.

— Je ne sais pas à quelle époque elle remonte; mais j'ai vu qu'elle a de superbes échantillons de ce que vous appelez le style Renaissance, et ils m'ont paru conservés avec plus de soins qu'ailleurs.

— Oui. Ce n'est pas pour rien qu'on a pu dire de Colmar que c'est une ville de conscience, d'étude et de tradition. Elle a de vieux et honorables souvenirs ; elle s'est trouvée mêlée à toutes les luttes du moyen-âge, luttes contre les empereurs et la papauté, luttes de la bourgeoisie contre la noblesse, contre les grandes compagnies, contre les Armagnacs conduits par le dauphin de France qui devait dans l'histoire porter le nom de Louis XI. Ah! elle en a vu de rudes!

— Et sa réunion à la France, de quelle époque date-t-elle?

— De la deuxième moitié du XVIIe siècle. Elle fut cédée à Louis XIII par les Suédois ; mais ce ne fut qu'à la suite de la victoire de Turkheim qu'elle fut définitivement réunie à la France.

— Turkheim? Ce nom me rappelle quelque chose ; mais je ne sais plus quoi.

— Vous avez la mémoire courte. Nous en avons parlé à propos de l'hôtel de la *Couronne*, où nous déjeunâmes l'autre jour. Et, à ce sujet, permettez-moi de vous faire observer que vous n'avez pas fait un bon marché en achetant pour 5 florins le vilain verre que vous a apporté en cachette le vieux père Steinmark.

— Douteriez-vous de son authenticité? Il m'a affirmé que c'était celui-là même où but le grand Turenne ; et certes il est assez encrassé par la poussière des siècles pour qu'on ne puisse mettre en doute son âge vénérable.

— Aussi n'en doutai-je pas. Mais si vous vouliez payer 5 florins tous les verres crasseux que pourraient vous fournir les auberges de France ou d'ailleurs, votre fortune n'y suffirait pas.

— Cependant vous avez bien entendu, lorsque j'ai dit à l'hôtesse combien je tiendrais à emporter un souvenir du passage de Turenne?

— En effet, j'ai bien entendu qu'en honnête femme elle vous a répondu qu'elle n'en connaissait pas un seul.

— Et vous croyez?...

— Que son beau-père, qui m'a eu l'air d'un fin matois, a saisi l'occasion de se fournir de tabac à vos dépens.

Lytton en visite chez un vieux savant.

— Pourquoi m'aurait-il tant recommandé de n'en point parler à sa bru, s'il n'était pas vrai qu'elle l'eût refusé cent fois à des étrangers de marque?

— Ne voyez-vous pas que la bonne foi qui se lit sur l'aimable figure de la jeune femme lui faisait craindre qu'elle ne fît manquer la transaction?

— Alors.... j'ai été floué, moi?

— Je le crains.

Sir Henry fit la grimace.

— Le champ de bataille de Turkheim ne doit pas être fort loin d'ici? demanda-t-il avec un peu d'humeur et pour changer de conversation.

— A quatre lieues et demie. Le pays est superbe; et si vous n'y voyez point d'inconvénient, j'aurai du plaisir à y aller, d'autant plus que nous serons sur la route de Munster, que j'aimerais également à visiter, et que du même coup nous pourrons faire l'ascension du Hohnek, d'où nous jouirons d'une très belle vue sur les lacs de Gérardmer, de Longemer, et sur une grande partie de la Lorraine.

— Magnifique programme que vous me voyez tout prêt à accepter; disposez de moi, je vous suis.

A leur arrivée à Turkheim le lendemain, les deux touristes étaient enchantés de ce détour qui leur avait procuré le plaisir de voir le travail tout spécialement soigné des vignobles qui avoisinent la ville et qui produisent un des meilleurs vins du pays. Mais aussi quels soins minutieux! quel labeur incessant! Et qu'on est loin, en Alsace, de s'en reposer, comme dans les pays du soleil, sur la bonne nature pour obtenir une récolte rémunératrice! Six jours sur sept, vous voyez les infatigables propriétaires tailler, sarcler, épamprer, mettre ou retirer l'échalas protecteur. Il y a toujours quelque chose de nouveau à faire pour lui. Certes, quand il arrive à une modeste aisance, il l'a bien gagnée.

— Décidément, disait l'Anglais, ce pays est le pays du travail, mais d'un travail plus doux et plus facile que chez nous. Au lieu de nos cités manufacturières, foyers pestilentiels d'épidémies et de grèves, où l'air et la lumière sont deux luxes presque également inconnus, voyez donc comme ces filatures se succèdent, s'échelonnent en plein air et en pleine verdure, espacées comme des maisons de campagne et mêlant leur bruit monotone et assourdissant aux bruits les plus divers de la vie des champs.

— Aussi quelle population de travailleurs en voyez-vous sortir aux heures des repas ! Des hommes forts et robustes qui rient d'un air joyeux, des femmes roses et souriantes malgré l'assujettissement de longues journées au métier ! Cela fait du bien.

— Ils ne devraient pas être dans d'aussi bonnes conditions, puisqu'ils sont annexés, fit l'Anglais avec un sourire qu'il croyait malin.

— Pourquoi donc ? Vous ai-je dit que la vie matérielle était suspendue en Alsace ? Ces choses-là ne se voient que dans les contes de fées et sont bonnes à dire aux enfants. Quant à la vie normale des peuples, évidemment elle est en arrêt; car l'Allemagne, en imposant à sa conquête les institutions surannées qui se sont momifiées dans son sein, a voulu la faire reculer, et les peuples ne reculent jamais impunément. Reculer, c'est renier ses tendances meilleures, ses aspirations les plus nobles; c'est vouloir marcher contre le progrès; et le progrès est comme la machine motrice de cette usine que vous apercevez là-bas. Comme elle, il avance, il avance sans cesse; comme elle, il est sourd et aveugle; malheur à l'infortuné qui croirait enrayer sa marche ! Attiré dans un impitoyable engrenage, il serait broyé, anéanti. Du reste, le progrès s'apprête déjà à transformer l'empire ressuscité des Césars germaniques. Les idées de liberté germent de toutes parts; le vieux sol tressaille d'aise à chaque nouvelle poussée qui prépare l'éclosion de la semence libératrice.

Mais, voyant que sir Henry paraissait mécontent et mal à l'aise, son aimable compagnon revint à l'idée première qui avait déterminé la digression.

En 1870, Turkheim comptait une population de près de trois mille âmes. Aujourd'hui, et malgré l'immixtion de l'élément germanique, elle est tombée à moins de deux mille cinq cents. Tout ce qui a pu partir est parti. Soyez certain qu'ici comme ailleurs, les malheurs de l'annexion ont courbé tous les fronts. Si l'on chante encore, c'est peut-être bien pour étouffer au fond des cœurs une voix qui soupire après la patrie française.

— Croyez-vous que le champ de bataille auquel Turkheim doit sa célébrité historique puisse nous offrir quelque intérêt?

— Je ne le crois pas. C'est, paraît-il, une vaste plaine traversée par le chemin de fer. J'aimerais mieux, je l'avoue, pousser jusqu'au haut pâturage des Vosges, afin de visiter les censes ou fromageries dont j'entends parler depuis mon séjour ici, et dont j'apprécie fort, du reste, les produits. Je n'ai point encore fait d'ascension; je ne me sentais pas le pied assez assuré, mais maintenant je crois pouvoir me risquer.

— Ce Turenne était un grand général, reprit sir Lionels, qui, nous le savons, n'abandonnait jamais une idée dont la lucidité lui paraissait laisser à désirer.

— Certes, répondit Lytton; on a dit de lui qu'il avait ramené l'art de la stratégie à quelques règles fixes que nos modernes boucheries ont seules pu modifier. Cette bataille de Turkheim mit en quelque sorte le sceau à sa gloire.

— Dites-m'en quelque chose alors.

— A la fin de l'année 1674, les Impériaux, croyant l'armée française en retraite, étaient accourus des environs de Strasbourg pour s'emparer de l'Alsace. Le général français, qui était rentré dans la haute vallée de la Moselle, par un mouvement hardi, admiré des plus habiles stratégistes, fit traverser à ses troupes légères le col de Bussang et la vallée de la Thur, tandis que lui-même, avec son artillerie et ses

Mort de Turenne.

bagages, débloquait Belfort et rejoignait ses troupes en longeant le front des Vosges et écrasant sur son passage les détachements autrichiens.

Le grand électeur, dont le quartier général était à Colmar, avait rallié toute son armée dans cette position, la gauche à Colmar, la droite à Turkheim ; sa ligne était de six kilomètres, et son front, couvert par une petite rivière, avait été retranché. Turenne marcha à lui sur deux colonnes, avec plus de quarante mille hommes ; les alliés en comptaient plus de cinquante mille. Mais son armée toute française était bien supérieure au moral.

Le 5 janvier 1675, le comte de Lorges, commandant la droite, se porta à la hauteur d'une église, vis-à-vis de Colmar, pour attirer toute l'attention des ennemis sur leur gauche, pendant que Turenne marchait avec le lieutenant général Foucault sur Turkheim. Le combat commença une heure avant la nuit. Turkheim fut enlevé ; le grand électeur fit filer ses bagages sur Schelestadt, et à minuit fit sa retraite. Le lendemain, à la pointe du jour, Turenne entra dans Colmar, où il prit trois mille hommes malades ou traînards. Le grand électeur s'arrêta trois jours à Schelestadt ; il en repartit le 11, passa le Rhin au pont de Benfelden, et rentra en Allemagne. L'Alsace, déjà en partie française depuis les traités de Westphalie, fut complètement réunie à la couronne.

N'est-il pas dommage que la carrière de ce grand capitaine ait été brisée si inopinément ? Le 26 juillet 1675, un boulet de canon, cette personnification de la force brutale, l'emporta dans la fleur de l'âge.

— En Alsace ?

— Non ; à Salzbach, de l'autre côté du Rhin.

Pendant ce temps, les deux amis, ayant expédié un excellent déjeuner, se faisaient donner quelques détails sur la ville elle-même ; car l'Alsacien aime son pays de la bonne manière : le plus humble paysan en connaît les traditions, les souvenirs historiques, qui se transmettent de père en fils en passant par la bouche vénérée des grands parents.

L'hôtesse, voyant qu'elle avait affaire à des « manières de savants », mit à leur disposition tout son savoir. Elle leur confia avec une orgueilleuse modestie, comme s'il s'agissait de sa propre ascendance, que la ville était si vieille, si vieille, qu'elle l'était peut-être plus que les Romains.

Le fait est qu'on y a découvert des vestiges de constructions, des statuettes, des armes, des poteries, des monnaies qui attestent une très haute antiquité. La ville elle-même a un cachet de vétusté très prononcé avec ses vieilles tours carrées, ses trois portes voûtées et leur indispensable nid de cigognes.

— Ces messieurs ne voudraient-ils pas monter au Letzemberg? De là, ils apercevraient la vallée, qui est vraiment très belle.

— Quel moyen de transport faudrait-il employer? demanda sir Henry, peu partisan des longues marches.

— Ce n'est pas haut, repartit l'hôtesse; on y monte par un escalier de quatre cents marches.

— Quatre cents marches!

Il y avait de quoi faire réfléchir; et toute réflexion faite, Lytton préféra ménager son compagnon pour l'ascension du Hohneck ou de quelque ballon.

Quand ils eurent visité ce que la ville offre de curieux au touriste, ils reprirent la route de Munster.

VII.

Munster.

Tout en parcourant cette splendide vallée de Munster, Lytton se plaisait à interroger le conducteur de leur rustique équipage, qui, étant un enfant du pays, se piquait de le bien connaître. Aussi leur indiquait-il les noms des principaux sites au fur et à mesure qu'ils frappaient les voyageurs, ajoutant à chacun quelque détail propre à en graver le souvenir dans la mémoire. C'est ainsi qu'il leur raconta l'origine du nom et de la cité de Munster.

— Ce fut au viie siècle, leur dit-il, que les bons pères bénédictins eurent l'idée de se créer un couvent là-bas, au confluent des deux bras de la Fetch. La communauté fut d'abord désignée sous le nom de *Monasterium Confluentis*, d'où la vallée prit le nom de « vallée du monastère » qui lui est resté et qu'on retrouve dans la corruption allemande de Munster.

Cette abbaye acquit une grande renommée de science et de piété, comme le prouve le choix fréquent que l'on fit de religieux de cette communauté pour occuper le siège épiscopal de Strasbourg. Peu à peu une ville s'éleva autour de l'abbaye, parce qu'on était relativement heureux autour de ces hommes dont les passions étaient moins brutales, et aussi parce que, beaucoup de monastères possédant le droit d'asile, bien des infortunés, des coupables ou des suspects accouraient autour des gens d'église, sûrs de trouver chez eux le calme relatif dont la souffrance, le remords ou la crainte éprouvent également le besoin.

Puis, dans les vallées, se groupèrent des villages au nombre de neuf, dont les biens communaux étaient indivis, et dont tous les habitants se qualifiaient de « citoyens de la ville et vallée de Munster », et géraient leurs affaires sous la juridiction de l'abbé. Et, chose étrange! alors même que la Révolution française eut organisé chacun de ces villages en commune, l'indivision des biens communaux subsista jusqu'en 1847.

— Cela se conçoit, remarqua Lytton. Ce système de l'indivision qui, de nos jours, révolterait la plupart même des communards les plus avancés, pouvait paraître naturel à des gens qui ont pour habitude de mettre en commun tous leurs revenus.

— Comment donc? se récria sir Henry.

— Parce que les revenus de la plupart des habitants de la vallée de Munster consistaient autrefois en laitage que l'on centralisait dans les fromageries, et dont, au bout de l'année, on répartissait le produit au prorata de la fourniture de chacun.

— Il n'en est plus ainsi, reprit le voiturier; à l'industrie des fromages qui a plus que triplé, disent nos anciens, on a joint ce qu'ils appellent « l'industrie moderne ». Il n'y a pas un seul de ces villages que vous voyez à demi cachés dans la verdure, qui n'ait sa filature, sa papeterie, ses tissages ou ses scieries mécaniques.

— Cet élément nouveau a dû être un grand bien pour le pays, remarqua sir Henry.

— Pas tant la chose en elle-même que les hommes qui l'ont mise en train. Ah ! messieurs, quels braves gens ! Il n'y a que notre beau pays d'Alsace qui pouvait produire des hommes comme MM. Hartmann père et fils. On parlait beaucoup du bien que firent au pays les bénédictins de jadis, mais je ne crois pas qu'ils aient pu en faire autant que ces patrons-là, qui donnent à la fois à leurs ouvriers la possibilité de gagner le pain de leurs familles, et le moyen d'élever leurs enfants pour en faire des hommes. Ils ont tout fondé ici : la crèche, qui prend le moutard à trois semaines, pour que la mère puisse travailler; la salle d'asile, l'école — la meilleure de tout le pays, à ce qu'on dit — l'hospice, où, en cas de maladie ou d'infirmité, le travailleur est soigné; les caisses de retraites, qui assurent l'indépendance de sa vieillesse.

— Ce brave homme a raison, dit le journaliste, et le parallèle qu'il établit ainsi de lui-même prouve le bon esprit de ces populations alsaciennes. Oui, le travail qui élève l'homme vaut mieux que l'aumône qui le soulage en le dégradant. Seulement, pour être juste envers les vieux religieux qui firent affluer la vie dans ces délicieuses solitudes, il faut ajouter qu'ils pratiquèrent le bien suivant la mesure de leur développement moral et intellectuel. Il appartenait à notre époque de civilisation avancée de considérer la misère, non plus comme un mal nécessaire dont les meilleurs cherchaient à pallier les atteintes, mais comme un fléau qu'on a le devoir de conjurer par tous les moyens compatibles avec l'honorabilité du travail.

— Ces Hartmann sont donc bien riches? demanda sir Henry.

— *C'est pas tant* la richesse qui y fait quand le cœur n'y est pas, reprit chaleureusement le voiturier. En 1790, le bisaïeul de notre monsieur n'était guère plus que nous! C'était un modeste teinturier de Colmar, qui vint s'établir à Munster et y créa, le premier, un petit atelier d'impression sur toile. Les trois fils y ajoutèrent des filatures et des tissages qui, avec le blanchiment, fournissent aujourd'hui le pain à plus de deux mille travailleurs des deux sexes. Et M. Frédéric, l'âme de tout ce qui s'est fait ici pour l'ouvrier, quoique pair de France et millionnaire, était bien le plus simple et le meilleur homme qui se pût voir. Aussi, en récompense, le Seigneur lui fit-il une belle grâce....

— Laquelle?

— En le retirant de ce monde avant le jour maudit....

— Vous dites?

— Après tout, vous n'êtes pas des Allemands, vous autres, pour venir espionner le pauvre monde et répéter ce qu'on pense et ce qu'on ne pense pas. Je puis, une fois par hasard, dire ma façon de penser et traiter de maudit le jour qui a fait de mes fils des soldats prussiens. Je ne croyais pas que ça viendrait jamais; ils étaient tout petits dans l'année terrible, et l'on se disait : « Avant qu'ils soient à l'âge d'hommes, on les aura remis à la raison, ces voleurs de frontières. » On ne croyait pas à la possibilité que cela durât; sans ça, je vous le jure, on se serait expatrié en masse, sous le coup de la rage et de la honte qui vous dévoraient le cœur. Mais les petits sont devenus grands, et on nous les réclame. Il faut, nous dit-on, qu'ils aillent payer leur dette à la patrie prussienne. Ils appellent cela une patrie!!! Ah! France, France! Et tu le supportes!... Pardon, excuse, messieurs; l'aîné de mes fils est parti hier.

Et le pauvre homme, tout en mâchonnant sa grosse moustache noire, dévorait des larmes qui, on le voyait, l'étouffaient depuis longtemps.

Lytton respecta cette silencieuse douleur; sir Henry lui-même en parut touché. Cependant, au bout de quelques minutes, il demanda :

— Où mène ce joli sentier qui serpente derrière cette chapelle si coquettement située?

— La chapelle de l'Emm, reprit le conducteur; elle est sur le chemin de Sondernach. Quand ces.... — vous savez de qui je veux parler, messieurs — disent à nos enfants que nous avons toujours été Allemands, ils croient donc qu'ils ne savent pas lire! A preuve que cette chapelle fut fondée par la fille du grand empereur Charlemagne qui régnait ici et qui n'était pas Prussien, je pense, celui-là!

— Je flaire une légende, murmura Lytton; continuez, mon ami.

— Il avait une fille, la princesse Emma, qu'on avait comme qui dirait promise à un sien cousin, Roland, un preux chevalier qui pourfendait les montagnes. Pendant qu'il guerroyait contre les mécréants, il mourut de male mort, et sa fiancée en fut tellement inconsolable, que, prenant pitié de ses tourments, Dieu octroya au noble chevalier le pouvoir de lui apparaître de loin en loin, lorsque la lune est claire. Elle a obtenu la faveur de ne jamais s'éloigner des lieux où elle a tant pleuré, et elle vient rôder autour de la chapelle en attendant l'heure du revoir. Il y en a d'aucuns chez nous qui disent l'avoir vue, la blonde et belle fille aux yeux bleus, vêtue d'un rayon lumineux et soupirant sans cesse d'une voix douce et triste.

— On a vu cela?

— Si on l'a vu! reprit l'homme du peuple en s'échauffant, comme cela arrive toutes les fois qu'on met en doute ces naïves traditions d'un autre âge qui sont chères au peuple; comme on a vu aussi à travers les sapins miroiter les reflets de l'armure du chevalier, lorsqu'ils causent tout bas des choses d'outre-tombe.

— Vous ne sauriez croire le plaisir que vous nous avez fait par votre récit, dit sir Lionels, espérant mettre le brave homme à son aise et lui délier la langue.

Malheureusement, on était près d'arriver, et l'on se sépara sans que les deux amis eussent bénéficié des innombrables légendes qui ont cours dans cette région favorisée des sorcières et des nains de Kerbholz.

La jolie petite ville de Munster vaut bien le détour que les touristes avaient fait pour la visiter, ne fût-ce que pour son site charmant, dont le choix milite en faveur du goût des bons pères. Sir Lionels et Lytton furent d'ailleurs séduits par un je ne sais quoi de simple et de patriarcal qui se retrouve jusque dans les mœurs de ses habitants. L'antique abbaye, transformée en fabrique, a gardé peu de traces de son passé, si ce n'est une aile dont la façade est demeurée intacte, et l'ancien réfectoire des bénédictins assez irrévérencieusement transformé en salle de danse et où l'on admire encore une tribune aux boiseries sculptées, comme on les sculptait jadis.

Munster est une ruche au sein de laquelle s'agite affairée toute une population de travailleurs, car le dernier recensement en a compté cinq mille deux cents, contre deux mille au commencement du siècle. L'antique hôtel de ville leur offrit son haut pignon pointu, sur lequel se détache l'aigle à deux têtes d'Allemagne, mais de l'Allemagne du xvie siècle.

Tout cela pourtant ne les occupa pas au point de les empêcher d'avoir, avant la fin de la soirée, organisé l'excursion projetée au Hohneck, point culminant de la chaîne des Vosges, et qui, malgré ses 1,366 mètres d'altitude, atteint à peine le quart de l'altitude du géant des Alpes. En s'y rendant le lendemain, et comme on parlait du ballon de Guebviller, sir Henry demanda :

— D'où vient donc cette appellation de *ballon?* Je m'étais figuré que le nom correspondait à la chose et que les montagnes qui le portent avaient des croupes aux formes arrondies. Au contraire, le premier que j'ai vu a des flancs passablement escarpés, et c'est le ballon d'Alsace.

— Vous n'y arriviez pas alors par l'ouest, seul point où les cinq ballons de cette région aient les pentes adoucies que vous leur supposiez ? Au sud, du côté de la Savoureuse, le ballon d'Alsace tombe absolument à pic. J'ai ouï dire que cette appellation, d'origine fort antique, provient du culte d'un dieu, Bel ou Bélen, auquel ces montagnes étaient autrefois consacrées. Du reste, je vous promets d'élucider cette question dès que l'occasion s'en présentera.

— Enfin, voici des arbres ! s'écriait sir Lionels quelques minutes plus tard, tandis que, pour reprendre haleine, ils s'étaient jetés sur un tapis de mousse au bord du chemin d'exploitation forestière serpentant sur la crête qui domine la petite vallée et la grande vallée de la Fetch.

— Oui, ces arbres des forêts des Vosges sont réellement bien beaux. Il semble que ce soit une profanation de détruire ce que la nature a mis si longtemps à créer, à nourrir du plus pur de son essence. Le directeur du musée des Unterlinden à Colmar, avec lequel je me suis mis en rapport dès notre arrivée, m'a promis de me montrer une tranche de sapin que la société d'histoire naturelle conserve à bon droit et qui mesure quatre mètres et demi de circonférence pour deux cent cinquante années d'âge.

— C'est énorme !

— Non loin de là, un érable a offert un phénomène de végétation plus surprenant encore, car sa circonférence atteignait six mètres trente. Il est vrai qu'il accusait six siècles d'existence. Du reste, je ne vous parle de ces arbres que parce qu'ils sont le produit de la vieille Europe, dont le flanc épuisé semble ne plus livrer qu'à regret de rares spécimens de ses anciennes richesses végétales. C'est chez nous, dans notre jeune terre d'Amérique, que la nature montre la puissance de végétation qui a produit les forêts antédiluviennes d'où nous tirons à la fois depuis le siècle dernier la chaleur et la lumière.

VIII.

Le Hohneck.

Les hasards de leur route matinale réservaient à nos voyageurs mille surprises charmantes dont ils jouissaient avec l'ardeur d'âmes jeunes et ouvertes à la beauté de la création. Tantôt c'était une éclaircie entre les grands arbres, et alors il semblait qu'un voile se levât devant eux, tant était magique le décor qui apparaissait à leurs yeux éblouis. C'étaient, là-bas, les montagnes teintées des feux du jour naissant et passant par tous les tons d'une luxuriante verdure, du vert tendre des pâturages au vert sombre des forêts qui couronnent leurs crêtes arrondies; ou bien les vallées brumeuses encore où commençaient à se manifester les premiers symptômes du retour à la vie avec les bruits champêtres, adoucis par l'éloignement, qui se mêlent si bien aux murmures des bois. Çà et là c'étaient les vieux châteaux féodaux et leurs tours crénelées, ramenant l'esprit du penseur aux drames ignorés et sanglants qui se jouèrent derrière ces murs noircis. En haut, la route des schlitteurs, longue échelle brisée qui se ploie à tous les caprices du terrain, côtoie le précipice, franchit le torrent ou le ravin, et qui descend, descend toujours. Ici, par une rapide échancrure entre deux vallons, étincelaient les ondes bleuâtres des lacs en miniature qui ont fait de cette région une petite Suisse, Gérardmer, Blanchemer, Retournemer, Longemer, etc.

Tantôt, au contraire, la forêt se refermait sur eux avec sa majesté de temple antique, sa pénombre pleine de mystère, son dôme de verdure que les rayons du plus ardent soleil ne parviennent pas à percer, et son silence solennel que les chants d'oiseaux et les bruits de ramures rendent peut-être plus doux et plus profond encore.

Un peu plus loin, c'était la clairière avec son ombre moins épaisse, où se tamise la lumière, où le rayon oblique couvre de paillettes d'or les feuilles des basses branches, où les fleurs sauvages s'épanouissent et embaument l'air, où chaque brin d'herbe voit trembler à son extrémité un diamant dont les mille facettes répètent à l'envi les couleurs du prisme. Puis la source limpide, cachée dans l'épaisseur des taillis, où le chevreuil timide et le faon gracieux viennent se désaltérer tour à tour, et qui, bienfaisante et discrète, répand la fraîcheur et la vie là où son absence sèmerait la tristesse et la mort. Ou bien, à un brusque détour du sentier, on se trouvait en présence d'une de ces pittoresques exploitations que les Allemands ont multipliées dans ces forêts si convoitées et qui les animent en s'harmonisant avec elles.

C'est dire que le paysage variait incessamment; et, plus on montait, plus la vue s'étendait. Bientôt, lorsqu'ils eurent atteint la région des pâturages, toute la Lorraine, l'Alsace et la forêt Noire leur devinrent visibles, et sir Lionels, peu habitué aux grandes marches, oubliait sa fatigue dans l'extase d'admiration où il se complaisait. Puis, quand ce premier mouvement d'enthousiasme se fut calmé, il donna un coup d'œil aux immenses prairies qui recouvrent les flancs du Hohneck et dont les solitudes sont troublées par des troupeaux de cinquante à soixante vaches, dépendant des fermes ou chalets épars çà et là sous un bouquet d'arbres ou à l'abri d'un pli de terrain.

— Voici donc les fameuses markaireries dont vous m'avez parlé?

— Voulez-vous en visiter une?

— A quoi bon? Je n'ai pas besoin de me représenter un trou laid et sale.

— Vous vous trompez sur ce dernier point; il faut une grande propreté pour l'industrie du fromage, et nous sommes au centre de la production du fromage de Géromé, de Lorraine et même de Gruyère.

— J'ai refusé inconsidérément l'offre d'entrer dans une de ces modestes chaumières; mais j'avoue à ma honte que j'ai grand soif, reprit sir Lionels quelques minutes après; je payerais bien un mark pour une tasse de lait.

— A ce prix vous n'aurez pas à attendre longtemps. Holà! petit.

Lytton venait de héler un jeune berger qui sifflait en regardant son chien surveiller ses troupeaux. L'enfant les conduisit chez son patron, chez lequel ils furent très gracieusement accueillis, et où l'Anglais put se passer la fantaisie de savourer le meilleur lait qu'il eût goûté de longtemps; car les pâturages élevés du Hohneck et de la crête des Vosges jouissent d'une réputation méritée. Nulle part le bétail ne trouve une nourriture plus aromatique qui puisse se transformer en laitage plus délicieux.

Lytton, de son côté, causait avec le markaire ou fermier, qui paraissait être un garçon intelligent et presque au-dessus de sa position. Après s'être entretenu de mille choses du métier, et avoir appris entre autres que le nom de Géromé n'est qu'une corruption lorraine de Gérardmer, le journaliste s'avisa de lui demander :

— Ne vous trouvez-vous pas bien isolé dans ces solitudes pendant les longs mois d'été ?

— Oh ! non, monsieur ; en général, nous les gens des hauteurs, nous nous estimons fort heureux d'échapper à la vie de la plaine. Nous sommes chez nous, et, seuls avec nos bêtes, nous pouvons quelquefois oublier les mauvais jours, tandis que ceux d'en bas....

— Eh bien ?

— Oh ! suffit ! Nous vivons dans un temps où il ne fait pas bon parler ; les marmites ont des oreilles.

L'expression de surprise non jouée qui se peignit sur les traits de l'Américain à l'audition de ce singulier dicton qu'il ne comprenait pas, amena le rire sur les lèvres du fromager, occupé tout le temps à remuer son lait dans un vaste chaudron sur le feu. Or, le rire est déjà un commencement d'intimité et de confiance.

— Ah ! s'écria-t-il, je vois bien qu'on peut parler sans danger devant vous ; mais il n'en est pas ainsi de tous ceux qui nous visitent, et nous sommes obligés de veiller à nos paroles.

— Avec les Français ?

— Jamais.

— Avec les Allemands ?

— Pardienne.

— Ce qu'on nous dit à nous autres étrangers ne serait donc pas vrai ? Seriez-vous mécontents d'être retournés à la grande patrie allemande dont vous avez été, paraît-il, violemment arrachés?

— Ah! ils disent ça? Si leur premier mensonge les avait étranglés, ils n'auraient pas tant de langue pour en proférer sans cesse de nouveaux. Voyons, monsieur, comment pourrait-on n'avoir fait qu'un avec la France libérale qui, la première, a proclamé les droits de l'homme, et se dire ensuite de la même patrie que des hommes qui se laissent bâtonner comme des bêtes par leurs chefs, sous prétexte de discipline? J'ai vu ça, moi qui vous parle. J'ai aussi connu la discipline, car j'ai été marin, et m'est avis que la discipline des bêtes et des gens n'est pas la même. Non, non, ce n'est pas un gouvernement pour des hommes qui savent ce que c'est que la liberté, et il ne sera pas trop tôt quand on sera prêt pour balayer tout cela et renvoyer ces mangeurs de choucroûte à leurs exercices à la prussienne.

Sir Henry paraissait au supplice.

— Nous ne sommes pas encore arrivés, remarqua-t-il.

— C'est vrai, répondit Lytton.

Prenant congé du markaire, qui se confondait en marques de politesse, les deux jeunes gens se retrouvèrent bientôt dans les sentiers de la montagne, à l'ombre des grands arbres au feuillage mouvant. Ils marchèrent longtemps absorbés dans leurs pensées. Sir Lionels, le premier, rompit le silence.

— Voilà pourtant ce que la France fait germer autour d'elle! Le mécontentement et l'indiscipline.

— Où voyez-vous cela, sir Henry? Ce qui se dégage pour moi des réflexions de ce brave fromager, est le sentiment qu'il a conscience de sa valeur comme homme et une appréciation très juste des enseignements de l'histoire, qu'il ne connaît peut-être pas beaucoup pourtant. Celui qui veut faire un tout doit chercher à le constituer homogène. A mon avis, l'Allemagne a eu tort de ne pas s'inquiéter davantage des tendances et des aspirations divergentes qui différencient avec la Prusse sa conquête. Cela pourra lui créer des embarras graves.

— Bah! Il y avait bien eu fusion avec la France; ce n'est qu'une affaire de temps.

— Je ne le crois pas; et ce que je vois confirme ce que j'avais ouï dire. Si l'Alsace a si cordialement fusionné jadis, c'était parce qu'il était resté entre elle et la mère-patrie un courant sympathique dont rien n'avait altéré l'harmonie. Et qui osera le nier? Au cri de liberté de 1789, c'est l'Alsace, c'est la Lorraine qui répondent par un long cri d'enthousiasme et qui se lèvent frémissantes pour repousser ces mêmes Allemands qu'on veut leur donner pour frères aujourd'hui!

— Laissons cela, dit tout à coup sir Henry. La journée est trop belle pour la troubler par une discussion, si courtoise qu'elle soit. J'aimerais à voir de près une de ces routes de schlitteurs; pensez-vous que ce serait trop loin de se rapprocher de celle que l'on aperçoit là-bas?

— Assurément non, et cela nous donnera l'occasion de visiter une grotte qui n'est pas fort éloignée. Encore une grotte que vous allez maudire!

— Et pourquoi?

— Parce qu'elle rappelle, en la prouvant, la domination des rois francs sur l'Alsace, partie intégrante de leur beau domaine des Gaules. C'est la grotte de Frankenthal ou de Dagobert.

Tout semblait marcher à souhait pour les deux amis : la descente allait comme la montée. Ils atteignirent sans difficulté le cirque de Frankenthal, malgré les précipices étagés les uns sur les autres qu'il leur fallut franchir. Ils s'étaient procuré un guide à la cense ou markairerie de Schœfferthal, guide sans lequel il leur eût été impossible de découvrir l'entrée de la grotte, perdue sous un fouillis de verdure et de fleurs, derrière lequel il faut se hisser pour y parvenir. Le petit berger, dont la langue était déliée par l'acompte qu'il avait reçu sur ses fonctions de guide, raconta aux deux touristes que la grotte avait servi de refuge aux bons religieux de Munster pendant une longue guerre, que Lytton parvint, à force de questions, à reconnaître pour la guerre de Trente ans.

Sir Henry se rafraîchit longuement à une source d'eau très fraîche qui jaillit à l'entrée de la grotte de Dagobert et qui rend très glissantes les pierres environnantes. Lytton, plus sage, s'abstint de ce qu'il qualifiait de grave imprudence.

Ils se dirigèrent ensuite vers la route des schlitteurs, qui courait à quelque distance, et sir Henry examinait les poutres transversales qui la composent, lorsqu'un grincement particulier se fit entendre, et l'on vit paraître au détour du chemin le traîneau d'un schlitteur, qui passa d'autant plus rapide que la pente était plus accentuée, et que cette masse de six mètres cubes une fois lancée tend toujours à accélérer sa marche.

— Quel bizarre équipage! s'écria sir Lionels; et n'est-ce pas affreux de confier à un seul homme le soin de modérer une course aussi pleine de difficultés?

Mais un autre schlitte ou traîneau passait déjà, suivi d'un troisième, d'un quatrième, d'un cinquième. Lytton constatait la triste apparence de chacun de ces conducteurs, qu'un effort musculaire excessif et trop souvent répété, joint à un régime peu réparateur, réduit à un état de dépérissement extrême, surprenant chez des hommes qui travaillent en plein air.

Soudain un cri déchirant retentit dans l'espace : à dix mètres à peine, le pied avait manqué à un des schlitteurs, la jambe avait passé entre deux traverses, le malheureux avait lâché les brancards, et le lourd traîneau à demi culbuté lui avait passé sur le corps. Cela avait eu la durée de l'éclair.

Quelques secondes plus tard, Lytton, à genoux sur la tra-

Route des schlitteurs.

verse sanglante, soulevait la tête du blessé et cherchait à le dégager. Les autres schlitteurs, ayant enrayé leurs fardeaux, accouraient au secours; en quelques minutes, avec quatre poutres arrachées à leur charge et quelques branches coupées aux arbres voisins, ils avaient organisé un grossier brancard sur lequel ils étendirent leur camarade avec mille ménagements touchants chez ces rudes travailleurs.

Lytton accompagna le funèbre cortège, qui, du reste, n'avait pas très loin à aller. Lorsqu'on arriva à l'humble cabane du schlitteur, on se trouva en présence d'une vieille mère, d'une jeune femme et de trois petits enfants. Malheureusement, tous les soins prodigués à l'infortuné avaient été inutiles; le trajet l'avait achevé, et l'on ne déposa plus qu'un cadavre aux pieds des pauvres femmes affolées. Dépeindre le désespoir dont les deux jeunes gens se trouvaient ainsi à l'improviste les témoins et les confidents, serait chose impossible. La douleur de la vieille mère surtout était navrante, parce qu'il s'y mêlait une pointe de remords.

— Oh! Fritz, mon Fritz, s'écriait-elle, pourquoi ne t'ai-je point laissé libre! Tu serais aujourd'hui fort et bien portant sur la terre de France! Tu aurais quitté ce métier maudit qui m'a déjà ravi ton père! Oh! Fritz! c'est pour moi que tu es resté! c'est moi seule qui t'ai tué!...

— Calmez-vous, mère Dietrich, disaient les autres hommes, émus jusqu'aux larmes, malgré leur rudesse apparente, n'avons-nous pas fait de même? Ne serions-nous pas tous partis sans les vieux qu'il fallait laisser au village ou condamner à quitter leur toit, leur unique abri? Ce n'est pas vous plus que les autres que la peur de l'avenir a retenue dans notre vieille Alsace?

— Mon Fritz! mon Fritz! sanglotait la vieille mère, tandis que la jeune femme, courbée sur la main déjà raidie de son mari, restait sans larmes, dans la morne rigidité d'un désespoir plus effrayant cent fois qu'une explosion de douleur.

Et les pauvres petits ! Ils regardaient cette scène de cet œil effaré et inquisiteur de l'enfance qui ne comprend rien encore aux choses de la vie et s'étonne de la trouver déjà si cruelle.

— Allons-nous-en, cela me fait mal, dit tout à coup sir Lionels à Lytton, qui causait à demi-voix avec les porteurs improvisés de l'infortuné schlitteur.

Le journaliste se retourna et s'aperçut pour la première fois de l'effet produit sur son compagnon par cette brusque émotion. Le jeune Anglais, pâle comme la mort, avait peine à se soutenir.

— Je m'entendais avec ces braves gens pour pourvoir au plus pressé, répondit Francis en anglais, car le métier de schlitteur, si dur et si périlleux qu'il soit, nourrit à peine son homme, et cette mort prend cette pauvre famille au dépourvu et va la laisser dans une misère épouvantable.

— Donnez-leur ceci, dit sir Lionels en glissant dans la main de son ami une banknote de 10 livres.

— J'ai déjà avisé au plus nécessaire ; ceci sera pour les premières dispositions à prendre en vue de l'avenir désolé qui s'ouvre devant ces pauvres créatures. Je reviendrai, dit-il aux gens qui entouraient la couche funèbre. Et maintenant venez, sir Henry ; prenez mon bras.

Le grand air fit du bien au jeune homme. Mais il était tard ; la nuit était sombre, le tonnerre grondait au loin, et il ne pouvait être question pour eux de regagner leur point de départ. Force leur fut donc d'accepter l'hospitalité offerte par un des parents de la pauvre famille, bûcheron de son état.

C'était une singulière chose pour sir Lionels, habitué à tous les raffinements du luxe, de se trouver dans ce modeste intérieur, où il était pourtant heureux de se sentir abrité contre la tempête déchaînée au dehors. Ces cabanes où se réunissent pour la semaine des groupes de travailleurs trop éloignés pour regagner leurs foyers respectifs, sont des plus simples. Point de murs revêtus de tentures aux chatoyants reflets, mais des troncs de sapin serrés les uns contre les autres, et offrant mille interstices bouchés avec de l'écorce ou de la mousse sèche. Point de plafonds aux moulures dorées, mais un entrecroisement de branches recouvertes d'écorce qui empêchait tant bien que mal l'eau de filtrer sur leur tête. Point de lustre aux effets éclatants, mais une mauvaise lampe fichée dans le mur. Point de meubles capitonnés, mais des bancs grossiers formés par des poutres mal équarries posées sur des tronçons de branches. Point de table richement dressée, mais une écuelle bien propre où on lui servit une soupe qu'un long jeûne lui fit trouver appétissante, et un rôti de gibier qui résuma à lui seul les multiples services auxquels il était accoutumé.

Et cependant, comment se faisait-il que ce fils de pair eût mis de côté sa morgue hautaine et se trouvât presque bien sous ce toit rustique? Ah! c'est qu'il est une langue universelle que comprennent toutes les âmes bien nées, et que cette langue est celle du cœur.

Ces hommes grossiers de langage et de manières avaient été douloureusement frappés par la fin tragique d'un des leurs, et ils savaient gré aux deux étrangers de leur émotion sincère, de leur élan spontané et de leur aide personnelle; car Lytton portait encore, sur ses vêtements souillés de sang, les traces de son intervention généreuse; les jeunes gens, de leur côté, voyaient peut-être pour la première fois tout ce qu'une rude écorce peut cacher de délicatesse de sentiments et de véritable sympathie.

Aussi discuta-t-on librement ce qui pouvait être fait de plus avantageux pour la pauvre famille. Sir Lionels, avec l'ardeur irréfléchie de l'inexpérience, voulait la transporter sur ses terres et faire élever les enfants dans quelque institution coûteuse. Lytton eut de la peine à lui faire comprendre que ce projet, bien qu'offrant une solution avantageuse aux difficultés pécuniaires de la mère de famille, serait un crève-cœur pour tous ces pauvres gens ainsi arrachés aux saines et fortes attaches qui nous relient au sol natal.

— D'autant plus, reprit un des bûcherons, le patriarche de la couchée, que nous autres, nous ne ressemblons pas aux Allemands qui s'expatrient pour un oui ou pour un non; rien que ça suffirait pour montrer que nous ne sommes pas du même sang. Voyez tous les ans la quantité de familles qui s'en vont chercher au loin ce que l'Allemagne devrait leur fournir. Peu leur importe, tandis que pour nous..., dame! Alors même qu'elle ne met pas du beurre sur le pain, la patrie est toujours la patrie.

— Ce brave homme a raison, fit observer Lytton à son ami; c'est une nuance essentielle et qui m'avait échappé. Autant les Alsaciens sont sédentaires par goût, autant les Allemands sont nomades. On dirait qu'ils ne sont pas encore guéris de la fièvre d'émigration qui les poussait, dans les premiers siècles de l'ère chrétienne, à se ruer sur l'antique Gaule.

— Ces paysans alsaciens ont un bon sens vraiment remarquable, repartit l'Anglais.

— Raison de plus pour nous laisser guider par eux dans la question qui nous occupe. D'où est la femme de ce pauvre Fritz?

— Des environs de Metzeral, là-bas dans la vallée.

— Si on lui achetait une petite propriété de ce côté?

— Oh! se récria le vieux qui avait déjà parlé; mes bons messieurs, savez-vous à quel prix se vend l'hectare de terre par là-bas?

— Non ; combien ?

— De 18 à 20,000 fr. Vous ne vous doutez pas à quel chiffre atteint la propriété foncière chez nous autres, et toujours pour la même cause que je vous indiquais tout à l'heure : parce que l'on aime son foyer, on y demeure ; et plus on y tient, plus il acquiert de valeur. Allez donc chercher une plus-value pareille de l'autre côté du Rhin !

— Ce que vous dites est juste. Allons, il n'y faut pas songer.

Il serait oiseux de suivre dans ses détails la longue délibération qui suivit, et de laquelle il résulta que l'on achèterait la modeste cabane du schlitteur avec son petit jardin, que l'on constituerait une rente viagère sur la tête des deux femmes, et que les enfants seraient élevés suivant leur condition, pour devenir de bonne heure les soutiens de leur mère veuve, quitte à trouver à leur majorité une petite dotation qui leur permettrait de s'établir suivant leurs goûts et leurs besoins.

Une planche fixée de champ marquait l'emplacement du lit de chacun. Deux robustes gaillards réclamèrent l'honneur de céder le leur « aux Anglais », et, contre l'usage, ces couches rustiques se trouvèrent garnies de mousse séchée, luxe que ne s'accordent même pas ces dignes émules des Spartiates.

Une mauvaise nuit est bientôt passée, dit le proverbe. Les premières lueurs de l'aube trouvèrent Lytton debout et pensif ; mais sir Henry dormait toujours. Tous les bûcherons avaient quitté la cabane l'un après l'autre dans le silence le plus absolu, afin de respecter le repos que goûtait le jeune étranger, et bientôt l'un d'eux revint porteur d'une jatte de lait écumeux qu'il s'était procuré dans une markairerie assez lointaine.

Lytton avait eu le temps d'aller rendre visite à la chaumière, car la détresse morale de la pauvre femme qu'il y avait laissée l'avait profondément ému. Il fut heureux de la voir répandre les larmes bien naturelles à ce jour de deuil, et, malgré tout ce qui avait été déjà fait, il ne repartit pas sans laisser une trace durable de son passage. Non que l'argent puisse consoler le pauvre plus facilement que le riche, mais parce que la sécurité est un luxe pour le premier et que c'est bien le moins qu'il puisse donner quelque temps à sa légitime douleur sans la voir s'accroître du terrible souci du lendemain.

De retour à leur abri de la nuit, Lytton trouva l'Anglais fort surpris d'avoir pu dormir jusqu'au grand jour dans ses vêtements, comme les animaux dans leur fourrure. Par exemple, il ne demandait qu'une chose : retrouver la vie de la ville, le confortable, relatif peut-être, mais toujours appréciable, des hôtels. Quoique Lytton eût grande envie de pousser une pointe jusqu'au lac de Blanchemer, où les progrès de la géologie moderne ont fait constater les traces d'un ancien glacier à moins de douze cents mètres d'altitude, et de se familiariser avec toute cette région du Hohneck qui abonde en points de vue curieux, pittoresques et charmants, il se prêta de bonne grâce au désir maladif de sir Henry, et l'on reprit d'assez bonne heure la route de Munster, et bientôt celle de Colmar.

IX.

Colmar.

Colmar a besoin, pour égayer son horizon, du voisinage des montagnes qui, à l'ouest, se développent en un magnifique amphithéâtre; car elle est située dans une plaine assez monotone d'aspect. Cependant, quoiqu'il ne manque pas de vieilles cités plus originales à bien des titres, celle-ci a un je ne sais quoi *sui generis* bien fait pour plaire à l'homme qui ne recherche ni le bruit, ni la cohue des fêtes et des foules. Ensuite, ses habitants ont de grandes qualités très appréciables pour les gens du siècle qui ont tous ou presque tous des nerfs. Ils ne sont jamais pressés, parce qu'ils font tout en temps voulu, et la somme de travail qu'ils accomplissent par ce système est extraordinaire et ferait croire volontiers que les vingt-quatre heures réglementaires ont pour eux d'étranges complaisances.

Peut-être en certains lieux du monde est-il possible de leur appliquer la définition du bonhomme qui prétendait que la

Cathédrale de Colmar.

conscience est une chose qui se *raccourcit* et se *rallongit* à l'occasion, hérésie qui n'eût jamais trouvé naissance à Colmar, ville consciencieuse par excellence. Toujours est-il que les vingt-quatre heures fiévreuses de l'existence parisienne ne ressemblent en rien aux vingt-quatre heures paisibles et si bien remplies des dignes Colmariens.

Fidèles conservateurs des traditions du passé, ils aiment à le retrouver partout, sans pour cela dédaigner les grands avantages dont le XIXe siècle nous a comblés, surtout les écoles, dont ils apprécient tout spécialement les bienfaits. Ils croient à toutes les vertus, parce qu'ils les pratiquent toutes, et que, chez eux, au gros bon sens qui caractérise l'Alsacien se joint un inaltérable respect de soi-même.

Telle était l'appréciation qu'après quarante-huit heures de séjour, Lytton consignait dans son journal. Il s'était complu à refaire l'histoire de la ville dès avant sa fondation, et voici ce qu'il avait trouvé :

« Déjà cinquante-huit ans avant l'ère chrétienne, la plaine qui s'étend autour de la ville avait été le témoin de l'antipathie des deux races d'en deçà et d'au delà du Rhin. C'était dans cette plaine qu'Arioviste campait lorsque son fol orgueil le poussa à braver César, et que celui-ci, par une de ces marches savantes dont il avait le secret, tomba sur lui à l'improviste et l'obligea à accepter la bataille.

« Arioviste lança sur l'armée romaine ses cinq corps d'armée à la fois. Ces cinq corps étaient pour ainsi dire soudés les uns aux autres par les boucliers que les premiers rangs avaient plantés en terre verticalement, et que les autres tenaient horizontalement au-dessus des têtes, de manière à former un toit. Ces forteresses vivantes paralysèrent un instant les soldats de César, qui commençaient déjà à plier, quand quelques-uns eurent l'idée de s'élancer sur les boucliers de dessus qui formaient une plate-forme. Les rangs des barbares étaient tellement pressés, qu'ils ne se rompirent pas. L'exemple fut suivi. Les Romains couraient sur les boucliers ; les glaives s'enfonçaient dans les interstices, ressortaient rouges jusqu'à la garde, et des ruisseaux de sang inondaient la terre. Les cadavres ne pouvaient s'affaisser. Enfin la citadelle humaine se détraqua, et la déroute fut aussi meurtrière que le combat ; la cavalerie acheva ce que l'infanterie ne put tuer. Ce ne fut pas une bataille, ce fut une boucherie. César avait ordonné de ne pas faire de quartier.

« Quatre-vingt-dix mille cadavres restèrent couchés dans la plaine qui s'étend entre Colmar et Ensisheim, et ceux qui ne se noyèrent pas en traversant le Rhin allèrent annoncer aux tribus germaines la terrible leçon infligée aux envahisseurs. »

Cette leçon ne profita pas aux Germains, on le sait. En 378, nouvelle tentative, nouvelle leçon, non moins sanglante que la première, donnée cette fois sur l'emplacement même de Colmar par Gratien.

Après avoir été piétinée par l'envahisseur dès avant sa naissance, la ville sort de cette poussière à la voix des rois francs, pacificateurs de ce beau pays. Elle est le siège d'une diète ou assemblée gouvernementale sous Charles le Gros ; puis, détachée de la mère-patrie, elle entre dans une période de luttes intestines ; mais déjà se montre l'esprit démocratique qui rattacha toujours l'Alsace à la France. Ville libre, elle est sans cesse agitée par les résistances de la bourgeoisie aux empiètements de la noblesse ; mais au travers de toutes ces luttes, elle progresse vers la liberté, elle y marche d'un pas ferme et sûr. Comme les autres, plus que les autres peut-être, elle fournit son contingent à la jurande de paysans qui fraternisait avec « la confrérie du pauvre Conrad », cette mystérieuse et légendaire association du faible contre le fort et des faibles entre eux.

L'institution du pauvre Conrad montre ce qu'était le génie

du peuple du moyen-âge, plein de poésie et de grandeur, malgré son ignorance et sa faiblesse. Quoi de plus symbolique que le cérémonial ironique et navrant qu'il s'était donné?

« On se réunissait la nuit dans les bois; le chef admettait les affiliés par une poignée de main, et leur offrait en partage les biens que possédait la confrérie *dans la lune,* des champs et des vignobles dans les forêts de la *grande manquance,* une retraite sur le *mont de famine,* un banquet au *val des mendiants,* et un bail au *château de nulle part.* »

L'association ne possédait d'abord qu'un seul bien, caché de manière à ce qu'il pût échapper aux investigations minutieuses de ces temps d'inquisition : c'était un drapeau où l'on voyait le pauvre Conrad à genoux devant un crucifix.

Oui, il fallait la foi du moyen-âge pour que le paysan subît sans plus de murmures le sort qui lui était échu; alors que, méprisé, traqué, honni, faible, nu et mourant de faim, il était seul à fournir aux orgies et aux exigences de son maître, de son tyran, le seigneur. Qui révélera le nombre de victimes qui ont succombé dans ces longs siècles de misère physique et morale? Qui décrira les supplices inventés uniquement pour leur extorquer plus facilement leur dernier sou? Qui dira jamais quelle somme de douleurs en bas compensa les infâmes plaisirs des hauts et puissants barons oppresseurs?

L'histoire nous a conservé le souvenir de quelques-uns des faits et gestes du pauvre Conrad.

En l'année 1514 en particulier, un nouvel impôt, dit « impôt capital sur les victuailles », fut établi. C'était frapper encore et plus lourdement que jamais l'homme des champs, le producteur, celui qui fournit aussi bien la viande de boucherie que la volaille, le fruit que le légume, le vin qui réjouit le cœur que le lait indispensable aux enfants. Cela ne pouvait passer sans une énergique protestation. Aussi le chef du pauvre

Conrad tint-il une assemblée dans un champ; il fit un cercle avec une pelle, puis il dit : « Je m'appelle, je suis et je reste le pauvre Conrad; que celui qui ne veut pas donner le méchant denier entre avec moi dans le cercle. » On juge s'il y eut foule. Bientôt, prenant le nombre pour la force, ils osèrent arborer leur drapeau et le promenèrent dans les villes, pour aller présenter leur requête aux seigneurs. Que pouvaient faire alors ces gens qui ne vivaient que de rapines exercées sur le faible, travailleur et producteur, tandis qu'eux ne représentaient et ne pouvaient représenter que la force brutale? Les seigneurs, pour dissoudre cette ligue qui menaçait leur quiétude, usèrent, que dis-je? abusèrent de la menace et de la torture.

Puis, le souffle égalitaire de la réforme vint raviver ce feu qui couvait sous la cendre et en fit un foyer ardent. A l'audition de cette étonnante nouvelle : « Tous les hommes sont frères, » le pauvre Conrad reprit courage; il se donna un nouveau symbole : ce fut un soulier de paysan. Ce soulier, hissé au bout d'une perche, devint un signe de ralliement. Il signifiait : Un soulier pour échapper à la glèbe, un soulier pour aller au bout du monde; plus de charrue, une cuirasse; plus de chaînes, une épée.

La confrérie rédigea douze articles, dont le premier ne demandait rien moins que l'abolition du servage. On devine comment devait, à cette époque, être accueillie cette revendication prématurée du droit de l'homme, puisque, mûrie au soleil de deux siècles et demi, elle devait encore, avant de passer dans les mœurs, recevoir le baptême de sang qui, dans l'histoire, porte le nom significatif de *Terreur*. La guerre s'alluma effroyable, acharnée; les couvents, les châteaux, les églises fumèrent. En Alsace, ce vaste soulèvement finit par le massacre de tous les révoltés; mais la mémoire du peuple n'oublia pas l'image héroïque de ce paysan qui avait écrit sur sa bannière : « Que celui qui veut être libre suive ce rayon de soleil. »

Traité dans l'histoire comme une quantité aisément négligeable, malgré la part qu'il a eue à l'évolution progressiste de son siècle, il est resté vivant dans la légende. Il hantait les chaumières ; il parlait tout bas aux travailleurs des champs, il entretenait dans les villes cet esprit de saine démocratie qui les caractérisait, et, malgré les luttes auxquelles elles s'exposaient, leur inspira l'énergie de vivre d'une vie qui leur fût propre, plutôt que de subir une domination détestée. C'est peut-être bien à son influence que le pays a dû de mûrir plus vite aux grandes idées de liberté qu'il embrassa avec tant d'ardeur au xviiie siècle. Ce qui fera l'immortel honneur de l'Alsace, c'est qu'après 89, elle a la première compris que l'idée de patrie s'identifiait non plus avec la personne d'un souverain, mais avec un ensemble de principes, avec un idéal de justice et de liberté destiné à satisfaire les plus nobles instincts de l'homme.

— Et cet idéal, disait à Lytton un digne Colmarien avec lequel il avait fait connaissance au musée des Unterlinden, et auprès duquel il se plaisait à discuter ces graves questions, cet idéal ne s'est-il pas incarné dans la France républicaine ? Grâce à cette conception nouvelle et si large du mot patrie, celle-ci n'est-elle pas devenue pour nous plus encore que si on n'eût jamais touché à l'intégralité de la vieille Gaule, un sol sacré entre tous, où il fait bon vivre et mourir ? Quelle erreur chez nos vainqueurs de s'attendre à ce que l'Alsace renie son glorieux passé, renonce à ses plus hautes aspirations, déchire le drapeau à la suite duquel les grandes idées libératrices ont fait le tour de l'Europe, qui résume sa foi politique !

Pendant ce temps, sir Henry se croyait obligé de visiter en conscience toutes les antiquités de la ville de Colmar. Il germanisait de son mieux pour découvrir la signification des inscriptions allemandes qui décorent certains vieux types de maisons assez curieuses, ne concordant plus guère avec le peu de tudesque qu'il possédait, et il rapportait de ses essais infructueux des migraines que toute l'éloquence et la bonne humeur de Lytton avaient peine à dissiper.

— Eh bien! quel souvenir emporterez-vous de la ville? demandait le journaliste au moment où les deux jeunes gens s'apprêtaient à partir pour Schelestadt, leur prochaine station.

— Bon souvenir. Il m'a paru que cette cité a donné naissance à pas mal d'illustrations. J'y ai vu un assez grand nombre de statues.

— Oui, celles de Pfiffel, le poète aveugle, de Rewbell, membre du Directoire, de l'amiral Bruat et du général Rapp.

— Vous en passez.

— Cela se peut. Je ne parle que de celles qui m'ont frappé. Je pensais, en examinant celle de Rapp, que les Allemands ne devaient pas être très satisfaits de le voir ainsi dominer leur parade, car il les a rudement maltraités à Austerlitz, à Iéna, et surtout à Golymin, où il fallut neuf blessures pour le décider à se laisser emporter sous sa tente.

— C'étaient des hommes, ceux-là!

— Oui. Si la France en avait eu un plus grand nombre de semblables à sa dernière guerre, le sort de ses armes eût, sans doute, été différent. Nous en causions hier, et l'on m'a raconté, sur la vie du général, un épisode que je ne connaissais pas et qui m'a vivement intéressé. Le connaîtriez-vous? Cela se passait aux Cent-Jours.

Naturellement sir Lionels ignorait ce dont il était question, n'étant guère plus amateur des biographies que des vieilles chroniques, où l'on retrouve tant de choses curieuses. Toutefois, ceci tient le milieu entre un fait historique et un fait légendaire; car, s'il est authentique, il est presque tombé dans le domaine de la légende, qui s'empare volontiers de ce que dédaigne l'histoire austère et grave.

— Pendant les Cent-Jours, Bonaparte....

— L'ogre de Corse, interrompit l'Anglais, qui, ne comprenant rien à la mission spéciale que ce vaste génie est venu, peut-être inconsciemment, remplir en ce monde, croyait naïvement de bon goût de laisser percer la vieille rancune nationale contre celui qui tint si longtemps l'Angleterre en échec.

— Comme vous le voudrez qualifier, peu m'importe, répondit Lytton. Toujours est-il que Napoléon Ier appela Rapp auprès de lui, en fit son aide de camp, le nomma pair de France et l'envoya en Alsace, où il défendit Strasbourg, et vit éclater contre lui une sédition, quand il lui fallut, sur l'ordre de Louis XVIII, licencier l'armée. C'est cette sédition dont le récit m'a beaucoup amusé, tout en me permettant encore de me convaincre de l'excellent esprit dont l'Alsace est animée. Je vais tâcher de vous conserver d'aussi près que possible les termes et l'allure originale et piquante de ce récit.

X.

Comment le général Rapp se trouva dans un embarras
extrême et s'en tira..... sans s'en douter.

« C'était vers la fin d'août 1815, deux mois et demi après Waterloo. Le général Rapp, qui commandait en chef l'armée du Rhin, avait été forcé de se retirer dans Strasbourg avec deux divisions d'infanterie, décimées par les combats qu'il avait livrés pendant sa retraite, et les débris de deux ou trois escadrons de cavalerie qu'il voulait conserver à la France. Les alliés l'y avaient poursuivi, et soixante-dix mille hommes enveloppaient la petite armée du général et menaçaient Strasbourg d'un siège désastreux.

« Le 3 juillet, le prince de Wurtemberg avait déjà envoyé au général Rapp un parlementaire pour lui demander, au nom de Louis XVIII, qui venait de rentrer à Paris, la remise de la place ; mais alors le général avait demandé à voir l'ordre du roi ; et comme le parlementaire n'avait pas d'ordre, il l'avait fait reconduire aux avant-postes.

« Ces sommations s'étaient renouvelées le 4 et le 5 ; mais le 6, le général Rapp, impatienté de cette insistance, s'était mis à la tête d'une poignée d'hommes, et, poussant une reconnaissance sur les positions autrichiennes, il avait enlevé plusieurs postes, sabré les grand'gardes de cavalerie, et était rentré après avoir donné cette preuve de son peu de disposition à traiter avec l'ennemi.

« Mais il n'y eut plus du tout moyen de s'y méprendre, quand, deux jours après, dans une attaque de nuit du côté de Strasbourg, le général Rapp surprit et enleva à la baïonnette le camp retranché des alliés, culbuta leur cavalerie, fit prisonniers au saut du lit un nombre d'officiers autrichiens, et força malhonnêtement plusieurs généraux à s'échapper en chemise. On essaya bien d'inquiéter la retraite des Français ; mais les assaillants furent deux fois repoussés avec perte et complètement désorganisés. Rapp rentra au camp, après avoir acquis la certitude qu'il avait devant lui des forces infiniment supérieures en nombre.

« Une convention militaire suivit, qui mit un terme aux hostilités dans toute l'étendue du commandement du général Rapp. En vertu de cette convention, le général autrichien Wolkmann s'établit dans la place.

« Mais en renonçant à prendre Strasbourg, les alliés résolurent du moins de la surprendre. Ils avaient échoué avec le fer, ils voulurent essayer de l'or. Une révolte habilement ménagée pouvait donner ce qu'avait refusé une guerre loyale, et les agitateurs seraient peut-être plus heureux que les soldats.

« La moitié de leur besogne était d'ailleurs faite. Dans ce grand désarroi de l'empire, un doute inquiet et farouche travaillait tous les esprits. Il était avéré que l'empereur était invincible, et l'empereur avait été vaincu. Il fallait donc qu'il eût été trahi, trahi par des généraux, par des officiers, par des soldats. Pourquoi les troupes avaient-elles cessé de tenir la campagne? Les ennemis étaient vingt fois plus nombreux qu'elles! Belle raison! Assurément les chefs s'entendaient avec les alliés.

« Voilà ce qu'on se disait tout bas aux bivouacs et dans les chambrées; et ce qu'on se dit bien bas s'entend bien loin.

« Pendant que chacun se mêlait ainsi de tout le monde, le comte Rapp reçoit du gouvernement royal l'ordre de licencier ses troupes, et de renvoyer chaque homme isolément et sans armes. Mais de la solde il n'en était nullement question. On lui enjoint en outre de livrer à des commissaires russes dix mille fusils de l'arsenal de Strasbourg. Qu'on juge de l'agitation et encore plus de la tristesse des soldats! Tous ces courriers échangés avec les alliés, ces armes nuitamment transportées dans le camp ennemi! Le général en chef était donc vraiment vendu aux Autrichiens! il avait donc, comme on le disait, reçu d'eux des millions pour leur livrer les Français!

« Rapp cependant faisait des efforts inouïs pour obtenir du gouvernement la solde des troupes avant de les licencier, et n'arrachait que 560,000 fr., acompte dérisoire qu'il n'osait pas leur offrir.

« Alors commença le soulèvement le plus calme, la révolte la plus juste, le désordre le plus régulier, l'insubordination la plus respectueuse du monde.

« Le 2 septembre, dans la matinée, le général Rapp, alors malade, était dans le bain. On vient lui dire que cinq officiers subalternes de divers régiments demandaient à lui parler au nom de leurs camarades. Il donne l'ordre qu'on introduise.

« — Mon général, dit un des délégués, nous venons pour avoir l'honneur de vous soumettre une délibération de l'armée concernant l'ordre de licenciement.

« Et il lit :

« Au nom de l'armée du Rhin, les officiers, sous-officiers et
« soldats n'obéiront aux ordres donnés pour le licenciement
« qu'aux conditions suivantes :

« Art. 1ᵉʳ. Les officiers, sous-officiers et soldats ne quitte-
« ront l'armée qu'après avoir été soldés de tout ce qui leur est
« dû.

« Art. 2. Ils partiront tous le même jour, emportant armes,
« bagages, et cinquante cartouches chacun.

« Art 3.... »

« Le général Rapp ne laissa pas achever. Il n'était guère plus commode à ses soldats qu'aux ennemis. Furieux, il s'élance du bain, arrache le papier des mains du malencontreux orateur :

« — Des conditions à moi ! Ah ! vous m'imposez des conditions !...

« Et les envoyés ne le laissent pas achever non plus, ils font volte-face au plus vite pour aller rendre compte aux troupes de l'accueil peu gracieux du général en chef.

« Les sous-officiers, au nombre de cinq cents, les attendaient gravement sur la place d'Armes. Le rapport des députés est écouté avec calme. Puis, on voit ces cinq cents hommes se rapprocher, se réunir par groupes, et chuchoter entre eux quelque chose à voix basse. Au bout de dix minutes le silence le plus profond se rétablit.

« — Sergent Dalouzi ? dit une voix.

« Dalouzi, sergent au 7ᵉ régiment d'infanterie légère, s'avance. C'est un homme de trente-cinq ans, à la mine honnête, sérieuse et froide, au geste sobre et solennel, à la parole brève. Sa bouche ne sourit pas souvent, son regard ne s'étonne jamais.

« — Sergent Dalouzi, à l'unanimité des suffrages, vous êtes élu général en chef. Acceptez-vous ?

« Dalouzi répond :

« — J'accepte l'honneur et le péril. Vous allez me promettre trois choses : vous vous abstiendrez de tout désordre, vous respecterez les propriétés, vous protégerez les personnes. Je vous jure sur ma tête, moi, que vous serez payés avant vingt-quatre heures.

« Mille acclamations de joie s'élèvent. Dalouzi ne sourcille pas. Il impose silence aux siens d'un geste remarquable de dignité, et sans embarras, sans émotion, reprend :

« — Major Garnier ?

« Le tambour-maître du 58ᵉ sort d'un groupe.

« — Major Garnier, je vous nomme chef de mon état-major. — Sergent Dupuis ? Vous remplirez les fonctions de gouverneur de la place. — Caporal Simon ? Vous commanderez la première division d'infanterie. — Caporal Adonis ? Vous prendrez le commandement de la cavalerie....

« En cinq minutes, les régiments ont des colonels, les bataillons et les escadrons des chefs, les compagnies des capitaines. Voilà un état-major complet en galons et en épaulettes de laine.

« Alors on bat la générale. Infanterie, cavalerie, artillerie se dirigent en bon ordre et au pas de course sur la place d'Armes. Dalouzi fait reconnaître les nouveaux chefs, et assigne aux différents corps les points de la ville qu'ils doivent occuper.

« Bref, le général Rapp, si vite qu'il se fût habillé, ne sortit de son logement à la tête de son état-major que lorsque l'état-major sosie fut en plein exercice de ses fonctions usurpées. Et on ne laissa même pas à Rapp le temps de quitter la place du Palais ; car, de toutes les rues qui aboutissaient à cette place, les colonnes débouchaient en courant, se rangeaient précipitamment en bataille, et croisaient la baïonnette dès que le général essayait de passer. Huit pièces de canon chargées à mitraille barrèrent formidablement une des issues.

« Dire la stupéfaction et la fureur du comte Rapp quand il se vit ainsi cerné et emprisonné par ses propres troupes, ce serait assurément difficile. Il courait d'un bataillon à l'autre; mais sa colère se brisait contre l'attitude morne et résolue des soldats. Il voulait parler, mais sa voix était couverte par les huées du peuple, et surtout par les vociférations des agitateurs. Il s'élança vers un obusier près duquel se tenait debout le canonnier, mèche allumée.

« — Misérable, veux-tu me tuer? Mets le feu! me voici à l'embouchure.

« L'artilleur jette son boute-feu.

« — Ah! général, dit-il simplement, j'étais au siège de Dantzig avec vous.

« Néanmoins, derrière les rangs des soldats immobiles et muets, les cris et les provocations continuaient.

« — Tirez.... il a vendu l'armée!... Tirez donc!....

« Quelques jeunes soldats égarés couchaient en joue le général. Le chef d'état-major Garnier accourt à lui, bride abattue.

« — Mon général, pour Dieu! retirez-vous; n'exposez pas inutilement votre vie. Que pourriez-vous faire? Nous sommes absolument décidés à nous faire payer.... Ainsi, rentrez au palais, et le général Garnison répond de tout.

« — Qu'est-ce que le général Garnison, s'il vous plaît?

« — Mon général, c'est notre nouveau général en chef.

« Tel était, en effet, le nom collectif que venait d'adopter spirituellement Dalouzi, pour mettre quelque peu sa responsabilité à couvert.

« Rapp savait que son armée n'était pas tendre à l'ennemi,

et il lui répugnait d'être l'ennemi pour elle. Il se retira dans le palais. Aussitôt mille hommes d'infanterie, huit escadrons et huit pièces d'artillerie l'y suivirent et en prirent la garde extérieure. Un bataillon de grenadiers vint s'établir dans la cour, et s'intitula garde intérieure. Soixante factionnaires furent placés deux à deux sur tous les escaliers, à toutes les portes, et jusqu'à la porte de la chambre à coucher du comte.

« Rapp était d'ailleurs merveilleusement suppléé : le général Garnison multipliait les ordres comme s'il n'eût fait que cela toute sa vie. Il commandait comme un dictateur, on lui obéissait comme à un ami.

« — On va s'emparer du télégraphe et de la monnaie, lever les ponts, et nul ne pourra communiquer avec le dehors sans une permission signée du gouverneur de la place. — Afficher la défense, *sous peine de mort*, d'entrer dans les cabarets ou tavernes. Même peine contre les fauteurs de désordre, de pillage et *d'insubordination*. — Des bivouacs permanents seront organisés sous deux heures dans les rues principales et sur les places. Voilà pour les ennemis du dedans. Quant aux ennemis du dehors, que la ligne extérieure et les postes de la citadelle soient doublés. De plus, des gardes aux poternes du Marché-Vieux et du boulevard Saint-Louis : je ne sais pas comment le général Rapp pouvait négliger ces points-là; c'était une étourderie ! — Commandant Adonis, faites dire au général autrichien Wolkmann qu'il n'a absolument rien à craindre, et mettez un détachement à sa disposition. Il faut être poli, sarpejeu ! — Vous, major Garnier, rendez-vous avec un trompette au quartier général des alliés, et signifiez-leur que s'ils respectent la trêve, la garnison ne se portera à aucun acte d'hostilité; mais que s'ils font mine de nous attaquer, ou seulement de mettre le nez dans nos affaires de ménage, nous les recevrons peu fraternellement.

« — Eh bien! colonel Lenrhumé, qu'est-ce que c'est? Vous avez l'air tout penaud.

« — Pardon, mon général, c'est le fusilier Lebertre qui m'appelait colonel postiche.

« — Eh bien?

« — Eh bien! avec votre permission, mon général, je l'ai fait mettre aux fers.

« — A merveille.

« — Oui, à merveille; mais au moment où je disais : Aux fers, cet insurgé-là! je me suis trouvé nez à nez avec mon colonel, l'autre, l'ancien, le vrai.... qui m'a dit comme ça tout uniment : — S...é gredin!... — Est-ce qu'il fallait aussi le faire mettre aux fers?

« — Ah diable! fit le général Garnison. Eh bien! dit-il après avoir réfléchi, la chose est fort simple : tous les généraux et tous ceux qui ont un commandement de quelque importance sont consignés dans leur logement jusqu'à nouvel ordre. Chacun d'eux sera gardé par des soldats d'un corps étranger au sien. Les plus minutieux égards. Si quelque chef se révolte, on lui représentera doucement que la discipline et la subordination militaires passent avant tout, et qu'il est de son devoir de donner l'exemple en s'y soumettant. On n'agira de rigueur qu'à la dernière extrémité.

« A midi, toutes les mesures de police étant bien prises, et la sûreté intérieure et extérieure parfaitement assurée, le général en chef Garnison fit place à Garnison l'administrateur. Il constitua messieurs les fourriers en commission des vivres, et messieurs les sergents-majors en commission des finances. Puis il manda l'inspecteur aux revues et le receveur général. Le premier fit un état approximatif des sommes nécessaires pour mettre la solde au courant; le second présenta le montant de son avoir en caisse. Alors Dalouzi convoqua le conseil municipal, et, avec une politesse exquise, pria le maire d'aviser aux moyens de réaliser les fonds nécessaires pour acquitter l'arriéré.

« Pendant que les conseillers municipaux discutaient à l'hôtel de ville, les bourgeois tremblaient dans les rues ; ce qui avançait un peu plus les choses. Il faut vous dire que l'armée, après avoir exécuté divers mouvements, marches et contremarches, s'était immobilisée et comme pétrifiée aux bivouacs et dans les postes. C'était véritablement terrible à voir, pour peu qu'on fût époux et père de famille. Les troupes se tenaient l'arme au bras, sombres, inertes et imposantes, sans parler, sans bouger, dans ce calme majestueux et sinistre qui précède l'orage. Les soldats s'étaient faits statues. En vain les boutiquiers, saluant, souriant, tout aimables, leur faisaient les plus coquettes avances, leur insinuaient les plus paternelles questions, un brutal « au large ! » les faisait sauter à dix pas.

« Il fallait donc transiger à tout prix, et les bons habitants, qui ne rêvaient plus que pillage, massacre et incendie, consentirent enfin à avancer les sommes nécessaires.

« Garnison avait été plus habile et plus persuasif que Rapp.

« Celui-ci envoya alors son chef d'état-major auprès des autorités, pour régler la répartition de l'emprunt. Un caporal et six hommes conduisirent cet officier à l'hôtel de ville ; il y termina ses comptes, et revint au palais sous la même escorte.

« A la nuit, les alarmes des honnêtes Strasbourgeois se calmèrent un peu ; des patrouilles multipliées battaient toutes les rues, et la ville avait reçu l'ordre d'illuminer, afin qu'il fût plus facile d'exercer une surveillance sévère. En même temps que les habitants se rassuraient, les soldats s'humanisaient, car le général-sergent avait fait lire dans tous les postes cette proclamation :

« Tout va bien. Les bourgeois financent. Les payements
« vont commencer.

« *Signé :* GARNISON. »

« Le lendemain, 2 septembre, les Autrichiens essayèrent de se mêler au drame pour l'animer. D'abord, arrive au galop sur la place d'Armes un chasseur à cheval. Il annonce à Dalouzi qu'on vient d'arrêter trois fourgons chargés d'or, appartenant au général Rapp, qui les faisait sortir sous la protection des Autrichiens.

« — Ces trois voitures, ajoute-t-il, ont été conduites au pont couvert, et voici le reçu que je vous apporte. Vengeance! Le général Rapp nous a vendus à l'ennemi ; c'est un traître. Il faut fusiller les traîtres.

« — C'est juste, répondit Dalouzi. Six hommes et un caporal.

« — Présent, dit le général Simon en s'avançant.

« — Eh bien! qu'est-ce que vous faites, général? Êtes-vous fou, que vous oubliiez votre grade? Commandez six hommes et un caporal, et qu'on fusille tout de suite cet honnête espion.

« Deux heures après, des individus en uniforme et revêtus des insignes de caporal et de sergent se présentent successivement au palais, et, trompant les gardes extérieurs et intérieurs, veulent user de violence pour s'introduire dans la chambre à coucher du général. Mais ils sont repoussés, faits prisonniers, et conduits en lieu de sûreté.

« Les soldats avaient mis en état de siège leur général, parce que leur général les gênait; mais ils se seraient tous fait tuer pour défendre sa vie, parce qu'ils le respectaient et l'aimaient.

« Au milieu du jour on vint dire au général Garnison que dans la matinée la ligue ennemie avait resserré ses cantonnements et reçu des renforts. La situation devenait grave et la responsabilité immense. Dalouzi garda un calme majestueux. Il fit encore renforcer la garnison du dehors, doubla ses grand'gardes, et attendit. L'ennemi fit le mort.

« Cependant l'emprunt avait été réalisé. Les officiers-payeurs, suivant l'ordre numérique de leur régiment, furent conduits, bien escortés, chez le payeur général, et là touchèrent les sommes nécessaires pour aligner la solde de leur corps ; mais il leur fut prescrit de n'effectuer les payements individuels que lorsque tous les régiments auraient touché leur dû.

« Les fonctions temporaires du général Garnison touchaient à leur fin ; mais il ne permit pas qu'on se relâchât de la plus exacte discipline, et à trois heures il voulut parcourir lui-même la ville, à la tête de son état-major improvisé.

« Il avait lieu d'être content : partout il trouvait la tranquillité la plus parfaite, l'ordre d'une ruche, le silence d'un cloître. Sur son passage, les tambours battaient aux champs ; on lui rendait tous les honneurs dus à un général en chef. Le brave sergent était quelque peu ébloui, enivré, il faut le dire. Son front restait calme, mais sous ce front bourdonnaient de tumultueuses pensées. Il avait fait enfin ce que le général Rapp n'avait pu faire : il s'était servi puissamment de la sédition ; il avait vaincu la tempête par la tempête. La volonté de toute une armée, il l'avait accomplie. Ses camarades recevraient du moins le faible dédommagement de leur sang répandu et de leurs blessures ; ils auraient de quoi faire leur route et se retirer dans leurs foyers. C'était lui, Dalouzi, qui avait fait tout cela, et en contenant par sa fermeté un ennemi tout prêt à profiter de ses fautes. Certes, un maréchal de France n'eût pas montré plus de sang-froid, de méthode et d'énergie. Une si remarquable capacité dans un simple sergent ! Le gouvernement l'apprendrait, et qui sait ?... Une musique guerrière berçait ces doux rêves et donnait le ton à ces ambitieuses idées, et Dalouzi ne savait plus trop si ce n'était pas Rapp qui avait usurpé sa place, et s'il ne rentrait pas en triomphe dans ses honneurs et dignités légitimes.

« Mais, le lendemain, ces derniers vestiges de l'humanité avaient disparu dans l'âme modeste et honnête du bon sergent.

« Ce jour-là, à neuf heures, la répartition des fonds étant achevée, la générale se fit entendre, l'armée se rassembla, retira ses postes, leva le siège du palais, et se rendit à la place d'Armes. Dalouzi, accompagné de son état-major, fit mettre les troupes en bataille, commanda le silence par un geste *historique*, comme dirait Saint-Simon, et lut la proclamation suivante :

« Soldats de l'armée du Rhin,

« La démarche hardie qui vient d'être faite par vos sous-
« officiers, pour vous faire rendre justice et pour le parfait
« payement de votre solde, les a compromis envers les auto-
« rités civiles et militaires. C'est dans votre bonne conduite,
« votre résignation et votre excellente discipline, qu'ils
« espèrent trouver leur salut : l'attitude que vous avez gardée
« jusqu'à ce jour en est le sûr garant. Ils espèrent que vous ne
« vous démentirez pas. Soldats, les officiers payeurs ont
« entre les mains tout ce qui leur est dû ; la garnison rentrera
« à sa première place ; les postes resteront jusqu'à ce que le
« général en chef ait donné les ordres en conséquence. Sitôt
« leur rentrée, les sergents-majors et les maréchaux-des-logis
« se rendront chez leurs officiers-payeurs, et prendront, avant
« de solder la troupe, les ordres de messieurs les colonels,
« afin d'exercer la retenue de qui de droit. L'infanterie doit
« être licenciée ; elle prendra des ordres supérieurs ; et la

« cavalerie, n'ayant encore aucun ordre, attendra son sort,
« afin de rendre au moins, avant de partir, chevaux, armes,
« et tout ce qui appartient au gouvernement. Et l'on pourra
« dire : Ils sont Français ; ils ont servi avec honneur ; ils se
« sont fait payer ce qui leur était dû, et se sont soumis aux
« ordres du roi avec ce beau titre d'armée du Rhin. »

« — Et maintenant, ajouta le général Garnison, faites prévenir le général Rapp qu'il peut venir passer son armée en revue.

« Et le sergent Dalouzi alla se placer en serre-file derrière sa compagnie.

« Deux jours après, on déposa les armes à l'arsenal, et tous les corps furent licenciés. Dalouzi, chef de révolte, avait encouru la peine capitale : le ministre lui donna l'épaulette de sous-lieutenant.

« Mais comme la paix menaçait de se prolonger indéfiniment, dès qu'il eut le temps voulu pour la retraite, le bon sergent demanda son congé et rentra dans la vie privée, ne conservant de ces honneurs passés que le titre honoraire de général. »

XI.

Schelestadt.

Tout en devisant de la sorte, car une pareille histoire entraîne naturellement à sa suite bien des digressions, nos voyageurs étaient arrivés à Schelestadt.

Suivant son habitude, Lytton ne tarda pas à se mettre en rapport avec les quelques personnages marquants pour lesquels il était toujours muni des lettres de recommandation les plus flatteuses ; ce qui lui permettait de pénétrer d'emblée « au cœur de la place », comme il disait gaiement. Il eût pu ajouter « et dans le cœur des gens », car les lettres étaient presque superflues pour lui acquérir la bienveillance et la confiance de ses interlocuteurs. Son mâle visage, empreint de tant d'aménité, son franc et loyal regard, où se reflétaient une âme élevée et un esprit délicat, suffisaient à lui gagner des sympathies. Il n'y avait rien en lui des finesses cauteleuses de l'espion dont les annexés ont tant à se méfier. Il allait droit au but.

Il disait naïvement l'intérêt qu'il éprouvait à se rendre compte des progrès faits dans le pays par la germanisation. Toutefois, il s'était bien gardé d'établir sa situation de journaliste amé-

Une vue de Schelestadt.

ricain, parce qu'il ne voulait pas *intervièwer* l'Alsace. Il était en congé et journaliste *in partibus*, il le disait bien haut. Il savait que les meilleurs d'entre nous, peuples comme individus, posent toujours un peu quand il s'agit de l'opinion publique.

Or, ce qu'il lui importait de connaître, ce n'était pas la pose plus ou moins héroïque, plus ou moins sentimentale, qui pourrait convenir à l'Alsace-Lorraine, c'était le sentiment intime qui anime la vie intérieure des masses et détermine le courant de leur vie morale.

Ses lettres d'introduction lui étaient donc utiles, en le mettant en rapport avec des hommes d'élite, et en lui permettant, à chacune de ses stations, de consulter les archives sur quelque point controversé ; mais il ne s'en rapportait qu'au hasard de lui fournir ces jets spontanés à l'expression desquels on ne peut se tromper.

Le soir, à l'heure convenue, les deux amis se retrouvèrent pour le dîner ; car, nous l'avons dit, il était rare que sir Lionels accompagnât Lytton dans ses courses. Il affirmait que la seule vue des bouquins qui plongeaient le journaliste dans la béatitude lui donnait la migraine, et que la seule présence des vieux savants râpés auprès desquels son compagnon goûtait les heures les plus charmantes, avait le don de lui ôter l'usage de ses facultés. Le fait est que sa timidité et sa défiance de lui-même étaient les causes premières de son malaise dans la compagnie d'hommes supérieurs ; car, après tout, s'il ne pouvait les égaler, il était du moins assez intelligent pour les apprécier. Du reste, il prétendait jouir beaucoup plus des rapides résumés qui lui étaient faits par Lytton que de la perspective d'avoir à se former une opinion à grand renfort d'érudition et de recherches.

La meilleure de toutes les raisons, c'est qu'il s'attachait tous les jours davantage à son aimable compagnon de voyage, qui exerçait sur lui au moral la bienfaisante influence que les hauteurs exercent au physique sur un homme affaibli. Il s'attachait à lui comme le lierre au chêne, et se voyait avec surprise emporté sans peine et sans fatigue dans un ordre d'idées qu'il n'eût pas osé aborder quelques mois auparavant.

Lytton, malgré les mille égards qu'il avait pour la *morbidezza* de son jeune camarade, l'aguerrissait contre les émotions, l'enhardissait contre la fatigue, le relevait à ses propres yeux en faisant valoir à propos des qualités que sir Henry ne se soupçonnait pas. Les idées noires, si habituelles à ce fils d'Albion, qu'elles avaient inspiré à la comtesse douairière de légitimes inquiétudes, devenaient plus rares. Il pouvait côtoyer un précipice sans s'abîmer dans la pensée de la fragilité de l'être humain, et promener un regard presque tranquille sur les eaux profondes qui jadis exerçaient sur lui une attraction néfaste et presque irrésistible. Le progrès était incontestable, et il le rapportait tout entier à celui qui en était la cause. De là une affection croissante de part et d'autre.

Le soir arrivait sans qu'aucune brise caressante fût venue rafraîchir l'atmosphère embrasée d'une journée caniculaire. Les deux jeunes gens se dirigèrent du côté de l'Ill, espérant trouver sur ses bords un peu d'air respirable. Ils se promenaient ainsi de long en large depuis quelques minutes, lorsque Lytton demanda tout à coup :

— Savez-vous que c'est à cette modeste rivière que l'Alsace doit son nom?

— Comment cela?

— Parce que cet affluent du Rhin portait le nom de *El*, d'où El-Sass, disent les uns, pays de l'Ell ou de l'Ill. Cependant d'autres étymologistes prétendent que ce mot d'Alsace ne paraît dans l'histoire que beaucoup plus tard, alors qu'à la suite de leurs premières incursions, les Germains, comme pour sceller l'ardente convoitise qui devait les dévorer pendant deux mille ans, l'eurent nommée Edel-Sass. Vous reconnaissez peut-être ces deux mots teutons?

— D'abord sont-ils modernes?

— Non.

— Alors j'ai bien assez à me tirer de l'allemand du jour sans chercher à me mêler de l'autre. Que signifient ces mots?

— *Edel*, noble, beau; *Sass*, séjour.

— Il était donc déjà bien beau?

— S'il l'était! Ah! je le crois bien : la culture y était avancée, et Rome lui avait apporté une civilisation que ces populations vaillantes, laborieuses et énergiques, s'étaient vite assimilée. Il existait de grandes villes dans la plaine. Les étoffes aux brillantes couleurs, les armes, les meubles d'Argentoratum, plus tard Strasbourg, avaient une renommée qui allait jusqu'à la Loire.

— Ce fut donc de tout temps un pays privilégié?

— Comme vous le dites; les Alsaciens furent de tout temps des gens droits. Jules César, qui se connaissait en hommes, avait une confiance absolue dans la bravoure des Alsaciens. La preuve, c'est qu'il en avait composé une légion qui ne tarda pas à prendre rang parmi les plus vaillantes de son armée. Il savait si bien qu'il n'y avait pas entre eux et l'ennemi affinité de sang, communauté de race ou fusion possible, qu'à la veille de la bataille contre Arioviste, se voyant sur le point d'être abandonné des Romains dégénérés qui composaient son état-major, et qui, amollis par la richesse, répugnaient à la tâche ardue qu'il s'agissait d'entreprendre, il fit de cette légion sa cohorte prétorienne, sa garde d'honneur. En eût-il agi ainsi s'il eût eu une défection à redouter?

— Je ne pense pas. Mais vous ne me dites rien de Schelestadt?

Sir Lionels cherchait une diversion. Tel était le moyen auquel il avait recours lorsqu'il se sentait pressé de trop près.

— Je croyais vous l'avoir déjà dit pendant le dîner : Schelestadt remonte au delà de la conquête romaine; ce qui lui assigne une antiquité respectable. Vous y retrouvez plus tard la domination paisible et sans conteste des rois francs. En 775, Charlemagne y passe les fêtes de Noël; puis la ville se replonge dans l'oubli jusqu'au XIIIᵉ siècle, où elle est fortifiée et prend rang parmi les cités impériales. Au moyen-âge, sa plus grande gloire est toute littéraire ; car elle a une académie dont l'effet intellectuel a été immense, et a peut-être contribué à l'incontestable supériorité du niveau moral de cette province.

— A-t-elle beaucoup souffert en 1870?

— Oui, passablement. Il n'y a guère eu de maison d'épargnées. On m'a précisément adressé à un des compagnons d'armes du capitaine Tévenot, de la mobile du Bas-Rhin. J'ai eu les détails les plus précis. Ces jeunes gens étaient au nombre de 48 ; ils ne purent supporter la terrible incertitude à laquelle semblait les condamner leur inaction. Un jour qu'ils entendaient la fusillade éclater de toutes parts, claire et nourrie, ils n'y tinrent plus. Ils sortirent de la ville et rencontrèrent un corps allemand de 400 hommes : c'était presque toujours la proportion. Aussi n'hésitèrent-ils pas. Ils l'attaquèrent, le mirent dans une complète déroute et revinrent triomphants, ramenant sept prisonniers.

— Qu'était-ce que cela? fit dédaigneusement sir Lionels.

— Pas grand'chose assurément; mais une protestation énergique est toujours bonne. Du reste, ces succès partiels, mille fois répétés, prouvent que la nation française, en temps que nation, n'a rien perdu de ses grandes qualités de bravoure et de *furia*. Il suffit qu'elle soit bien commandée, et surtout que la trahison ne la livre pas, pieds et poings liés, comme cela s'est produit naguère.

— Et les Allemands ne leur firent pas payer ce succès?

— Non ; du moins pas sur le moment. Eurent-ils une pensée de vengeance quand, le 9 octobre, ils investirent la ville?

C'est possible. Le bombardement, commencé le 19, n'a duré que quatre jours. Le 24, tout était fini, et la ville capitulait; mais jusqu'au dernier moment la population s'était montrée admirable.

— Elle fut bien vite décidée pourtant, ce me semble, dit l'Anglais, content d'avoir surpris un point faible dans l'argumentation de son ami.

— Elle n'était pas en état de se défendre.

— C'est égal, les Prussiens doivent lui savoir bon gré de leur avoir épargné de la poudre et des bombes.

— Peut-être ont-ils eu en effet un moment de joie; mais je vous réponds qu'il n'a pas été de longue durée. Si, trompés par une vaine apparence, ils prirent cette résignation pour une soumission volontaire, ils durent être rudement désillusionnés à la signature de la paix. Sur 10,000 âmes que comptait la ville en 1871, 6,000 avaient émigré, dont deux nonagénaires qui, malgré l'attachement si reconnu des vieillards pour leurs habitudes, n'ont pas craint d'affronter les hasards d'une vie recommencée à nouveaux frais et si tard. Tout ce qui était hommes valides ou jeunes gens a disparu. On m'a affirmé qu'au recrutement de 1872, les Prussiens n'ont trouvé à enrôler qu'un manchot, un pied-bot et un cul-de-jatte.

— Puisque vous êtes si au courant des choses de l'option, en résumé à quoi évalue-t-on ce qui a pu quitter le pays plutôt que de se soumettre, à 30 ou 40,000 individus?

— Nous sommes loin de compte, sir Henry. Comme vous le dites, j'ai trouvé le moyen de me renseigner à ce sujet et je l'ai fait : sur 1,600,000 habitants que renfermaient les pays annexés, on compte 1,100,000 qui ont opté, donc 500 à 600,000 ont émigré, abandonnant le passé, si cher qu'il fût, et renonçant aux promesses de l'avenir.

— Plus de moitié?

— Plus des deux tiers.

— Vous m'étonnez. Quelle proportion !

— Et le tiers restant comprenait des vieillards ou de petits propriétaires ruraux qui, n'ayant pour vivre que le lopin de terre qu'ils cultivaient, n'ont pas pu l'abandonner pour un morceau de pain. Qui donc l'aurait acheté? Et puis, le conducteur de la voiture vous l'a dit, on ne croyait pas que cela durerait.

— J'admets tout ce que vous venez de me dire ; mais enfin, à Mulhouse par exemple, dont vous-même m'avez fait constater l'accroissement de population et, partant, de richesse, comment cela s'est-il passé ?

— Fort simplement. Tous les chefs des grandes maisons, après avoir opté, transférèrent leur domicile réel sur le territoire français, à quelques heures de la ville. L'industrie de Mulhouse divisa ses capitaux en actions ; un gérant se dévoua et consentit à devenir Allemand *de nom*, dans l'intérêt de chaque usine ; de plus, les ouvriers en masse vinrent apporter leur option en faveur de la France. Effrayés de ce mouvement populaire qu'ils n'avaient pas prévu, les fonctionnaires allemands soulevèrent des difficultés : aussitôt le flot se divisa et se répandit soit à Bâle, soit à Belfort, partout où il y avait un consul français, un administrateur pour prendre note de leurs vœux.

— Savez-vous que j'en reviens à mon opinion ! Si vraiment les Prussiens ont agi ainsi — et puisque vous me l'affirmez, je suis bien obligé de vous croire — ils ont tous les torts ; ils ont commis à la fois : un contre-sens politique, car une pareille conquête a dû leur causer plus d'ennuis qu'il ne leur a convenu de l'avouer ; un anachronisme, car l'abus de la force, dans la seconde moitié du xixe siècle, n'aurait dû venir à la pensée d'aucun peuple civilisé ; enfin, ce qui est pire, un véritable crime de lèse-droit des gens.

— Vous êtes dans le vrai, sir Henry, répliqua Lytton, enchanté de voir son ami appeler si catégoriquement les choses par leur nom.

— Pardon, reprit alors l'Anglais; malheureusement, l'indulgence devient d'autant plus nécessaire, que les juges les plus sévères de cette conduite évidemment blâmable en ont donné l'exemple.

— Je ne comprends pas.

— Les Français n'étaient-ils pas, dix ans auparavant, tombés dans les mêmes errements? L'annexion de la Savoie?

— Ici je vous arrête. Bien que n'ayant aucune raison de prendre parti pour la France, surtout pour la France d'alors, qui n'était pas républicaine, je suis forcé de vous faire remarquer qu'il n'y eut ni contre-sens, ni anachronisme, ni abus de la force brutale, puisque les Français, toujours généreux, même dans la victoire, consultèrent les populations et s'assurèrent qu'ils répondaient bien réellement à un vœu nettement exprimé.

Sir Henry mordilla sa fine moustache.

— C'est différent, dit-il enfin, mais un peu à contre-cœur.

Et, changeant encore une fois de sujet, il parla de ce qu'il avait vu, de la ville au point de vue artistique, et pour en faire l'éloge.

— Les environs sont également fort curieux, ajouta Lytton; on m'a dit qu'ils sont remplis des souvenirs de la domination romaine et de vieux châteaux féodaux. J'aurais aimé voir celui de Hohkœnigsburg, qui, ainsi que son nom l'indique, était un *haut* château royal.

— Pourquoi n'irions-nous pas, puisque cela vous serait agréable?

— Parce que j'ai peur que le temps ne nous manque pour autre chose. Je ne puis disposer que de six semaines, et en voici déjà deux d'écoulées.

— Mais si cela rentre dans le cadre des études que vous vous êtes tracé ?

— Certainement cela y rentre, puisque dans ce pays il faudrait tout visiter. Outre le cachet original que le château emprunte au grès dont il est construit, rouge comme le rocher qu'il domine, ce qui lui donne l'apparence de ne faire qu'un avec lui, le site est très pittoresque et extrêmement intéressant. Toutefois....

— Je vote pour le haut château féodal ou royal, dit sir Lionels avec plus de pétulance qu'il n'en témoignait d'ordinaire.

Et il fut en conséquence conclu que la journée du lendemain lui serait consacrée.

XII.

Le Hohkœnigsburg.

La promenade fut charmante sous les splendides platanes qui bordent la route de Sainte-Marie-aux-Mines, et à travers la forêt de hêtres, de chênes, d'aunes et de sapins, qui surplombe les ruines du Hohkœnigsburg et porte le même nom. Ce château, bâti vers 1480, était un fief donné par l'empereur d'Allemagne Frédéric III à un des siens, le comte Oswald de Thierstein.

Qu'on se figure un promontoire se détachant de la chaîne des Vosges, et présentant à celle-ci un plan à peine incliné. Sur ce promontoire se dressent d'un côté des tours imposantes, de l'autre de vastes corps de logis unis à ces tours par de longs murs dans lesquels perce le roc vif; au-dessus de ces murs et de ces tours, les vestiges d'un parapet crénelé; enfin, une triple enceinte flanquée d'autres tours; le tout d'une couleur uniforme qui « flamboie au soleil ».

— C'est bien le nid d'aigle où l'on se représente le vieux seigneur féodal, insolent et fier parce qu'il se sent à l'abri de tous les dangers, remarqua Lytton en embrassant l'ensemble de cette magnifique construction, restaurée par les soins de la Société pour la conservation des monuments de l'Alsace.

— C'est égal, ce devait être triste à habiter, dit sir Lionels en frissonnant sous une voûte où s'engouffrait un courant d'air glacé.

— Assurément ce que nous apprécions le plus, nous, les modernes, c'est moins la solidité que recherchaient nos pères, que les emplacements merveilleux où ils savaient établir leur retraite. Gravissons l'escalier du donjon, et je suis sûr que vous serez de mon avis.

— Croyez-vous que ce fut chez eux affaire de goût? demanda naïvement sir Henry.

— Tel n'est pas mon sentiment. C'était tout bonnement instinct de sécurité; plus leur vue s'étendait au loin, moins ils avaient à redouter la possibilité d'une surprise. Mais voyez!

— En effet, c'est un immense et splendide panorama qui se déroule aux yeux du spectateur; il embrasse d'un coup d'œil toute cette plaine d'Alsace fertile comme un jardin de plaisance. A droite, on aperçoit Colmar la studieuse; à gauche, Kehl la prussienne, sentinelle avancée sur le Rhin, qui étincelle au soleil; au delà, la forêt Noire, qui, malgré son nom sinistre, offre un coup d'œil enchanteur avec les franges d'un vert tendre qu'elle suspend au front des coteaux; au loin, derrière soi, la chaîne des Vosges; et plus près, des ruines de vieux castels fièrement campés qui animent le paysage.

— Ici, Ribeauvillé, Boustein, l'Ortemberg, Frankenburg.

— En voilà un qui doit se rattacher à l'histoire de France?

— Assurément; il existait longtemps avant la conquête des Francs, paraît-il; mais, après la bataille de Tolbiac, Clovis, commençant à marquer la préférence de sa race pour l'*optimus totiæ Galliæ*, se fit bâtir une résidence royale où il venait, dans ses courts loisirs de conquérant, chasser l'aurochs, l'ours et le loup.

— Vous voilà bien, vous autres qui ne doutez de rien! Prouvez donc une origine qui se perd dans la nuit des temps.

— Et la science, qu'en faites-vous? N'est-elle pas la moderne magicienne qui fait revivre à nos yeux le passé avec ses splendeurs éclipsées et ses muets enseignements? Tout s'enchaîne dans la science comme dans la nature, et l'archéologie a déjà rendu à l'histoire autant de services qu'elle en a reçus.

— J'avoue que je ne comprends pas ce que peuvent dire de certain, d'historique, de vieilles pierres que le hasard peut-être a semées çà et là. J'ai vu des archéologues s'extasier deux heures durant sur une horrible plaque de cuivre vert-de-grisée, qu'ils décoraient du nom de médaille; tandis que d'autres tout aussi dignes de foi affirmaient que c'était une mystification.

— Je ne prétends pas que cette science — comme d'ailleurs tout ce qui est humain — n'ait exposé ses adeptes à quelques déboires; mais dans le cas qui nous occupe, voyons, comment pourrais-je affirmer que l'Alsace fut essentiellement gauloise, si les recherches de l'archéologie ne l'avaient démontré jusqu'à l'évidence? Toute cette région, à dix lieues à la ronde vers l'ouest, offre à l'observateur le plus superficiel la preuve de ce que j'avance, étant donné que la science a délimité d'une manière absolue ce qui revient aux Gaulois des souvenirs antiques dont le pays est rempli. Voici la chaîne des Vosges, par exemple; ne nous rappelle-t-elle pas Vogésus, le dieu auquel elle a donné naissance et qui lui a légué son nom?

— Vogésus? Je ne l'ai vu figurer dans aucune mythologie.

— C'est que vous n'avez eu entre les mains que des mythologies tronquées, comme il y en a beaucoup. C'est, du reste, un tort assez général de négliger cette étude comme oiseuse. Cependant, n'est-ce pas là que l'on retrouve les traces du génie primitif des peuples et de la somme d'idéal qu'ils avaient conservé de l'Eden?

— Alors vous connaissez ce Vogésus?

— Oui, bien que ce fût une divinité toute locale, et M. Cairu m'en parlait encore ce matin. Les Gaulois le représentaient tantôt comme un berger colossal poussant devant lui les troupeaux d'aurochs et de chevaux sauvages qui peuplaient alors ces forêts vierges, tantôt comme un guerrier géant debout, sentinelle avancée, sur une des hautes cimes de la chaîne en face de la Germanie.

— Je m'étonne que vous n'en tiriez pas la conclusion que les Gaulois en faisaient le défenseur de l'intégralité de leur territoire.

— C'est qu'elle était tout indiquée, puisque vous l'avez vous-même sentie. Oui, je le répète, les souvenirs abondent dans cette région qui formait le noyau de la Gaule germanique et qui était pour eux une région sacrée. Et par le fait, remarquez ces larges dômes, ou ces dos allongés; n'ont-ils pas une physionomie à part? Portez votre regard dans la direction de Ribeauvillé; cette crête qui se détache là-bas sur ce beau ciel d'été, c'est celle du Taennichel. Eh bien! si nous en approchions, nous la verrions couverte de roches étranges qui toutes ont eu leur histoire, leur moment de célébrité. Il y a comme en Bretagne « des pierres qui parlent » et de gigantesques menhirs. Il y a des blocs aux flancs creusés ou grossièrement équarris, d'énormes cairus qui profilent sur les nuages leurs têtes de sauriens. Si du sud vous remontez au nord, voilà, je crois, le Schnesberg, sur le sommet duquel existe une pierre branlante parfaitement équilibrée. En dehors de l'Alsace, mais toujours sur la rive gauche du Rhin, on m'a montré, il y a deux ans, une pierre percée haute d'environ trois mètres, et enchâssée primitivement dans une autre pierre horizontale dont le trou a plus d'un demi-pied de diamètre.

— Où donc avez-vous trouvé cette curiosité?

— Entre Courgenay et Porrentruy, au pied du mont Terrible.

— En Suisse, alors? Et comme la Suisse est le pays des légendes, cette pierre singulière doit avoir la sienne.

— Pas précisément; mais elle est protégée par une superstition qui la rend chère aux habitants du pays; elle a des propriétés curatives.

— Ah! pourquoi?

— Dame! pour la colique.

— Oh! shocking!

— Pardon, mon cher ami, c'est vous qui l'avez voulu.

— Et pour en revenir au sujet qui nous occupe..., reprit l'Anglais, cherchant une transition.

— Je prétends que partout, aux formes des pierres, à leurs entailles, à leurs dépressions, on reconnaît la main de l'homme sous les caprices de la nature, et je pose en principe que ce qui est un signe de race dans les rudes campagnes de l'Armorique ne saurait être moins dans les plaines fertiles que nous parcourons.

— Ce raisonnement ne me paraît pas dépourvu de justesse.... Mais qu'est-ce donc que ces « pierres qui parlent »?

— C'est aux filles du pays qu'il vous faudrait demander cela. Elles vous diraient comment la pierre bienfaisante console les secrètes douleurs que notre pauvre humanité serait d'ailleurs inconsolable de ne point connaître; comment, par les nuits sombres, alors que le cœur est agité déjà par la vague terreur qui accompagne le déclin du jour, il faut se rendre seule près de la pierre des ancêtres et lui murmurer un nom, une question timide ; alors on attend la réponse, et, dans le silence de la nuit, on entend un quelque chose d'harmonieux et de doux. On ne sait trop quoi, mais cela change généralement en tranquille félicité l'inquiétude qui naguère vous envahissait, vous débordait. Ne leur demandez pas si la brise agitait les sommets des grands pins, si nul écho trompeur ne sommeillait dans quelque fissure cachée ; elles ne savent rien, sinon que c'est la voix des fées qui révèle le passé et fait connaître l'avenir.

— Ah ! laissons-les à leur poétique croyance, s'écria sir Lionels; trop tôt elles apprendront que la seule fée qui ait survécu au passé, c'est la fée Désespérance, celle qui décolore un à un sous nos pas les choses les mieux faites en apparence pour nous séduire et nous charmer.

— La fée Désespérance n'est en réalité que le triste rejeton d'une union mal assortie : le géant Doute et la naine Faiblesse ; et quoique réunis, l'un et l'autre sont faciles à combattre pour une âme énergique et résolue. Croyez-moi : qu'elle aille donc s'endormir avec ses sœurs, puisque vous les excluez sans pitié de leur ancien domaine, et examinons plutôt la station où je vois là-bas arriver un train avec son blanc panache de fumée. C'est une des choses prosaïques de la vie de chaque jour qui se transforme pour moi en poésie. J'aime à en suivre les volutes gracieuses ; au passage, elles s'attachent aux basses branches des arbres comme pour tenter de s'y soutenir, mais elles ne peuvent résister à la première brise qui passe et qui les emporte ; elles m'ont toujours paru avoir un caractère essentiellement fantastique ; je m'intéresse à leur destinée, si semblable à celle de l'homme, toujours diverse, toujours pareille.

— N'est-ce pas Scherwiller ?

— Laissez-moi consulter mes notes, car j'ai peur parfois de mal embrasser, à force de vouloir trop étreindre. Ah! voici! J'avais l'idée qu'il s'y rapportait un souvenir historique quelconque; triste souvenir d'ailleurs. C'est ici que le duc Antoine de Lorraine écrasa en 1525 les Rustauds, ces bandes de paysans alsaciens qui correspondaient au Jacques Bonhomme des Français.

— Une autre sorte d'association comme le pauvre Conrad? demanda sir Lionels.

— Oui et non; c'était toujours la lutte du faible contre le fort, de l'esclave contre son tyran. De nos jours, les Parisiens les appelleraient des communards; car ils convenaient assez facilement de trouver juste que celui qui est maintenant riche devienne pauvre et que celui qui est pauvre devienne riche. Ah! les malheureux! comme ils payèrent cher leur imprudente folie! Après avoir pillé édifices, couvents, châteaux, et mis à sec toutes les caves dont les clefs s'égarèrent entre leurs mains, ils perdirent la tête et se firent successivement battre à plate couture à Saverne, à Wissembourg, et enfin à Scherwiller, qui fut leur coup de grâce.

— Ils avançaient de plus de deux siècles sur l'horloge de Paris, qui ne connaît pourtant guère les retards.

— Certes, ils firent du mal, ces affamés de liberté, ces assoiffés de vie nouvelle, précurseurs des grands hommes de 89! Aveugles, ils marchèrent à l'aventure sur un terrain semé d'embûches, et ils frappèrent en aveugles qui ne savent ni où ils vont ni ce qu'ils veulent. Mais les représailles furent proportionnées, ou, pour dire plus vrai, disproportionnées au délit; car on ne saurait qualifier de crime la revendication du droit le plus sacré, le droit de possession de soi-même.

— Vous êtes conséquent en toutes choses. Depuis que je

vous connais, je vous vois toujours porté du côté de l'opprimé contre l'oppresseur.

— N'est-ce pas naturel?

— Et j'en conclus que votre haine contre les Prussiens n'est faite que de sympathie pour les vaincus.

— Ne parlons pas de haine contre les Prussiens : je n'en ai pas et n'en saurais avoir. Je comprends qu'un peuple mutilé puisse, sous le coup de la blessure, proférer une malédiction aspirer à la vengeance et la préparer sans relâche. Ce qui m'indigne, moi, étranger à la question, et par conséquent désintéressé, c'est l'abus de la force chez une nation qui aspire visiblement à se poser au premier rang dans le concert européen; et ce n'est pas par ce moyen qu'elle y parviendra, au contraire. Une autre chose me répugne : c'est cette volonté persistante de chercher à surprendre l'opinion publique : ceci est de la mauvaise foi. Or, la mauvaise foi, chez les peuples, ne prouve pas plus en leur faveur que chez les individus.

— Seulement les peuples ont quelquefois une excuse : la raison d'Etat.

— Mais ici on ne saurait invoquer rien de semblable.

— Je ne partage pas cette opinion.

— Eh bien! je trouve, moi, que Louis IX, rendant aux Anglais, vos ancêtres, des provinces, à son avis, injustement reprises, faisait acte de meilleure politique que Guillaume le Victorieux. Cette loyale restitution a-t-elle empêché l'œuvre de délivrance et d'homogénéité du royaume de s'accomplir à son heure? Et la haine perfide de Bismarck trompera-t-elle la conscience de l'Europe et empêchera-t-elle la France de marcher d'un pas ferme à son relèvement?

— Si elle est bien conduite!

— Assurément. Quant à dire que les Français, en tant que gouvernement, n'avaient pas fait tout pour préparer l'issue désastreuse de cette guerre, je ne m'y hasarderais pas ; car vainqueurs et vaincus me contrediraient avec une égale énergie. Ce passage des Vosges bien défendu est en quelque sorte imprenable. C'était l'opinion de Jules César, il y a deux mille ans, comme celle de Vauban, dix-huit siècles plus tard. Mais, seulement, la première condition, c'est qu'il soit gardé, et il ne l'était pas. « Que voulez-vous, disait un jour devant moi un officier allemand, presque du ton de quelqu'un qui s'excuse, on nous a laissé les portes ouvertes ; on a eu l'air de nous dire : Ne vous gênez pas, faites comme chez vous. Nous ne pouvions pas agir autrement. » Ils reconnaissent bien qu'ils n'ont pas eu raison de la *valeur* française, mais de *l'incurie* d'un gouvernement français, ce qui est bien différent.

— Si nous voulons être à temps pour l'heure du dîner, il convient de nous presser.

Sir Lionels s'attardait volontiers devant les délicieux paysages de cette Alsace qui, réserve faite des glaciers et des pics neigeux, ressemble en certains endroits aux plus charmants cantons de la Suisse. La variété qui plaît tant à l'œil est assurée par la multiplicité des vallons qui s'ouvrent de toutes parts, chacun abritant dans son sein un coquet et industrieux village sous son voile tremblant d'arbres verts.

A un détour du chemin, il avisa deux castels à demi ruinés qui se regardent aux flancs de l'Ortemberg.

— Et ce château là-bas? demanda-t-il au gardien qui fait visiter les ruines du Hohkœnigsburg et qui ne les avait pas encore quittés.

— Ce sont les châteaux de Saint-Ulrich et du Gisberg.

— N'ont-ils pas l'air de se défier encore? reprit sir Henry en s'adressant à Lytton. Ça m'étonnerait que le souvenir de quelque grande lutte ne soit pas attaché à ces ruines rivales.

Lytton transmit au guide la question implicite du jeune homme.

— Oh! non, monsieur, dit-il. Ces deux châteaux étaient jadis habités par deux frères, unis par la plus tendre amitié; tous deux jeunes, ardents, également passionnés pour la chasse; ils ne se séparaient que tard, à la nuit tombée, et prévenaient l'aurore pour se retrouver. Afin de hâter le moment du revoir, le seigneur de Saint-Ulrich avait pour habitude d'éveiller son frère par une flèche lancée dans le volet de sa fenêtre. Un matin, tourmenté d'une secrète appréhension au sujet de son frère, le seigneur de Gisberg trouva long le temps qui s'écoulait avant le signal convenu; il se précipite pour voir si rien d'insolite n'occasionne le retard dont il s'impatiente; il ouvre cette fenêtre que vous voyez là-bas à droite dans le donjon, et tombe mortellement frappé. La flèche, messagère infidèle de la plus tendre amitié fraternelle, avait trahi sa destination et condamné celui qui l'avait lancée aux remords des fratricides. Depuis lors, les deux châteaux devinrent odieux à leur propriétaire. Il traîna une vie misérable, puis mourut plus misérablement encore, et les âmes des deux frères errent inconsolables, celle du meurtrier ne pouvant trouver de repos, et celle du défunt cherchant sans cesse, sans pouvoir y parvenir, à lui alléger son éternelle douleur.

Après avoir témoigné de leur sympathie pour ces âmes en peine, les deux jeunes gens se remirent en route.

— Si nous descendions par Ribeauvillé, dont la splendide campagne exerce sur moi un attrait invincible? dit sir Henry.

— Ces messieurs verraient une bien jolie petite ville et les vignobles dont elle occupe le centre, et qui fournissent les vins les plus renommés de l'Alsace, le tokay, le zahnacker, le gentil de Riquewihr et vingt autres.

— J'ai un rendez-vous pour ce soir ; autrement il m'eût également été agréable de visiter cette pittoresque vallée.

— Quelles sont encore ces ruines, là-bas, dans la direction de Sainte-Marie-aux-Mines?

— Celles des chapelles de Dusembach.

— Des chapelles?

— Oui ; elles étaient au nombre de trois : l'une fut bâtie vers 1221 par un des sires de Ribeaupierre, pour y placer une statue en bois de la Vierge qu'il avait rapportée de la croisade avec tous les égards dus à une si haute compagnie. Ces messieurs feront bien d'aller l'admirer dans l'église de Ribeauvillé où elle est actuellement déposée, car elle est la patronne des ménétriers de l'Alsace, et sa fête est encore célébrée avec une grande vénération. Ces Ribeaupierre, une des plus illustres familles de l'Alsace, étaient précisément les possesseurs de ce beau château là-bas, qui était connu dans l'histoire sous le nom de « grande forteresse des Ribeaupierre et château de Saint-Ulrich ».

— En effet, les ruines en sont imposantes.

— Et les autres chapelles? demanda Lytton.

— La seconde fut élevée en 1260 en expiation de je ne sais quel crime, et la troisième un peu plus tard, également grâce à la magnificence d'un autre Ribeaupierre. Ce seigneur, comme tous ceux de sa race, était amateur passionné de chasse. Un jour qu'il était à la poursuite d'un cerf superbe, celui-ci se déroba par un bond prodigieux. Le cavalier, lancé à fond de train sur les traces du fugitif, suivit l'élan de l'animal et se trouva sain et sauf de l'autre côté du précipice. Reconnaissant d'avoir échappé à un pareil danger, le digne seigneur fit élever en commémoration la chapelle que vous voyez à droite et qui est, du reste, la seule un peu conservée.

Lytton passa sous son bras le bras du jeune Anglais et l'en-

Une rue de Ribeauvillé.

traîna vivement, après avoir glissé un trinkengeld supplémentaire dans la main du vieux gardien.

— Excusez-moi, dit-il à sir Henry, d'avoir usé d'une certaine violence pour vous arracher à la société de ce brave homme ; mais comme il n'y a peut-être pas à dix lieues à la ronde une ruine qui n'ait sa légende, et qu'il me paraissait particulièrement versé dans cette branche de l'histoire locale, nous eussions risqué de dîner par cœur, et c'est ce que je voulais éviter.

— Et moi aussi, répondit le jeune Anglais en riant.

XIII.

L'Heidenmauer.

— Ah! je n'espérais pas si bien réussir, s'écriait Lytton en rentrant le lendemain, les poches bourrées d'opuscules et de notes.

— A quoi donc?

— A me procurer les arguments pour vous convaincre, incorrigible douteur. Et si après-demain vous ne convenez pas avec moi que nous foulons une terre essentiellement gauloise, où les Allemands n'ont rien à prétendre, c'est que je ne vous aurai pas accompagné à Truttenhausen.

— Voilà un nom dont vous espérez beaucoup et qui pourtant ne me dit rien.

— Vous dira-t-il davantage si je vous le traduis? Maison des druides.

— Tiens! c'est vrai.

— Or, s'il existe un Truttenhausen à quelques lieues de nous, c'est que les druides ont habité ici, et que ce fait est consacré par Teutobocchus lui-même.

— Bien raisonné !

— A la façon d'un certain La Palisse que les Français chargent volontiers de la démonstration de toutes les vérités qui se démontrent par elles-mêmes. Vous allez voir si désormais je n'accumule pas preuve sur preuve jusqu'à ce que vous vous rendiez à discrétion.

— Et si, pour éviter les redoutables conséquences qui pourraient en découler, je vous donnais bataille gagnée?

— Je n'accepterais pas. Vous pourriez toujours vous retrancher derrière cette concession, et je veux que vous vous rendiez à la seule évidence. Nous sommes ici, paraît-il, au cœur même de la question, ou plutôt nous y serons à Barr.

Le lendemain, ainsi qu'ils l'avaient projeté, les deux amis s'installaient à l'hôtel de la *Couronne*, près de la station hydrothérapique et balnéaire, car Lytton voulait rassembler les éléments d'une étude sérieuse et suivie sur le pays. Ce centre, autour duquel se groupent, comme à plaisir, tous les souvenirs légendaires de l'Alsace, allait devenir son quartier général. Une aimable surprise l'y attendait. Un de ces érudits sans prétention, comme l'Alsace en possède tant, avait pris intérêt au dessein du jeune homme. Et pour le servir dans la mesure de ses forces, il le rejoignit; ce fut donc en compagnie du guide le plus sûr et le mieux autorisé que les deux amis commencèrent leurs excursions.

Leur première course les mena naturellement sur le sommet de l'Odilienberg, la montagne de sainte Odile, cette patronne vénérée de l'Alsace, personnification idéale de la femme appartenant plus à la patrie des anges qu'à celle des humains. Toutefois, faisant abstraction, par un effort de

Pèlerinage à Sainte-Odile.

volonté, des souvenirs les plus modernes qui se pressaient autour d'eux, ils se plurent à se reporter au temps où fut construit le Heidenmauer ou mur païen, dont ils venaient consulter l'enseignement muet; non pas qu'ils eussent la prétention de fixer la date de sa fondation; trop d'autres y ont échoué. Qu'il soit préhistorique, gaulois, romain ou gallo-romain, peu importe : il n'est pas teuton.

Dans son enceinte, qui couvre un million de mètres carrés, ce mur enferme trois camps de refuge bien distincts et bien reconnaissables. Dans certains endroits il a jusqu'à trois mètres de hauteur et deux mètres d'épaisseur. Toutefois sa construction est fort irrégulière. Ici elle est toute primitive et composée d'énormes blocs de grès vosgiens grossièrement équarris, empilés comme Pélion sur Ossa, bien différents des belles pierres si soigneusement taillées des travaux des Romains. Plus loin, ces mêmes blocs sont rattachés les uns aux autres au moyen de tenons de chêne en double queue d'aronde, auxquels ils doivent peut-être cette solidité à toute épreuve qui a défié et le temps et les hommes. Il semble faire corps avec la montagne, et sans nul doute il durera autant qu'elle.

A vrai dire, ce mur, unique dans son genre, n'est pas complètement bâti de main d'homme; partout où cela s'est pu et suivant les accidents de terrain, les pierres s'encastrent dans le roc, s'appuient aux angles du granit; tantôt l'Heidenmauer suit la crête de la montagne, tantôt il descend dans le ravin, j'allais dire dans le précipice, et cela sur une étendue de plus de dix mille mètres.

— Quels qu'ils soient, les constructeurs ont merveilleusement su profiter de la muraille naturelle formée par le rocher pour compléter cette œuvre de défense, s'écriait sir Henry, surpris et émerveillé.

— Vous appelez cela tout brutalement la muraille granitique. Les Celtes le désignaient par une expression plus vivante et plus imagée : « chairs de Bélen ; » car, ne l'oublions pas, nous sommes ici sur la montagne d'Ell ou du soleil, où s'élevait, il y a deux mille ans, un temple du dieu Bel ou Bélen.

— Ne m'avez-vous pas déjà parlé d'une appellation identique qui a fait qualifier certains sommets de cette région du nom de ballon ?

— Parfaitement. C'est encore un souvenir de l'origine gauloise de ce pays.

— Les Gaulois étaient donc des adorateurs du soleil ? demanda sir Henry fort intéressé.

— Tenez, j'ai précisément là, sous la main, un ouvrage qui répond à votre question.

Et il lut :

« Lorsque les druides, venus de Bretagne avec les Kimris, s'emparèrent du gouvernement religieux et politique de la Gaule, ils apportèrent avec eux des dieux nouveaux et une doctrine secrète sur l'évolution de la vie, sur l'âme et sur la vie future. Cette doctrine, parente des mystères de Samothrace, se rattachait au culte des révolutions célestes. Eux seuls et leurs disciples en avaient le privilège. Quant aux peuples maintenus par la terreur sous leur autorité, ils étaient admis à la vénération des dieux supérieurs sans être initiés à leur nature.

« Rien de plus redoutable que l'inconnu. Ces dieux n'habitaient que les cimes les plus hautes ou les îles sauvages de l'Océan. Or, le mont de Bélen se prêtait admirablement à la mise en scène de ce culte. Les grandes fêtes avaient lieu au solstice d'hiver et au solstice d'été, quand l'astre vainqueur remontait vers le zénith ou lorsque, parvenu au plus haut du ciel, il s'arrêtait pour contempler son empire. Une grande quantité de Gaulois accouraient alors du nord et de l'ouest et venaient camper aux abords du mont sacré. Mais la foule n'était admise à l'ascension que la nuit. Les ovates ou eubages gardaient les chemins et guidaient les visiteurs avec des torches de résine. On s'engageait dans une des sombres vallées latérales. C'était la région pleine de terreurs des dieux du mal, des démons de la terre. Çà et là, dans un fourré, à la lueur des pins flambants, on voyait luire un couteau de sacrifice. Quelquefois le cri d'une victime feinte ou réelle perçait l'oreille et donnait le frisson.

« Mais, peu à peu, à travers les massifs de sapins, les bouquets de bouleaux, par les sentiers qui s'enroulaient autour de la montagne comme des bandelettes, on gagnait les régions supérieures. On parvenait enfin sur la lande de Ménel, éclairée par la lune, où les visiteurs se prosternaient devant Sirona, la Diane gauloise.

« Après toute sorte de rites solennels, vers l'aube, on approchait par le plateau du temple de Bélen. Mais il était interdit aux profanes de franchir sa triple enceinte sous peine de mort. Tout ce qu'ils pouvaient obtenir, c'était de voir le dieu lui-même, le soleil levant sortir de la forêt Noire et dorer de son premier rayon le temple circulaire aux sept colonnes, debout sur l'abîme.

« La sainte terreur que les Gaulois avaient de leurs dieux garantissait la montagne contre toute profanation. Mais il y avait d'autres ennemis à craindre : les Germains, qui dès le 1er siècle avant notre ère menaçaient la Gaule. Les historiens romains nous ont décrit la formidable invasion des Teutons, que Marius seul parvint à vaincre. Ils nous ont montré ces hommes de taille gigantesque, vêtus de peaux de bêtes, coiffés de mufles d'animaux effrayants ou bizarres, portant des panaches en forme d'oiseaux de proie pour se

rendre plus effrayants. Ils nous ont fait entendre « leurs rugis-
« sements, pareils à ceux des fauves. » Ils nous ont fait voir
ces peuples cheminant avec leurs chariots, leurs trésors et
leurs femmes, et se répandant « comme une mer soulevée ».

« Mais cette invasion ne fut pas la seule. Beaucoup d'autres
la précédèrent et la suivirent. Ces hordes venaient du fond de
la Germanie, par la forêt hercynienne, pour ravager la Gaule ;
les Vosges recevaient le premier choc, les trésors du temple
avaient de quoi tenter la cupidité des Teutons ; et c'est sans
doute pour le protéger que les druides firent construire ce mur
énorme. Une armée pouvait camper dans l'enceinte. Plus d'une
fois elle dut être attaquée et vaillamment défendue.

« La muette éloquence des lieux nous retrace encore une de
ces batailles où le génie ardent de la Gaule luttait avec la
Germanie envahissante comme avec les éléments déchaînés :
les feux allumés sur les plus hautes cimes pour rassembler
toutes les tribus de l'est ; le mont Bélen investi par les
Teutons ; les attaques nocturnes ; les combats sur les avant-
monts à coups de hache et de framée ; l'enceinte escaladée, fran-
chie, le temple menacé ; les druides se jetant dans la lutte,
flambeaux allumés ; la mêlée au hasard, corps à corps, dans le
chaos des rochers et des bois, et l'ennemi enfin précipité de
ravine en ravine.

« Plus belles que les fêtes du solstice d'été étaient les fêtes
de la victoire. Alors la montagne de la guerre redevenait la
montagne du soleil. Elle se hérissait de tribus armées. Les
premiers guerriers étaient admis dans l'enceinte du feu sacré
qui brûlait au centre du temple circulaire sur une pierre noire
tombée du ciel. Le soleil renaissant embrasait le temple, les
forêts, les montagnes. Peut-être qu'un barde, debout sous les
colonnes, chantait pour la circonstance un de ces hymnes dont
les traditions irlandaises et galloises nous ont conservé des

fragments : « Il s'élance impétueusement, le feu aux flammes,
« au galop dévorant ! Nous l'adorons plus que la terre ! Le
« feu ! le feu ! comme il monte d'un vol farouche ! Comme il
« est au-dessus des chants du barde ! comme il est supérieur à
« tous les éléments ! Il est supérieur au grand être lui-même.
« Dans les guerres, il n'est point lent !... Ici, dans ton sanc-
« tuaire vénéré, ta fureur est celle de la mer ; tu t'élèves, les
« ombres s'enfuient ! Aux équinoxes, aux solstices, aux
« quatre saisons de l'année, je te chanterai, juge de feu,
« guerrier sublime, à la colère profonde (1) ! » Et les sept
vierges gardiennes du feu, symboles des sept planètes, vêtues
de lin blanc et couronnées de feuilles de bouleau, tournaient
autour du temple en frappant leurs cymbales et en poussant
des cris de joie sur l'abîme. »

Comme ce passage fait bien revivre à nos yeux cette lointaine époque ! comme ces camps retranchés s'expliquent !

— D'autant mieux que la Gaule, vous le savez, était divisée
en quatre grands cercles religieux, où se réunissaient les tribus
des diverses régions, et où l'on traitait, à certaines époques,
les affaires religieuses, politiques, militaires ou judiciaires de
la confédération. Ces lieux étaient : Karnut (Chartres), au
centre ; Karnac, en Bretagne ; le massif d'Alaise, dans le pays
de Besançon ; et cette montagne d'Ell, véritable avant-garde
de la Gaule en vue de la frontière germaine. Tout s'accorde à
nous démontrer que ce lieu fut le siège d'un grand culte :
cromlechs, menhirs, dolmens, pierres à sacrifice, rien n'y
manque. En descendant, nous visiterons les cavernes des
druides ; plus bas, Truttenhausen ; partout nous constaterons
que leur souvenir a survécu à toutes les vicissitudes qu'a traversées le pays. Venez maintenant visiter l'Hagelschloss, cette

---

(1) Chant d'Avaon, fils de Taliésin, barde gallois.

ruine curieuse qui marque très probablement l'emplacement d'un ancien *castellum* romain.

Et les promeneurs se dirigèrent vers un point où la montagne s'abaisse et forme un angle aigu portant à son extrémité une masse énorme de rochers séparés en deux blocs distincts, mais réunis par un arc cintré qui sert de base à la construction. On ne saurait croire ce que cette masse imposante de bâtiments à demi ruinés emprunte de grandeur et de majesté à sa situation exceptionnelle.

— On ne sait vraiment à quoi donner la préférence, s'écriait sir Henry charmé, à ces forêts admirables, à ces sites ravissants, à ces ruines pittoresques ou aux souvenirs multiples qu'ils éveillent en nous. En vérité, c'est un lieu enchanté que la nature, l'histoire et la poésie ont doté à l'envi pour la plus grande satisfaction du penseur.

Ce soir-là, nos voyageurs ne rentrèrent pas à Barr; ils couchèrent au couvent de Sainte-Odile, pour être plus à portée le lendemain d'en visiter l'intérieur.

— Ce monastère, fondé au viie siècle par la sainte dont il porte le nom, semble avoir été placé ici tout exprès pour *exdéiser* la montagne sainte des Gaulois, remarqua leur aimable guide, mais non pour en continuer les traditions de sainteté. C'est pourtant ce qui est arrivé. Le couvent a toujours brillé d'un vif éclat et compté parmi ses abbesses les plus grands noms de l'Alsace, entre autres Herrade de Landsberg, auteur de l'*Hortus deliciarum*, précieux manuscrit aujourd'hui perdu.

— Comment cela a-t-il pu arriver?

— Oh! le plus simplement du monde, interrompit le vieil Alsacien avec amertume. Vous le savez, les Prussiens ont, en bibliophiles consommés, visé de préférence la bibliothèque de Strasbourg qu'ils ont incendiée et dont ils ont détruit les trésors.

Sir Lionels se mordit la lèvre.

— En plein xix° siècle! dit-il.

— Il vaut mieux ne point exhumer ces vieux souvenirs trop pleins de regrets cuisants, continua l'Alsacien : ils sont comme un vin capiteux qui égarerait facilement la raison; il faut les laisser pour le jour où il sera temps de les évoquer ; alors ils serviront.

— Et ce jour? demanda Lytton avec respect.

— Quand la France voudra!... Nous répondrons à son premier appel.

Un bruit de voix discordantes interrompit la conversation. On prêta l'oreille : c'étaient de lourds buveurs de bière qui préludaient à une querelle.... d'Allemands, en se jetant leurs verres à la tête.

— Voilà nos vainqueurs ! fit le vieillard avec dégoût. Eloignons-nous. Cela ne vaut pas la peine de s'en inquiéter! C'est tous les jours ainsi.

XIV.

La patronne de l'Alsace.

Le lendemain, pendant le déjeuner frugal servi par les soins des religieuses auxquelles est confiée la garde du couvent, la conversation s'engagea.

— Avant de nous faire visiter les lieux qui consacrent le souvenir de la patronne de l'Alsace, vous devriez nous donner quelques détails sur sa vie.

— J'ai prévu votre demande, et je préfère vous lire dans sa naïveté touchante la légende de cette existence toute de charité et de dévouement, telle qu'elle se trouve dans les vieilles chroniques.

— Oh! se récria sir Henry, effrayé par ce seul mot.

— Rassurez-vous. En voici la traduction faite par un de nos écrivains les plus distingués, répondit l'archiviste en tirant de sa poche un ouvrage. Seulement, je crois préférable que nous le lisions entre la chapelle des pleurs et la chapelle des anges, devant le merveilleux paysage qui prédispose l'âme à croire tout ce qu'il y a de grand, de noble et de beau. Il vous sera facile de comprendre ainsi comment la douce figure de la vierge mérovingienne, entrevue à travers la brume des siècles, nous a semblé si pure, et comment son prestige s'est conservé dans les cœurs.

Le couvent méritait un premier coup d'œil. Restauré par l'évêque de Strasbourg, qui s'en est rendu acquéreur en 1853 et y a installé des religieux et des religieuses de l'ordre de Saint-François, il consiste en un vaste bâtiment central flanqué de deux ailes en retour; rien de bien remarquable, après tout, en dehors de son extrême ancienneté.

Nos touristes ne tardèrent pas à arriver à l'endroit désigné par leur guide, qui ouvrit le livre et lut ce qui suit :

« Du temps du roi Childéric II, vers l'an 670, Atalric était duc d'Alsace. Il résidait tantôt à son château d'Obernai, tantôt à Altitona, castel romain bâti au sommet de la montagne, sur l'emplacement du vieux sanctuaire gaulois. Cet Austrasien, au caractère violent et cruel, avait pour femme la sœur d'un évêque, la pieuse Béreswinde. Depuis longtemps, les époux attendaient un héritier, quand la duchesse mit au monde une fille aveugle. Le duc s'en fâcha si fort, qu'il voulut tuer l'enfant, ce qui remplit Béreswinde de terreur. Mais elle se souvint d'une serve fidèle. Elle lui remit le pauvre nouveau-né, en la priant de le porter en secret au couvent de Baume-es-Dames, en Bourgogne. Bientôt après, un évêque vint baptiser l'enfant adoptif du monastère. Pendant qu'il versait l'eau baptismale sur le front de la petite, celle-ci ouvrit tout à coup de beaux yeux couleur d'améthyste, qui semblaient voir des merveilles et regarda l'évêque comme si elle le reconnaissait. L'aveugle-née avait reçu la vue. L'évêque lui donna le nom d'Odile et s'écria, transporté de joie : « Chère fille,

« maintenant je demande à te revoir dans la vie éternelle! »

« Odile fut élevée au couvent de Baume-les-Dames par de nobles austrasiennes qui préféraient la retraite en Dieu aux terreurs de ces temps barbares. Elle grandit au milieu de la solitude des forêts, dans le silence du cloître, comme une fleur au calice brillant et coloré. Lorsqu'elle fut devenue une belle jeune fille, un hasard lui apprit sa naissance et son origine. Surprise, émerveillée de cette découverte, elle fut saisie du désir impétueux de voir son père, de le presser dans ses bras. Et comme on lui dit qu'elle avait un jeune frère ardent et généreux, elle lui écrivit une lettre en le priant d'intercéder pour elle.

« A cette lecture, Hugues fut pris de pitié et d'une sorte de passion pour cette sœur inconnue qui faisait appel à ses sentiments les plus intimes et croyait en lui comme en son sauveur. Il supplia son père de l'écouter. Mais, au seul nom d'Odile, Atalric fronça le sourcil et imposa silence à son fils. Hugues ne tint aucun compte de cette défense et imagina un stratagème pour faire rentrer sa sœur en grâce. Il lui envoya un équipage pour revenir secrètement en Alsace.

« Un jour, Atalric était assis avec quelques-uns de ses vassaux sur la terrasse d'Altitona, d'où l'on domine à pic un profond ravin. Sur la route qui monte vers le haut castel par un long circuit, il vit arriver un char traîné par six chevaux, orné de branchages et de la bannière ducale. Il demanda : « Qui vient en si grande pompe? » Son fils répondit : « C'est « Odile! » Blême de colère, Atalric s'écria : « Qui est assez « hardi et assez fou pour l'appeler sans mon ordre? — Seigneur, « reprit Hugues, c'est moi, ton fils et ton serviteur. C'est « grande honte que ma sœur vive en telle misère. Par pitié, « je l'ai appelée. Grâce pour elle! »

« A ces mots, qui, aux yeux du Franc autocrate et implacable, étaient plus qu'une révolte et constituaient un véritable attentat à sa puissance, il brandit son sceptre de fer et en frappa son fils avec tant de violence, que celui-ci mourut peu après.

« Cependant Atalric, effrayé de son forfait, rentra en lui-même, et, en signe de repentir, appela sa fille auprès de lui. Des prétendants se présentèrent. Mais l'horreur de la vie avait envahi l'âme d'Odile, et l'image de son frère mort pour elle y régnait seule. Elle refusa de se marier. Cette fermeté exaspéra l'âme irritable du Franc. Il résolut de lui faire épouser par force un prince aléman. Instruite par sa mère, Odile s'échappa la nuit dans un costume de mendiante. Harassée de fatigue, elle venait d'atteindre une vallée déserte et sauvage. La nuit tombait, lorsqu'elle entendit derrière elle le galop de chevaux et le cliquetis des armes. Elle comprit que c'était son père qui la poursuivait avec son prétendant et toute une troupe de vassaux. Ramassant le reste de ses forces, elle voulut gravir la montagne pour se cacher. Mais elle tomba épuisée au pied d'un roc. Saisie de désespoir, mais pleine d'une foi vive, elle étendit ses bras vers le ciel en invoquant le protecteur invisible, le roi glorieux des infortunés. Et voici que le dur rocher s'ouvrit tout d'un coup, la reçut dans son sein et se referma sur elle.

« Atalric, étonné, appela sa fille par son nom en lui promettant la liberté. Alors le rocher s'ouvrit comme une caverne, et Odile apparut à la troupe émerveillée, dans l'éclat de son innocence et de sa beauté. Toute la grotte rayonnait d'une lumière surnaturelle qui partait de la vierge, et Odile déclara qu'elle se donnait pour toujours à son Rédempteur céleste.

« Une chapelle et une source miraculeuse marquent la place où cet événement eut lieu. A partir de ce jour, le duc d'Alsace fut l'humble serviteur de sa fille. Renonçant à contrarier des vœux dont la pureté l'avait subjugué, il lui accorda toute liberté. Elle revint au château d'Altitona, où se réunirent bientôt cent trente jeunes filles vouées aux plus nobles occupations et aux plus hautes aspirations. Elles se soumirent à la règle des Bénédictines, et Odile devint naturellement leur abbesse.

« Ainsi le sommet de l'altière montagne qui avait tour à

Rocher qui reçut sainte Odile dans son sein.

tour servi de temple aux Gaulois belliqueux, de position militaire aux empereurs romains et de résidence à un Franc Ripuaire, devint enfin l'asile de l'ascétisme chrétien. Odile était la première à en donner l'exemple : elle ne mangeait que du pain d'orge, couchait sur une peau d'ours et mettait une pierre sous sa tête en guise de coussin.

« Atalric ayant fait bâtir une grande église, sa fille voulut y ajouter une chapelle destinée à saint Jean-Baptiste. Le plan de cette chapelle était à peine tracé, quand le saint apparut en personne pour diriger les travaux. On le reconnut à une délivrance miraculeuse : des bœufs attelés à des voitures chargées de matériaux, étant tombés dans le précipice, se relevèrent sans aucune blessure, grâce à la présence du saint, qui fit en personne la consécration de l'édifice. »

Mais si portée que pût être la vierge mérovingienne aux douceurs de la vie contemplative, à ces voluptés exquises où le mystique d'alors trouvait la compensation de toutes les autres joies auxquelles il renonçait, cela ne lui suffisait pas. Ses propres souffrances l'avaient rendue *voyante* dans le sens le plus profond du mot. Elle comprenait maintenant la souffrance des autres.

Elle avait perdu un frère bien-aimé, premier rêve de son cœur; mais, en revanche, tous ceux qui souffrent étaient devenus ses frères et ses sœurs. Son ardente charité ne s'étendait pas seulement sur ses compagnes malheureuses, mais encore sur tous les gens de la contrée. Elle fonda un hôpital dans le vallon qui s'ouvre au pied du couvent, afin que les malades pussent jouir du bon air et fussent plus près d'elle.

Tous les jours, la sainte, en robe de laine blanche, descendait d'Altitona au bas moustier à travers les colonnes des hauts sapins, pour soigner et consoler les malades. La chronique et la voix populaire disent merveille de ses miracles. Le plus touchant est celui qu'elle fit pour un pèlerin qu'elle rencontra mourant de soif. La sainte toucha le roc de son bâton, aussitôt une eau claire et fraîche jaillit des fissures profondes du grès.

— C'est la fontaine que je vous montrerai tout à l'heure et à laquelle on attribue toutes sortes de vertus.

En ce temps, Atalric vint à mourir. Odile reconnut dans son esprit que son père était en grande souffrance dans le purgatoire, à cause de ses crimes qu'il n'avait pas expiés sur la terre. Elle en ressentit une grande douleur et, redoublant d'austérités, elle pria pour lui des années. Elle pria si longtemps et si fort, qu'une nuit, vers le matin, elle aperçut une vive lueur dans l'espace et entendit une voix forte lui dire : « Odile, ne te tourmente plus pour ton père, car le Dieu tout-puissant t'a exaucée et les anges ont délivré son âme. »

A ce moment, les sœurs accourues la trouvèrent agenouillée en extase et presque inanimée. Elles voulurent la réveiller pour lui administrer les sacrements, mais Odile leur dit : « Ne me réveillez pas; j'étais si heureuse. » Et comme transfigurée, elle rendit l'âme. Aussitôt il se répandit sur le sommet de la montagne un parfum plus suave que celui des lis et des roses, plus éthéré que le baume des pins qui s'envole dans la brise.

Cette chapelle, ici tout près, dite *des larmes*, et qui se trouve en dehors de l'enceinte du cloître, marque encore l'endroit où elle était agenouillée, et celle qui est en face fut dédiée aux anges, en souvenir des entretiens fréquents que la pieuse jeune fille avait avec les messagers du ciel. Après la mort de ses parents, Odile fonda un nouveau monastère au pied de la montagne, celui de Niédermunster, dont les religieuses desservaient également un autre hôpital qu'elle avait créé. Elle y alla tous les jours jusqu'à la vieillesse toute blanche, et l'on montre encore les empreintes de ses mains dans les rochers où elle avait besoin de s'appuyer.

— Mais c'est un poème, et un poème supérieur à bien d'autres par son côté pratique et moral, s'écria Lytton enthousiasmé. Je ne m'étonne pas que votre Odile ait traversé les âges. Ce n'est pas la femme, ce n'est pas l'abbesse, c'est la personnification de cette charité qui ne se lasse pas et qui transporte les montagnes. Quoi de surprenant que les peuples si ignorants dans leur enfance, si farouches à leurs débuts, aient été touchés, charmés, subjugués par ce mélange de faiblesse physique et de force morale ! Tant d'amour, tant de charité, étaient prodigieux dans ce temps-là, et sous un symbolisme naïf, ils ont fixé l'idée qui les frappait pour la première fois. Vous avez eu raison, et je crois que votre mise en scène n'a pas nui au tableau. Mais ce tableau lui-même est digne du cadre enchanteur où il se trouve dans son véritable jour.

Ce fut donc avec un pieux respect que les touristes suivirent le vieil archiviste dans cette chapelle des larmes, où l'on montre la dalle profondément creusée que les genoux de la sainte usèrent dans ses longues prières en faveur de son père, ainsi que des peintures modernes, mais naïves, ayant toutes trait au même sujet; puis dans la chapelle des anges, d'où l'on jouit d'une vue admirable sur la vallée du Rhin.

De là, ils retournèrent à l'église conventuelle, dont la disposition intérieure est des plus élégantes. Ils s'arrêtèrent, sans un sourire railleur, devant les sarcophages vitrés où l'on montre deux figures en bois, vêtues de vêtements de soie, de forme ancienne, et qui représentent, dit-on, sainte Odile et son père. Ils s'extasièrent devant les petites chapelles collatérales avec leurs vieilles peintures, leurs antiques bas-reliefs, leurs tombeaux vides, etc.... Enfin, ils terminèrent ce véritable pèlerinage où ils s'étaient coudoyés avec bien d'autres visiteurs, en s'arrêtant, au départ, à la fontaine de Sainte-Odile qui coule sous une voûte cintrée, creusée dans le rocher, à dix minutes environ du couvent.

Sir Henry voulait naturellement enrichir sa collection de souvenirs palpables du voyage, en emportant un peu de cette eau merveilleuse, aux multiples vertus, mais il lui fallut attendre. La source était littéralement envahie par tous les borgnes et les aveugles de passage dans le pays. Il apprit ainsi que la spécialité de la fontaine de la sainte est la guérison des maladies d'yeux, et, fort irrévérencieusement peut-être, il fit la remarque qu'il aimait mieux n'avoir pas besoin d'en faire l'expérience.

XV.

La reine Richardis.

La journée était trop avancée pour entreprendre l'excursion d'Andlau. Nos voyageurs se contentèrent de se rendre à la jolie cascade du Howald; mais les nerfs du pauvre sir Henry furent mis à une rude épreuve.

D'ordinaire, nous l'avons dit, Lytton préférait à tout autre genre de locomotion la marche, dont l'habitude fait les hommes forts, et qui permet de jouir doublement de tout ce qui se rencontre autour de soi; malgré ses habitudes un peu efféminées de valétudinaire, sir Lionels, qui avait commencé par accepter ces courses pédestres avec quelque répugnance et uniquement pour ne pas désobliger son ami, sir Lionels, disons-nous, y avait pris goût. Il aimait les fleurs, et la flore de l'Alsace, si riche, si variée, puisqu'on y trouve des espèces alpestres mêlées à des espèces norvégiennes, lui offrait mille surprises dont le chemin de fer ou une voiture publique l'eussent privé.

Mais leur nouvel ami de Schelestadt n'était plus jeune; Lytton, de la meilleure grâce du monde, fit ce jour-là céder ses préférences personnelles aux commodités de son hôte. Il loua une voiture qui emporta allègrement les touristes sur la route de Klingenthal. Tout alla bien jusqu'au moment où l'on quitta cette route unie et charmante pour s'engager dans une certaine voie gauloise qui traverse le plateau entre les monuments mégalithiques dont les abords du mur païen sont semés. C'était fort curieux, fort intéressant même; malheureusement, ce chemin très étroit, un peu en escalier, comme un ancien lit de torrent qu'il pourrait bien avoir été, est une rude épreuve pour voiture, cheval, cocher et voyageur, à moins que tous les quatre soient absolument sûrs d'eux-mêmes et des autres. Et, bien que Lytton n'eût arrêté son véhicule qu'à bon escient et sur les indications de la supérieure du couvent, lorsque sir Henry vit ce chemin, et les deux roues de la voiture monter sur les rochers qui bordent la route, et le cheval presque suspendu, c'est tout ce qu'il put faire de se contenir et de ne pas pousser des cris d'effroi; seul l'honneur de la vieille Albion le retint; et lorsque le cocher les invita poliment à descendre pour le laisser se tirer seul des difficultés de la route, il était pâle comme un mort; ce fut en jurant bien qu'on ne l'y reprendrait plus qu'il se retrouva sain et sauf sur le bord du chemin, et rien ne put le décider à remonter avant que leur aimable guide lui eût affirmé à plusieurs reprises que ces passages périlleux étaient définitivement franchis. Même alors, il lui fut impossible de jouir sans arrière-pensée de la délicieuse promenade à travers les splendides hêtraies, les ombreuses sapinières qu'il fallait traverser avant d'arriver à destination. Et tandis que Lytton et le vieillard s'extasiaient sur l'habileté et la hardiesse avec lesquelles leur cocher avait guidé son léger véhicule sur cette voie toute primitive, le pauvre garçon cherchait à se remettre sans trahir le secret de son trouble.

La vue de la cascade le rassura quelque peu, car il était amateur passionné des beautés de la nature, et, somme toute, malgré ces émotions, on revint gaiement au couvent, où on devait encore passer la nuit, afin de voir le lever du soleil du lendemain; ce que des touristes convaincus ne manquent jamais de faire, à ce qu'on leur avait dit. Lytton, pressé par le temps, avait bien quelque peu protesté en disant qu'ils n'étaient point des moutons de Panurge, et, par conséquent, obligés de se conformer aux traditions de leurs devanciers et de leurs successeurs : mais cette allégation ayant paru quelque peu entachée d'hérésie aux bonnes sœurs qui l'engageaient gracieusement à rester, il s'y décida et ne le regretta point.

Si la matinée de ce jour avait été brumeuse et peu propice à l'observation de ce merveilleux phénomène, si commun, que les trois quarts des gens n'ont jamais pensé à s'en accorder la jouissance, l'aube du lendemain fut aussi radieuse qu'on pouvait le désirer. Le splendide décor qu'offre à l'œil la petite vallée de Niédermunster dans le bas et l'immense panorama de montagnes qui s'échelonnent à l'horizon, les jolis villages semés çà et là dans la verdure, dont les clochers pointus lançaient au ciel l'*Ave Maria* matinal, le Rhin qui, sombre d'abord, se détacha ensuite comme un fil d'argent sur la plaine verdoyante, tout s'illumina lentement, et devint plus splendide encore, quand parut ce magicien, aux touches magistrales, qu'on nomme le soleil. Après s'être baignés dans cette pure atmosphère du matin qui porte jusqu'à l'âme de vivifiants et salutaires effluves, les voyageurs se dirigèrent vers Andlau.

C'était l'archiviste qui en avait décidé ainsi. Lytton n'avait plus besoin de feuilleter des bouquins poudreux et de consulter des autorités peut-être contestables, puisqu'il avait là, vivant et souriant sous sa bonne grosse moustache, un résumé ambulant de tout ce qu'il désirait savoir. Aussi ses plans se trouvaient-ils renversés, mais sans qu'il pût éprouver pour l'auteur de ce renversement autre chose qu'une gratitude pleine de charme.

Le trajet, quoiqu'un peu long, est si varié, que par lui seul il eût suffi à enchanter nos voyageurs ; qu'on juge ce qu'il devenait alors que l'érudition d'un guide bienveillant faisait revivre à leurs yeux tout un passé évanoui.

Bien avant d'être arrivés à l'ancienne abbaye d'Andlau, le vieillard leur avait relaté ainsi les diverses légendes qui se rapportent à sa fondatrice.

Richardis eut pour père Erchangard, comte de la basse Alsace. Quelques-uns prétendent qu'il était d'origine écossaise ; et de fait, le caractère fier, indépendant et original, que la tradition prête à sa fille, s'accorde avec le tempérament de cette race. Les chroniques vantent à l'envi sa beauté éclatante, l'élégance de ses formes, la hauteur et le charme de son esprit. Le destin donna à cette femme accomplie le plus triste des maris. Elle épousa l'empereur Charles le Gros, que les Francs élurent roi de Neustrie et d'Austrasie. Mais l'arrière-petit-fils de Charlemagne n'avait rien de son aïeul. Epais, lourd et sournois, il était pire que les derniers Mérovingiens. A une vue courte en toute chose il unissait une ruse cauteleuse, et la méchanceté guettait sous sa faiblesse. S'il sortait de sa profonde indolence, c'était par accès de cruauté.

Intimidé par la supériorité de Richardis, Charles le Gros subit malgré lui son ascendant, contre lequel il regimbait en secret. Celle-ci, animée d'une noble ambition, essaya d'en user pour sauver le royaume de Charlemagne, qu'elle trouvait livré aux intrigants, ravagé par les Northmans et les Frisons. Dans ce dessein, elle fit nommer l'évêque de Verceil chancelier du royaume. Luitgard était énergique et droit. Homme de paix à l'église, il redevenait homme d'action dans le conseil. D'accord avec la reine, il appela tous les Francs à la guerre et ne craignit point d'écarter du pouvoir les Alémans et les Souabes qui avaient encouragé l'indolence du roi dans leur propre intérêt. Ceux-ci jurèrent de perdre Richardis.

A la tête de la conjuration se trouvait un fourbe habile, un Souabe, que la tradition appelle *le chevalier rouge*. Un jour qu'il traversait avec le roi une partie sombre de la basilique, la reine, qui avait l'habitude d'y faire ses dévotions, vint s'agenouiller à l'entrée du chœur. Lorsqu'elle eut terminé sa prière, Luitgard sortit de l'abside pour lui donner sa bénédiction. En se relevant, Richardis prit en main la croix que le jeune évêque portait suspendue à sa poitrine et y porta ses lèvres avec une ferveur religieuse. A cette vue, le Souabe eut un geste d'horreur qui frappa le roi. L'étonnement, l'indignation jouée du chevalier rouge, et ce baiser mystique entrevu de loin dans la pénombre de l'église, suffirent pour jeter dans l'esprit de ce faible prince les soupçons les plus noirs. Depuis longtemps il haïssait la reine, qui lui imposait sa volonté avec une douceur fière.

— Il est des gens qui en veulent aux autres d'avoir raison, dit sir Lionels.

— C'était le cas. Transporté de fureur, Charles fit appeler Luitgard, l'accabla d'injures et le chassa ignominieusement sans lui permettre de se justifier. Puis, faisant comparaître sa femme devant son tribunal, il lui signifia son intention arrêtée de la répudier pour cause d'inconduite. Richardis, indignée, mais calme, offrit de prouver son innocence par l'épreuve du feu. Charles accepta le défi et fixa le jour.

Scène étrange et solennelle, à reconstituer par la pensée : une immense assemblée est réunie sur la place publique. Le roi siège sur son tribunal, entouré des plus grands seigneurs francs et des hauts dignitaires de l'Eglise. Richardis paraît en reine splendide, étincelante de pierreries, dans un long manteau de pourpre, couronne en tête. Elle s'avance vers le roi et lui offre ses gants. Il les saisit : c'est le signe qu'il persiste dans l'accusation. Alors Richardis s'éloigne et reparaît dans une tunique de soie blanche cirée, serrant sa croix sur son cœur. Des moines chantent l'office des trépassés. La reine est d'une pâleur mortelle; mais la flamme de l'extase brille dans ses yeux élargis et fixes. Quatre valets, avec des torches allumées, essayent de mettre le feu aux quatre coins de sa robe. La flamme n'y mord pas, et les valets reculent d'effroi. Alors on étend devant elle une traînée de braise incandescente. Elle marche dessus, pieds nus, et les charbons s'éteignent sous ses pas. A ce prodige, la foule pousse une immense acclamation, et les accusateurs, consternés, s'enfuient. Mais Richardis, d'une voix forte, adresse à son époux ces paroles mémorables :

« Roi Charles, je vous ai prouvé mon innocence en passant par le feu. Par vous j'ai voulu sauver le royaume, mais il n'est plus rien de commun entre nous. Désormais j'appartiens à celui dont la beauté étonne le soleil et les étoiles et qui reconnaîtra ma fidélité mieux que vous. Adieu, vous ne me reverrez plus. Que Dieu vous pardonne comme je pardonne à mes accusateurs ! »

Après quoi Richardis se retira dans son pays natal et y fonda l'abbaye d'Andlau. Charles, peu après, fut déposé par les Francs et mourut dans l'exil et la misère.

Telle est la tradition de l'abbaye. D'autres chroniqueurs ont adopté une variante.

Richardis, disent-ils, accusée par son époux, s'en remit au combat singulier, qui était une autre forme du *jugement de Dieu* dans les idées du moyen-âge. Un seigneur franc se présenta comme champion de la reine, lutta en champ clos contre le calomniateur et le terrassa. Sortie blanche comme neige de cette première épreuve, la reine se remit à la tête du royaume et appela son défenseur auprès d'elle en le nommant son chevalier.

Les mauvais conseillers ne se tinrent pas pour battus. Ils firent si bien, que Charles le Gros, retombé sous leur influence, accusa la reine et son chevalier d'une entente criminelle. Richardis, poussée à bout, eut recours à l'épreuve du feu plus encore pour sauver la vie de celui qui l'avait si fidèlement servie que pour se justifier. Après avoir traversé victorieusement les flammes, elle renonça à la fois au trône et au monde. Et, s'adressant à son chevalier, elle le pria de lui chercher une retraite dans les Vosges, la plus sauvage qu'il pût trouver.

Le chevalier se mit en route vers les montagnes. Il entra sous les forêts épaisses, qui retentissaient alors du mugissement des aurochs et des loups. Harassé de fatigue, il s'arrêta enfin dans une vallée perdue où une ourse buvait, avec ses petits, près d'un torrent. « Voilà, pensa-t-il, une solitude assez profonde pour ma reine ! »

— C'est là, continua le vieillard, dans ce val, que Richardis fit bâtir sa retraite ; c'est là que s'élevèrent plus tard l'église et l'abbaye d'Andlau. Le chevalier devint le protecteur du couvent. Ce fut l'ancêtre des seigneurs d'Andlau, qui ont pour armes une croix rouge sur champ d'or, surmontée d'un heaume et d'un diadème. Le souvenir de cette tradition a été consacré par la gracieuse statue qui surmonte la fontaine d'Andlau et qui montre un ours humblement réfugié aux pieds de la reine des Francs.

— J'ignorais ces deux versions. Voici ce que l'on m'avait raconté, dit Lytton :

Richardis, déchue du trône des Carlovingiens qu'elle seule

aurait pu sauver, s'en vint, dans sa douleur, supplier Dieu près du tombeau de sainte Odile et lui faire connaître le lieu qu'elle devait choisir pour sa retraite. Elle eut alors une vision dans laquelle un ange envoyé par le consolateur des opprimés l'engagea à se retirer là où ses yeux seraient frappés d'un fait extraordinaire.

Quelque temps après, Richardis, se promenant dans la vallée d'Andlau, aperçut une ourse entourée de ses petits, qui grattait la terre en y dessinant une sorte d'enceinte. La reine crut voir là une indication de la volonté divine, et elle fit construire à cette place même l'abbaye d'Andlau.

— Ce qui est certain, c'est que les ours ont joué un rôle dans le fait lui-même, comme l'atteste une ourse en pierre que je vous montrerai dans la crypte de l'église ; et plus encore, la singulière coutume de l'abbaye qui a entretenu longtemps un ours parmi son personnel.

— Cela rappelle Berne, dit sir Henry en souriant.

— Oui ; mais moins heureuses que les Bernois, il y a des siècles que les religieuses avaient dû renoncer à leur bizarre favori. Un enfant ayant été dévoré, on fit le sacrifice du coupable, que l'on remplaça par une représentation grossière, mais aussi moins carnassière, qui subsiste derrière la porte de l'église. Du reste, ce fut tout avantage ; car dès lors on distribua généreusement aux pauvres ce que coûtait l'entretien de ce singulier personnage.

— Une chose me frappe, reprit Lytton ; ces traditions remontent évidemment à un âge d'ignorance et de barbarie où l'on se représente volontiers l'âme humaine comme inféconde et fermée ; et voilà que de cette ombre et de cette stérilité s'élance, comme une protestation des peuples, la conception idéale des deux types de femmes tels que Richardis et votre Odile, c'est-à-dire de la vertu dans tout son éclat.

— Sans compter, repartit le vieillard, cette intuition du rôle divin de la souffrance qu'on s'étonne de rencontrer si nettement pressenti à une époque où l'on ne pratiquait qu'une science : celle d'échapper à la douleur en l'imposant de droit au plus faible.

— C'est que la chevalerie est dans l'air, hasarda timidement sir Lionels.

— Oui, les saintes ont préparé les voies à la femme. Peu à peu on va arracher cette dernière à la dégradation où le paganisme l'avait, à peu d'exceptions près, reléguée, pour la mettre sur le piédestal, et ce sera l'œuvre de la chevalerie. Après quoi celle-ci disparaîtra, et la femme émancipée ne sera plus ni une esclave ni une sainte, mais trouvera d'elle-même sa véritable place de compagne, d'inspiratrice et d'initiatrice.

Mais on arrivait ; et avant d'aller donner le coup d'œil du touriste aux souvenirs palpables de Richardis ou sainte Richarde, comme elle est plus habituellement nommée dans le pays, nos voyageurs s'en furent prendre place autour d'un excellent déjeuner, commandé, dès la veille, par les soins de leur nouvel ami de Schelestadt. La salle où on les servait donnait sur la place de l'Hôtel-de-Ville, et sir Lionels, qui prétendait avoir un faible pour les ours, put jouir à loisir de la vue du groupe qui orne la fontaine monumentale et où figurent Richardis et son ourse. Puis les trois amis se rendirent gaiement à l'antique abbatiale.

— Depuis quelle époque le monastère est-il donc supprimé? demanda Lytton, en remarquant que l'église était non seulement bien conservée, mais encore restaurée avec goût. Je croyais me trouver en présence de ruines imposantes et non d'un monument isolé.

— C'est la révolution de 89 qui en a fermé les portes, et qui a fait morceler et vendre les biens conventuels ; ils se sont transformés en habitations particulières. L'église seule est restée, plus ou moins endommagée, jusqu'au jour où un homme de goût et de cœur, admirateur convaincu de sainte Richarde, a acheté le droit d'arrêter les effets désastreux du temps et y a réussi, comme vous le voyez.

— Lytton, admirez, je vous en prie, ces bas-reliefs, s'écriait sir Lionels en s'extasiant devant la frise du porche. Expliquez-moi le symbole mystique de ces châsses mêlées aux scènes religieuses.

— J'en serais fort empêché, répondit le jeune homme; je n'ai pas le talent de déchiffrer les énigmes, et, à en juger par ce que nous voyons dans ces chefs-d'œuvre du moyen-âge, les architectes des cathédrales étaient autant de sphinx qui transmettaient aux générations à venir le mystère de leur pensée sculptée dans la roche vive.

— Voici un morceau que je recommande à votre attention, dit leur vieil ami.

Et il les mena devant une châsse élégante posée sur quatre colonnes et dont les faces latérales, décorées en bas-reliefs, offrent les traits principaux de la vie de la sainte.

Tout était à voir, et leur aimable guide ne leur fit grâce de rien, ni des remarquables sculptures des stalles du XIVe siècle, ni de la crypte à trois nefs qui renferme l'ours, ni des *ex-voto* qui la remplissent.

— Maintenant que nous avons bien admiré tous ces souvenirs du passé qui, à côté de tant de grandeurs, ont pourtant leur petitesse, allons nous retremper dans ce qui est immuable : l'éternelle beauté de la création, dit sir Lionels, que rien ne charmait autant que les grands bois qui accrochent leur verdure aux flancs des montagnes, et cachent dans leur profondeur tant de choses douces et charmantes pour celui qui sait les y trouver.

— De la terrasse du château d'Andlau, je prétends vous faire jouir d'une vue comme vous en avez rarement contemplé, leur dit le vieil archiviste. Venez.

Ainsi fut dit et fut fait, et bientôt on eût pu voir nos promeneurs s'acheminer à travers la charmante vallée où l'Andlau fait étinceler au soleil ses gracieux méandres. Ils se dirigeaient vers le château, imposante construction plusieurs fois ruinée et restaurée, dont les deux hautes tours qui dominent une étendue de pays considérable s'aperçoivent de loin et sont d'un bel effet. Il faut croire que cela valait la peine, car il fallut arracher sir Lionels à la contemplation du merveilleux paysage promis, et qui se composait, à peu de choses près, des mêmes éléments que nous avons déjà signalés : plaine d'Alsace et forêt Noire à l'est, crête des Vosges au sud-ouest, à l'ouest une partie des montagnes de Saint-Dié; mais tout cela prenait un nom et une physionomie propres, grâce au vieux savant qui connaissait sur le bout du doigt tous les sommets, tous les torrents, toutes les vallées et toutes les forêts de son pays natal.

Si vif était l'enthousiasme du jeune Anglais pour ce beau pays d'Alsace où le bras du travailleur seconde si bien l'effort de la nature, qu'il entraîna Lytton à se départir du système d'économie de temps qu'en Américain de race il avait adopté.

Il faut convenir que les sollicitations de leur compagnon momentané y contribuèrent également. Il plaidait une cause déjà gagnée en disant que les touristes trouveraient plaisir et profit à prolonger leur séjour, et nul ne songeait à le lui contester. On donna donc quelques jours de plus à la région pour visiter l'Ungersberg, sommet de mille pieds d'altitude d'où la vue est splendide; le Landsberg, vieux château féodal dont les ruines imposantes, plantées sur un piton, tirent l'œil de fort loin; l'Elzberg, où Lytton demandait à passer la nuit pour jouir du sabbat des sorcières qui ont encore la réputation de le hanter au clair de lune, et, enfin, le champ de feu.

Le journaliste eût regretté de manquer cette dernière excursion, quand on lui eut dit qu'il trouverait dans ce massif la plupart des variétés de roches vosgiennes qui fournissent à l'architecture le granit, le porphyre, le grès rouge dont sont bâtis un si grand nombre de vieux châteaux et quantité d'autres espèces bien connues dans le commerce.

Jamais encore peut-être, depuis le commencement de leur excursion en Alsace, les jeunes étrangers n'avaient admiré un panorama d'un caractère plus grandiose. Est-il nécessaire d'ajouter qu'après ces quelques jours de saine intimité, en face d'une souriante nature et des vieux souvenirs du passé, ce fut à regret que les trois voyageurs reprirent la route de Schelestadt, où il fallait enfin se décider à se séparer.

XVI.

Les fleurs séditieuses.

Mais voyez ce que c'est que la force de la sympathie, qui n'est autre que l'affinité des caractères et des goûts. Une fois à Barr, et au moment de prendre le chemin de fer pour Schelestadt, le vieil archiviste se souvint qu'Obernai avait marqué dans les fastes de son existence; et l'on aime à revenir aux jours rares et bénis où l'on a trouvé la vie bonne. Pour lui, cette période était la seule où il eût joué un rôle public, celle pendant laquelle il avait présidé aux dernières fouilles qui ont amené la découverte de sépultures antiques, d'où l'on a extrait des objets prouvant jusqu'à l'évidence qu'Obernai existait déjà non seulement à l'époque gallo-romaine, mais à l'époque gauloise. Mis au courant par son intimité avec les deux amis qui n'avaient rien à cacher de l'espèce de pari engagé entre eux, il pensa que ce serait une chose utile d'apporter sa petite pierre à l'œuvre de conviction que Lytton s'occupait à créer dans l'âme de son ami.

Le lendemain, au moment où la voiture qui devait les emmener à Strasbourg s'arrêta à la porte de l'hôtel, le vieil archiviste était là.

— Je vais avec vous, dit-il simplement.

Et il fut récompensé de cette bonne pensée par l'accueil cordial qui lui fut fait.

Quelle charmante promenade au travers des vallons verdoyants où les moissons jaunies ondoyaient sous l'effort de la brise! Quels délicieux souvenirs cette fraîche matinée eût laissés dans le cœur de nos touristes, si un incident ne fût venu l'attrister pour eux.

Ils avaient mis pied à terre pour aller admirer un point de vue sur une éminence un peu à gauche de la route carrossable, et Lytton s'était écarté pour cueillir une plante qui manquait à son herbier, lorsqu'un cri d'enfant le fit tressaillir. Nature impressionnable et généreuse, il s'élança aussitôt dans la direction où il avait cru entendre une petite voix en détresse. Un chemin creux s'ouvrait devant lui; il s'y engagea et le suivit jusqu'à ce qu'il se trouva derrière un mur de ferme qui lui parut d'une longueur démesurée; enfin, ayant tourné un angle, il aperçut une fillette de huit à neuf ans renversée sur une jonchée de bluets, de marguerites et de coquelicots; un grand diable d'homme en uniforme s'enfuyait à toutes jambes.

— N'aie pas peur, ma petite, dit Lytton en allemand, en s'approchant de l'enfant terrifiée.

Mais il fallut longtemps pour que la pauvre petite recouvrât sa sérénité. Tout autre eût perdu patience à la place du journaliste, qui, nous le savons, ne brillait pas par cette vertu peu masculine; mais l'azur si doux des grands yeux qui le regardaient avec effarement semblait exercer sur lui un attrait irrésistible. Il écartait de la main les boucles folles qui venaient se coller sur le front moite de la mignonne, et, un genou en terre, il la caressait et la consolait comme un frère aurait pu le faire.

Gagnée par la bienveillance qui se lisait sur la figure de son nouvel ami, la pauvre petite raconta naïvement sa touchante histoire :

Son grand-père, bien malade, là-bas à Obernai, était un vieux soldat de la France, et voilà que depuis trois jours il demandait à ne pas mourir sans revoir les couleurs de son cher drapeau ; alors Christel, qui les connaissait bien, les trois couleurs qu'il faut exécrer et que tout le monde adore en secret, Christel s'était mise en route pour se procurer les fleurs chéries qui protestent en Alsace contre l'exclusion du rouge, du blanc et du bleu; elle avait composé un beau bouquet, bien français d'aspect, et l'avait porté à son grand-père, et le vieillard, malgré l'affaiblissement de sa pensée, avait eu un sourire de bonheur à cette vue qui lui rappelait tout un passé glorieux.

Le lendemain, elle était retournée dans les champs, mais elle avait rencontré un garde champêtre, bien teuton naturellement, et il lui avait défendu de cueillir de nouveaux coquelicots, marguerites et bluets, qui étaient des fleurs séditieuses. Elle avait eu grand'peur et elle avait bien promis de ne pas recommencer; mais le bouquet s'était fané, et le grand-père réclamait toujours, et d'une voix plus faible, de *les* revoir encore une fois. L'enfant était revenue la veille; le garde s'était fâché, et lui avait arraché le bouquet en la traitant de mauvaise gueuse de Welche. Or, ce matin-là, le grand-père murmurait encore : « Couleurs françaises ! couleurs françaises ! » et l'enfant, prenant son courage à deux mains, s'était glissée hors de la ville, espérant échapper à la surveillance du terrible garde. Mais, hélas! si petite que soit dans les blés hauts une fleur humaine de quelques printemps, la haine, qui rend clairvoyant, l'avait signalée à l'œil de l'ennemi. Il l'avait guettée, il l'avait suivie, et, profitant d'un moment où il la voyait absorbée dans sa tâche d'ingénieuse tendresse filiale, il avait fondu sur elle, et il s'était, lui, le fort, abaissé à battre l'enfant.

— Et voilà ce qui reste de ton bouquet? demanda Lytton, exaspéré par l'injustice.

— Oui, répondit l'enfant. Et voyez, les bluets se font rares; j'ai été obligée de chercher bien longtemps pour réunir ceux-là, et il faut que je rentre pour faire la soupe de grand'mère.

— Attends, je vais t'aider, moi, et je voudrais bien voir que l'on m'empêche de porter triomphalement un bouquet à ton grand-père!

En effet, Lytton, sans s'inquiéter de ce que devaient penser ses compagnons, dont il avait perdu jusqu'au souvenir, réunit de quoi composer une splendide gerbe tricolore; lorsqu'il en fut lui-même satisfait, il prit la petite main de l'enfant, et l'entraîna vers la voiture.

On juge de l'inquiétude où étaient sir Henry et le vieil archiviste de la disparition du jeune homme, et de leur stupéfaction en le voyant apparaître avec sa petite compagne et le bouquet éclatant qu'il tenait à la main.

— A qui donc allez-vous ainsi présenter vos hommages? demanda sir Lionels, en accourant vers son ami.

— A la mort! répondit laconiquement Lytton.

Sir Henry le regarda avec étonnement et s'aperçut alors de la contraction de ses traits. Que pouvait-il s'être passé?

Après avoir installé dans la voiture, avec son bouquet, la mignonne fillette, toute ravie de la tournure que prenait sa triste aventure, le jeune homme, trop surexcité pour supporter l'inaction, témoigna le désir de continuer sa route à pied, et ce fut ainsi qu'il raconta à ses compagnons l'histoire de sa disparition.

Quand il eut fini, sir Henry était ému; seul, le vieux savant ne se départait pas de son calme.

— Maintenant que comptez-vous faire de ce bouquet?

— Le porter moi-même au vieillard.

— Je m'en doutais; mais, croyez-moi, n'en faites rien. Oubliez-vous que la réunion volontaire de ces trois couleurs est non seulement interdite, mais punie?

— Je ne suis pas Alsacien.

— Non; mais c'est en faveur d'un Alsacien que vous commettez un délit; or, on ferait de ce moribond le complice de votre délit; et qui sait par quelles scènes de violences on lui ferait expier cette suprême jouissance?

Lytton fut frappé de ce raisonnement.

— Cependant il faut que le dernier vœu de ce vieillard soit exaucé, dit Lytton avec énergie.

L'Alsacien ne demandait pas mieux, et l'on avisa au moyen de tourner la difficulté. On dissimula le bouquet dans le surtout en caoutchou de sir Lionels, et, un instant après, la voiture s'arrêtait à l'adresse indiquée par l'enfant.

Celle-ci s'élança joyeuse vers le lit, tandis que ses compagnons s'arrêtaient respectueusement sur le seuil.

— Tiens, grand-père, vois! cela ne fait-il pas comme un grand morceau de drapeau?

Le vieillard ouvrit un œil mourant; mais quand son regard rencontra les chaudes couleurs tricolores, il s'illumina d'une joie pure.

— O France! ô ma patrie! murmura-t-il en s'efforçant de porter à son front sa main ridée.

Il ne put qu'ébaucher le salut militaire, puis on le vit

s'assoupir, et l'on crut à un de ces légers repos qui endorment pour quelques minutes les maux des malades.

Pendant ce temps, l'enfant, suspendue au cou de la vieille grand'mère, lui avait en deux mots raconté sa rencontre avec le monsieur si bon, et celle-ci s'était avancée pour remercier l'étranger survenu si à propos pour arracher sa petite bien-aimée aux mains d'un brutal. Lytton causa quelques instants à demi-voix devant la porte de la pauvre demeure. Il apprit ainsi comment le grand-père de Christel se trouvait si isolé dans sa vieillesse.

En 1870, le vieux toit abritait, outre le père et la mère, six enfants pleins d'espérance, de jeunesse et d'avenir. Il y avait cinq garçons, de beaux gars, ma foi, taillés en tambours-majors, l'œil vif, le pied alerte et le cœur sur la main. Qu'étaient-ils devenus ?

Fritz, l'aîné, incorporé au 1er de ligne le 27 juillet de l'*année terrible*, était nommé caporal sur le champ de bataille de Gravelotte et sergent à Saint-Privat; grièvement blessé dans une reconnaissance à quelques jours de là, il était dirigé sur Metz, d'où il s'évadait le 29 octobre pour gagner l'armée de la Loire; le 10 décembre, il était sous-lieutenant, et le 19 proposé pour la croix; mais le 25, il était emporté par un éclat d'obus !

Jacob, son frère, engagé volontaire du 4 août, tombait à Champigny. Franz, l'amour de sa mère, le blond cuirassier, était resté à Reischoffen. Antoine et Lorenz, gardes mobiles du Bas-Rhin, après avoir fait le siège de Strasbourg, s'étaient échappés à la capitulation, l'un pour entrer au 16e de ligne et faire la campagne de l'Est sous Bourbaki, l'autre pour rentrer aussitôt en campagne avec le 45e. Et de tous ces beaux jeunes gens de dix-neuf à vingt-sept ans, aucun n'était revenu au foyer; tous avaient volontairement sacrifié leur vie pour la patrie française.

Restait Marien, l'orgueil de sa mère. Elle était fiancée au fils du tonnelier voisin ; lui, du moins, revint et put fermer les yeux à son père ; mais il avait contracté, grâce aux blessures, au froid et aux privations, une petite toux sèche qui donnait à penser aux vieux. Jamais, cependant, Marien ne voulut entendre qu'elle ferait sagement de renoncer à Streeker, parce qu'il avait fait son devoir, et, après l'option, le mariage se célébra sans apparat et sans bruit.

— Et voilà que les deux époux dorment là-bas au cimetière ! Ils ne nous ont laissé que Christel.

— Pauvres gens ! murmurait Lytton en gagnant l'hôtel, où ses deux amis l'avaient précédé.

— Savez-vous qu'il ne serait pas prudent de demeurer longtemps à Obernai ? lui dit l'archiviste pendant le déjeuner.

— Je ne veux cependant pas partir sans avoir serré la main à ce vieillard.

Et il raconta ce qu'il avait appris.

— J'ai envie, ajouta-t-il, de lui laisser un souvenir qui puisse réjouir sa vue sans exposer la petite Christel à de nouveaux dangers. Pensez-vous que je puisse trouver un drapeau ?

— Y songez-vous ! Un drapeau français ! Mais vous oubliez que la Légion d'honneur même est considérée ici comme décoration étrangère dont le port nécessite une autorisation préalable ! Et, d'ailleurs, je ne vous conseillerais pas de tenter de vous en procurer un ; cela, joint au bouquet de ce matin, pourrait très bien faire du bruit, grâce à l'espionnage incessant auquel nous sommes soumis, et nous attirerait peut-être un rapport de police qui vous apprendrait que vos idées sont trop larges et trop généreuses pour être de mise sous le régime qui nous est imposé. Ah ! croyez-le, nous témoignons plus de véritable attachement à la France en subissant toutes les vexations par amour pour elle que si,

Bataille de Gravelotte.

emportés par la passion, nous refusions de nous soumettre. Qu'elle prenne son temps, qu'elle soit prête et bien prête, et qu'elle nous rouvre ses bras, voilà tout ce que nous lui demandons.

— C'est pourtant affreux! répétait Lytton avec colère.

Soudain il appela le garçon, et lui, l'homme à la volonté de fer, qui prétendait que la fatigue n'est qu'un mot, il demanda une chambre pour faire la sieste. Sir Henry s'en étonna et même s'en inquiéta; aussi, une demi-heure plus tard, venait-il frapper à la porte de cette chambre close dont le secret l'intriguait, et, ne recevant pas de réponse à son premier appel, il entra. Grande fut sa surprise en trouvant Lytton l'aiguille à la main, occupé à confectionner dans toutes les règles de l'art un drapeau dont il s'était adroitement procuré la matière première.

— Vous cousez! s'écria-t-il sans chercher à déguiser l'impression qu'il ressentait.

— Chut! répondit Lytton, ne divulguez pas mes talents, pour lesquels je réclame l'incognito le plus absolu. J'espère que cette découverte ne me fera pas trop déchoir dans votre estime, ajouta-t-il avec un peu de malice.

— Oh! Lytton, le pouvez-vous penser! répondit le jeune Anglais avec élan; mais c'est si peu masculin....

— J'ai été soldat, ne vous déplaise, artiste et explorateur; en cette triple qualité, je me suis fort bien trouvé de savoir me servir de mes mains, et j'ai béni ma mère qui m'y avait encouragé, bien loin de m'en détourner.

L'ouvrage était terminé. Lytton prit rendez-vous avec ses amis à l'hôtel de ville, assez curieux à visiter, et se rendit directement chez les grands parents de Christel. Hélas! une déception l'attendait. Ce qu'on avait pris pour un sommeil tranquille et passager était le commencement du grand repos, et le regard du vieillard s'était éteint, encore tout rempli des tons chauds et colorés du bouquet tricolore, dont la vue avait été sa dernière joie ici-bas.

Une douleur grave et résignée régnait dans la petite chambre. Des amis s'étaient groupés auprès de la vieille femme et de la petite fille. Lytton ayant montré à cette dernière le souvenir qu'il apportait au grand-père, l'enfant voulut qu'on le déposât tout de même sur le lit, et la pauvre veuve trouva quelques larmes au fond de sa paupière tarie, en le remerciant de ce que le vœu de ce compagnon de près d'un demi-siècle était rempli, quoique tardivement.

Mais ce à quoi Lytton ne s'attendait pas, c'est l'impression que ferait son drapeau disposé en plis chatoyants sur la blanche courte-pointe. Chacun des visiteurs qui se succédaient — et ils étaient nombreux — le baisait pieusement au passage ; on se montrait ses couleurs éclatantes, qui sont une fête pour le regard, et les yeux se remplissaient de larmes chaque fois qu'une voix, écho des sentiments de tous, s'écriait douloureusement :

— Oh ! quand donc le reverrons-nous triomphant ?...

Ce fut le cœur serré d'émotions multiples que Lytton se dégagea de l'étreinte passionnée de Christel. La pauvre enfant ne voulait plus le quitter. Il fallut lui promettre de revenir pour obtenir l'autorisation de partir, et il lui en coûtait d'être obligé de tromper ce petit être si tendre et si confiant !

Il n'apporta donc qu'une attention distraite à l'examen des ruines du château, pourtant intéressantes, puisqu'il appartenait à Atalric ou Etichon, premier duc d'Alsace, père de sainte Odile, et que celle-ci y naquit, précédant une illustration non moins importante, Frédéric le Borgne, père de l'empereur Frédéric Barberousse.

Les fortifications dont s'enorgueillit encore la ville, jadis cité impériale, le laissèrent indifférent. Le savant raconta en vain les vicissitudes que les Armagnacs d'abord, les Suédois, les Autrichiens et les Espagnols ensuite lui firent essuyer pendant la guerre de Trente ans, puisque, en quatorze ans, elle fut trois fois prise et mise à sac. Des spécimens des objets trouvés dans les fouilles eurent seuls le pouvoir d'arracher Lytton à sa pensée absorbante, parce qu'il savait l'intérêt que le vieillard portait au résultat obtenu par ses travaux, et, en sa qualité d'homme bien élevé, il faisait abstraction de lui-même pour se rendre agréable à autrui. Cependant, dès que la conversation s'égarait, il la ramenait, presque sans s'en douter, à l'objet de sa préoccupation. A une remarque qui lui était échappée, sir Henry répondit :

— Ce que vous avez vu là n'est qu'une exception, croyez-le.

— Non, non, se récria l'archiviste ; bien peu nombreuses sont les familles qui ne comptaient pas plusieurs de leurs membres, tous souvent, sous les drapeaux. Les fils et les pères combattaient côte à côte ; et ce que les uns possédaient de plus en juvénile ardeur se trouvait chez les autres compensé par un coup d'œil plus sûr. L'Alsace est et a toujours été une pépinière de soldats. L'Alsacien est une forte race et ne craint pas la peine ; mû par des sentiments patriotiques bien compris, il devient admirable, comme le prouvent d'ailleurs les campagnes de la Révolution, où, sans souliers, sans munitions, sans armes, il culbuta avec tant d'entrain le Prussien qu'on veut aujourd'hui lui donner pour frère.

— Alors, ne fût-ce qu'à ce point de vue, la Prusse militaire avait un intérêt marqué à faire ce qu'elle a fait et à s'adjoindre une province où l'héroïsme, ainsi que vous le dites, est de tradition.

— Si ce mobile l'avait poussé, elle aurait été punie par où elle méritait de l'être, et je puis vous garantir qu'elle a eu lieu d'être déçue dans son attente. L'Alsace n'est point mercenaire ; quand elle combat pour sa foi politique, pour son honneur et pour son indépendance, ses hommes sont des héros ; mais, lorsque rien de tout cela n'est en jeu, ils redeviennent moins que le commun des mortels, car les mobiles secondaires les laissent froids et indifférents. Nous ne sommes pas de ceux qui lèchent la main qui les assomme. Nous avons trop regardé la liberté en face pour avoir le culte de la force. C'est là, précisément, le faible des hommes politiques de la Prusse ; ils n'ont pas su comprendre à qui ils avaient affaire. Ils ont successivement battu et annexé une foule de provinces germaines, Bavière, Saxe, Wurtemberg, etc., et partout les populations se sont courbées bien bas devant le vainqueur ; ou les a vues en 1870 se faire hacher pour l'homme qui leur avait dicté des lois draconiennes et ravi leur autonomie. Ils nous ont cru de même trempe ; mais quinze ans d'annexion ont dû les détromper. Certes, la résistance a changé de caractère : d'active elle s'est faite passive ; la force brutale s'est transformée en force d'inertie plus redoutable mille fois, car elle lasse l'énergie de l'agresseur sans entamer celle de l'opprimé. Nous ne résistons pas ouvertement, c'est vrai ; mais que la Prusse cite les progrès qu'elle a faits parmi nous. Est-elle plus avancée qu'au premier jour ?

— Plus embarrassée peut-être, répondit Lytton, car elle se flattait — je le sais de source certaine — qu'en deux ans la fusion serait, sinon complète, du moins indiscutable. Il est vrai que pour cela il eût fallu employer d'autres procédés.

— La preuve en est aux mesures vexatoires dont elle nous accable encore et qu'elle a, d'ailleurs, le soin d'étendre, pour les mieux faire constater, aux étrangers qui veulent séjourner ou simplement traverser l'Alsace-Lorraine. Vous avez bien eu à vous en plaindre, vous !

— Cependant ces mêmes moyens lui ont réussi chez les Badois, les Bavarois et autres? remarqua sir Lionels.

— C'est précisément ce qui prouve que ceux-là font bien partie de la grande famille germanique, qui se plie volontiers au rôle de chien-couchant, ainsi que le démontre sa conduite avec Napoléon Ier. Si nous avions, au moindre degré, la consanguinité que Bismarck nous attribue, nous eussions fait de même.

— Et puis, ajouta sir Lionels, pour tout dire, cet esprit d'opposition se fût dès longtemps calmé, si la France ne l'entretenait avec soin, quoique sourdement.

— Permettez-moi de protester avec énergie, interrompit le vieux savant; la France, impuissante à nous secourir, n'eût eu garde d'ajouter à nos maux par une immixtion intempestive autant que maladroite; si elle a une part d'influence sur notre manière d'agir — ce que je ne lui conteste pas — c'est uniquement parce qu'elle est la France, par opposition à la Prusse, la personnification du progrès contre les tendances rétrogrades, le cœur généreux qui accueille toutes les grandes pensées intéressant l'avenir, le foyer ardent d'où s'échappera l'étincelle qui mettra le feu aux restes vermoulus d'un autre âge; n'est-elle pas la sentinelle avancée chargée par la conscience humaine de jeter bas les vieilles entraves des nationalités, et de proclamer la fédération des peuples de l'Europe pour faire régner partout les grands principes de liberté, d'égalité et de fraternité?

— Destinés à supprimer les luttes gigantesques qui se préparent et à inaugurer ainsi une ère plus clémente et meilleure! s'écria Lytton enthousiasmé. Oui, vous avez raison, c'est un magnifique programme; puisse-t-elle le remplir à bref délai!

— *Amen*, répondit l'archiviste; mais je ne le verrai pas, ni vous non plus peut-être, quoique vous soyez au printemps de la vie.

Un silence de quelques instants succéda à cet échange de vœux sympathiques. Ce fut le vieillard qui le rompit.

— C'est égal, accuser la France d'être obligée d'entretenir et de surchauffer notre patriotisme est une insulte gratuite à son adresse comme à la nôtre, reprit-il avec un peu d'amertume : Français nous fûmes et Français nous demeurerons en dépit de tout et de tous. La meilleure preuve que nous en puissions donner, c'est que, malgré les avances et les promesses qui nous ont été faites, malgré les persécutions qui nous ont été prodiguées, nous choisissons toujours nos députés au Reichstadt dans le parti de la protestation, afin qu'aucune occasion ne soit perdue de proclamer nos sympathies pour la France et l'espoir de lui revenir tôt ou tard.

Sir Lionels semblait mal à l'aise. Il craignait d'avoir froissé le digne vieillard ; mais, comme s'il devinait sa pensée, celui-ci se tourna vers lui, et lui tendant la main :

— Voyez-vous, jeune homme, on n'apprécie que ce que l'on a vu par soi-même. Vous rendrez peut-être meilleure justice à notre chère Alsace lorsque vous la connaîtrez mieux.

— Je la connais toujours assez pour l'honorer comme un brave pays, loyal et conséquent avec lui-même, répondit le jeune lord en secouant à l'anglaise la main qui lui était tendue.

XVII.

Strasbourg.

Bien des choses eussent encore sollicité la curiosité des deux jeunes gens dans cette région si intéressante; mais Lytton était pressé d'arriver à Strasbourg, où il s'était fait adresser son courrier, et où il avait même expédié Dred, son petit nègre, accessoire plus gênant qu'utile dans le genre de voyage qu'il avait adopté. Or, le courrier était la moitié de l'existence de Francis Lytton, qui vivait de la vie du cœur autant que de celle de l'intelligence, et qui recevait de longues épîtres sur papier pelure d'oignon qui ne portaient pas du tout le timbre du *New-York Hérald*.

Il fut donc convenu que pour la première fois, et afin de gagner du temps, on prendrait le chemin de fer, et qu'on détournerait les yeux du paysage, pour ne pas emporter trop de regrets de ce que l'on aurait pu voir et de ce que l'on ne verrait pas. Mais chez les Allemands, les trains sont bien

L'ALSACE-LORRAINE HISTORIQUE ET LÉGENDAIRE.   199

tout ce qu'il y a de plus *omnibus* au monde ; ils ne font guère
que 17 kilomètres à l'heure.

Les deux touristes, habitués aux rapides d'Amérique,
d'Angleterre et de France, qui parcourent 120, 100 et 80 kilo-

Une vue de Strasbourg.

mètres à l'heure, ne reconnurent qu'un avantage à cette prudente locomotion : c'est qu'ils purent admirer à loisir les
coteaux couverts de vignes superbes qui font la richesse du pays.

Il y avait bien des choses à voir dans les environs de Molsheim, où les voyageurs pour Strasbourg changent de voiture : quand ce n'eût été que les ruines de la plus ancienne église d'Alsace à Adolsheim et le tilleul archiséculaire sous lequel, d'après la légende, saint Materme aurait, au IIIe siècle, prêché le christianisme aux descendants des Médiomatrici. Mais, si peu pressé qu'il soit, le train allemand ne donne pas le temps de faire des excursions ; c'est un progrès qu'il lui reste à accomplir. Et nos voyageurs finirent par mettre pied à terre dans la gare centrale, récemment inaugurée.

Cet édifice, construit par les Prussiens dans un but de stratégie et de défense militaire, a une physionomie propre et se distingue des milliers de gares qui ont surgi, comme par enchantement, sur tous les points des deux mondes. Son aspect est sévère et monumental, mais il manque du confort le plus élémentaire : on n'y a oublié que des bancs. Toutefois, cette économie a permis de le décorer de peintures à fresques sur fond d'or, dont les sujets ont été choisis avec tact pour passionner les Alsaciens en voyage et leur faire oublier la longueur des trajets ; l'un représente l'entrée de Barberousse dans la ville de Haguenau, l'autre la visite de Guillaume en 1879.

— Ce sont ces concessions qui font croire aux simples d'esprit que l'on est partisan du progrès, remarqua Lytton, en faisant observer à son compagnon l'installation électrique au moyen de laquelle on obtient une clarté presque aussi éblouissante que celle du jour. Il est seulement regrettable de ne faire servir le progrès qu'au perfectionnement des errements du passé.

— Comment cela?

— Ne voyez-vous pas que cette gare est un point stratégique, et rien autre chose? C'est un lieu de concentration de troupes et non un établissement réservé à la plus grande commodité du public.

Il était encore de bonne heure; aussi la première pensée

Cathédrale de Strasbourg.

des deux amis fut-elle de jeter au moins un coup d'œil sur la cathédrale, cette merveille de granit dont tout le monde a entendu parler, et que l'on peut comparer à ce qui naît de plus délicat sous les doigts agiles d'une femme, la dentelle.

— Oui, c'est une dentelle, mais une dentelle de pierre, qui s'accroche à ces tourelles et à ces clochetons, à ces ogives et à ces voussures, et leur donne ce cachet aérien, cette transparence idéale, s'écria sir Lionels ravi, dès qu'il aperçut l'incomparable édifice à l'extrémité d'une des rues qu'ils suivaient pour gagner l'hôtel.

Et avant même de songer à l'heure du déjeuner, qui pourtant s'avançait, il fallut lui laisser contempler à loisir cet ensemble grandiose, car il était surtout appréciateur de l'art en architecture et en sculpture. Comme Lytton l'entraînait, il disait encore :

— C'est bien ce que l'on m'avait dit, ce que j'avais rêvé. Je n'ai point éprouvé de désillusion, comme il arrive parfois lorsqu'on a beaucoup admiré par anticipation.

— Voilà qui nous amène à faire un retour vers le passé, remarqua Lytton pensif; quinze siècles au moins, et en quinze siècles que de changements !

— Cette basilique n'a pas quinze siècles d'existence? se récria sir Lionels.

— Non; mais ce splendide monument dont l'extérieur, j'en conviens, satisfait pleinement le regard, n'a-t-il pas remplacé la première et plus modeste église, bâtie en bois et en terre par Clovis?

— Vous croyez à cette lointaine origine?

— Certainement. Ce fut après la victoire de Tolbiac, remportée dans les environs de Strasbourg, et tandis qu'il était dans toute la ferveur commune aux néophytes, qu'il dota *Argentoratum* de sa première cathédrale et qu'il fit jeter les fondements de Frankembourg, le vieux château que nous avons salué au passage dans les environs de Schelestadt. Et voyez comment procède l'archéologie et quelle est son importance! Je parie que vous ne devinez pas ce qui a permis d'identifier le fondateur de l'église d'Argentoratum avec celui du château de Frankembourg ! Ce sont pourtant ses trois crapauds.

— Ah ! par exemple, Lytton !

— Ne vous récriez pas, c'est positif. Mais peut-être ne savez-vous pas que Clodowig ou Clovis signifie le guerrier aux crapauds.

— Comment le saurais-je ? Je ne suis guère au courant des curieuses découvertes que l'on peut faire dans les vieux grimoires où vous paraissez vous mouvoir si à l'aise. Eh bien ! pardonnez-moi si je confesse que je ne pressens pas même la raison d'être et l'intérêt d'une pareille appellation.

— Parce que vous ne vous reportez pas au temps dont nous parlons. C'est un usage commun à tous les peuples primitifs de se désigner entre eux par un signe palpable, et, pour cela, de fixer un animal quelconque sur leur hutte et sur leur bouclier. Vous retrouverez des dénominations du même genre chez les Peaux-Rouges de nos Llanos et de nos Pampas comme chez les nègres du Foutah-Djallon. Ils sont : l'Œil du serpent, la Tête de bouc, le Taureau noir, l'Aigle blanc, etc., suivant le signe distinctif qu'ils ont adopté. C'est, du reste, cet usage perfectionné par une civilisation un peu plus avancée que celle des sauvages, qui a donné naissance aux armoiries du moyen-âge, et, par suite, à la science héraldique, aujourd'hui tombée en quenouille.

— Alors vous dites que Clovis avait arboré un crapaud ?

— Sur son bouclier, ou, si vous le préférez, pour parler un langage plus moderne, dans ses armes. Et ce ou ces crapauds, il les faisait reproduire sur tout ce qui lui appartenait. Des vestiges de ces reproductions ont été, paraît-il, constatés sur d'antiques débris du château de Frankembourg, tandis que la tradition nous apprend qu'un des vitraux de la première cathédrale de Strasbourg représentait trois crapauds en souvenir de son fondateur.

— C'est très curieux; et, puisque nous sommes sur ce sujet, dites-moi donc quel est le roi qui eut la poétique fantaisie de placer une fleur de lis dans les armoiries de la maison de France.

— Votre question ne pouvait tomber plus à propos : c'est précisément un sujet controversé, et je me garderai de prétendre l'inonder de lumière. La fleur de lis monarchique n'a de poétique que son nom, si on admet avec certains savants qu'elle n'est autre qu'une corruption, ou, si vous le préférez, une déformation des trois susdits crapauds. D'ailleurs, vous êtes libre d'admettre avec d'autres qu'elle fut formée de la réunion de la francisque et de la framée.

— J'aime autant cela, et j'avoue que vos trois crapauds m'ont gâté cette excellente friture. Je me méfierai désormais, et n'allierai plus qu'avec discrétion les plaisirs d'une érudition trop reculée à ceux de la table.

Lytton se prit à rire, et, sur cette prudente réserve, le déjeuner s'acheva sans qu'il fût de nouveau question d'histoire ou d'archéologie.

D'ailleurs, le fameux courrier était arrivé par les soins de Dred, qui, dans sa joie de revoir « bon maître à lui », le lui présenta sur un plateau d'argent, mais entre deux cabrioles, à l'indescriptible horreur de sir Henry. Ce manque total de *décoroum* — il était de l'école qui prononce ainsi — lui paraissait digne d'un châtiment exemplaire, tandis que Lytton, moins gourmé, n'y voyait que l'exubérance d'une affection que son indulgente bonté était bien faite pour inspirer.

Les lettres s'empilaient à côté du jeune homme, amenant tantôt un sourire sur ses lèvres, tantôt un éclair dans son œil bleu profond. Sir Henry considérait son ami d'un air pensif, se demandant s'il ne céderait pas volontiers une part de sa grande fortune pour recevoir, lui aussi, de ces bonnes lettres familiales qui suppriment la distance entre les cœurs aimants et les font battre à l'unisson, malgré les quatre mille kilomètres de flots mouvants de l'Atlantique. Mais il était fils unique, et surtout orphelin; il n'avait pour famille que des collatéraux qui jalousaient son héritage, et il s'interrogeait avec inquiétude sur ce qu'il deviendrait lorsqu'il se retrouverait seul au sein de son inaction et de son isolement.

C'était un point d'interrogation douloureux, puisqu'il ne semblait pas avoir de solution satisfaisante possible.

Malgré les joies intimes que lui avait apportées ce volumineux courrier, et qui eussent pu le prédisposer à un certain égoïsme, Lytton s'aperçut de la tristesse qui se reflétait sur les traits pâles du jeune lord; aussitôt il avisa un moyen de réagir; il s'anima, et ils allèrent ensemble prendre leur café sur la place Gutenberg, d'où l'on embrasse la merveilleuse façade du colossal édifice pour lequel sir Lionels éprouvait une si ardente admiration.

Lorsque le journaliste le vit tout absorbé par son examen, il se retira pour aller rendre visite aux quelques personnes auprès desquelles il comptait puiser les renseignements dont il avait besoin pour poursuivre son étude de l'Alsace-Lorraine.

Quand ils se retrouvèrent, sir Henry était impatient; il avait vu beaucoup de choses; mais, faute de données premières, elles ne s'enchaînaient pas dans son esprit et ne lui avaient pas occasionné, disait-il, le quart du plaisir qu'il avait goûté, soit avec Lytton seul, soit avec lui et leur aimable guide de Schelestadt.

— J'ai une foule de questions à vous poser. Par exemple, expliquez-moi la relation qui peut bien exister entre les deux noms d'Argentoratum et de Strasbourg dont vous me parliez ce matin, et pour quelle raison l'un a ainsi succédé à l'autre.

— Ceci touche à l'histoire même de la ville; et puisque vous vous attendez à ce que je la résume pour votre usage, il vaut mieux commencer par le commencement. Argentoratum existait avant la conquête de la Gaule par les Romains. C'était déjà une ville commerçante et industrieuse, qui fabriquait ces brillantes étoffes aux vives bigarrures dans lesquelles les Gaulois se drapaient si fièrement. Point tout indiqué pour la défense de la frontière du Rhin, les Romains la fortifièrent, en firent Argentoratum et y introduisirent les éléments de leur civilisation. C'était une semence jetée dans un sol fécond, et bientôt le commerce et l'industrie y prirent un nouvel essor. Ce fut un centre où les conquérants s'approvisionnèrent d'armes de toutes sortes : javelots, cuirasses, casques, etc. Aussi, lorsque, plus tard, avec ses hordes sauvages, mais admirablement disciplinées, Attila, ayant franchi le Rhin alors glacé, se présenta devant l'opulente cité....

— Je suppose qu'opulente a ici une signification toute relative.

— Sans doute; mais néanmoins je maintiens l'expression qui rend bien ma pensée. Lorsque, dis-je, l'homme qui se qualifiait lui-même de « fléau de Dieu » se présenta, grande fut sa surprise, plus grande encore sa fureur, de se voir accueilli d'une façon plus énergique que cordiale. On ne résistait pas impunément à cet autocrate. Il résolut de châtier la ville de sa téméraire audace; il jeta sur elle neuf colonnes d'attaque, ayant ordre de ne rien épargner sur leur passage. L'effort de l'armée barbare tout entière triompha de la valeur des défenseurs d'Argentoratum; et quand les survivants se comptèrent après l'écoulement du flot dévastateur, la ville n'était qu'une ruine, sillonnée de neuf trouées sanglantes, ouvertes par le fer et le feu. Voilà, dit-on, l'origine du nom de Strasbourg, *ville des rues*, que la cité porta depuis lors; car, grâce aux habitudes sédentaires de ses habitants, elle fut bien vite relevée de ses ruines. Déjà, en 357, Julien y avait remporté une victoire sur les Allemands.

— Encore une étymologie que je voudrais bien connaître.

— Rien de plus facile : cela vient de *alle maenner*, hommes

Bataille de Tolbiac.

de toutes sortes. Aujourd'hui encore ils le méritent plus que jamais, puisque le nouvel empire d'Allemagne est comme un habit d'Arlequin, composé des lambeaux disparates de vingt petites souverainetés.

— Merci; continuez.

— Après la bataille de Tolbiac, Clovis, enchanté du beau pays d'Alsace, s'y établit, et nous y voyons successivement défiler la plus grande partie des rois de la première et de la deuxième race. Vous savez à la suite de quel concours de circonstances les Capétiens semblèrent se désintéresser de cette partie de l'empire de Charlemagne. Au ıxe siècle, Strasbourg fut réunie au royaume de Lotharingie, puis à l'empire germanique.

— Je ne sais pourquoi je m'étais figuré, à tort sans doute, que Strasbourg était demeurée ville libre.

— Certes, et une des plus puissantes et des plus jalouses de ses libertés. C'est pourquoi j'ai dit *réunie,* et non *soumise,* à l'empire germanique. Une des chartes curieuses dont abondent, paraît-il, les archives départementales reléguées dans les anciens greniers publics, et où je me propose d'aller paperasser — si j'en ai le loisir — porte en tête ces mots remarquables : « Argentoratum a été fondée dans cette vue d'honneur que tout homme, tant étranger qu'indigène, y trouve la paix en tout temps et contre tous. » Vous le voyez, cette affirmation est tout un programme où se révèle un admirable esprit d'indépendance.

— Et elle remonte?

— A 980. On me la citait aujourd'hui à propos des dispositions dont on parle tant pour la réglementation de la circulation en Alsace-Lorraine; ce qui revient à dire, pour les entraves à apporter à cette même circulation. C'était pour me bien faire constater quelle violence était faite aux traditions mêmes de la cité, car, suivez-la à travers l'histoire, vous la retrouvez toujours la même. Pendant quatre siècles, elle ne cesse de lutter avec ses voisins, petits et grands, qui, jaloux de sa prospérité, cherchent à l'absorber à leur profit.

— Sous quel régime était-elle donc?

— Elle avait préféré le gouvernement de ses évêques, auxquels Othon II, par l'édit de Salerne en 982, avait conféré le droit de haute et basse justice et divers autres privilèges, et dont le caractère religieux lui paraissait devoir être un gage de plus d'équité et de sécurité. Mais un jour elle s'aperçut que son nouvel évêque manquait de l'esprit de sagesse et de modération qu'elle prisait si fort dans ses gouvernants. Il était arrivé monté sur un cheval richement caparaçonné, le front haut, la mine arrogante, portant la mitre en tête et dissimulant mal sous le manteau épiscopal l'armure étincelante du chevalier. Certes, l'évêque de Strasbourg, ayant rang de prince souverain, avait droit à l'apparat somptueux qu'il venait de déployer aux yeux de ses ouailles ; mais sa hauteur et son faste avaient froissé les justes susceptibilités des Strasbourgeois. Ceux-ci se disaient tout bas qu'il ressemblait moins à un pasteur venant s'occuper de son troupeau qu'à un vainqueur entrant dans une ville conquise. Néanmoins, ils eurent la sagesse de ne rien témoigner de cette première impression, laissant au temps le soin de la vérifier ou de l'effacer.

L'épreuve ne fut pas de longue durée ; quelques jours à peine après cette entrée triomphale, Walter de Géroldseck, s'étant rendu compte des ressources qu'offrait la ville pour subvenir à ses besoins de luxe et de dépense, annonçait l'intention de la grever de nouveaux impôts. Les magistrats lui représentèrent respectueusement que rien ne motivait de pareilles mesures et qu'ils ne pouvaient en conséquence les enregistrer. Abusant de son droit, il menaça la ville de l'interdit, cette chose affreuse entre toutes au moyen-âge, qui était presque une suspension de vie pour les individus comme pour les cités. D'autres se fussent soumis pour échapper à cette terrible alternative ; l'esprit d'indépendance inné chez les Strasbourgeois n'eut pas même de défaillance. Dès qu'on lui eut transmis la réponse de l'évêque, le peuple, d'un même élan, se porta vers l'arsenal, s'arma en déclarant qu'il n'accepterait jamais un tel maître.

Cet acte audacieux équivalait à une déclaration de guerre à outrance. Nul ne s'y trompa, l'évêque moins que tout autre. La terreur se joignit chez lui à la rage ; il quitta la ville en toute hâte pour se soustraire aux voies de fait dont il se croyait menacé ; mais il jura de se venger d'une manière éclatante. Il sentait probablement très bien que la question était plus complexe qu'elle n'en avait l'air : c'était déjà, c'était toujours la lutte de deux principes dont un devait infailliblement succomber devant l'autre : le principe d'autorité représenté par la noblesse, le principe démocratique, comme nous dirions de nos jours, représenté par le peuple. Aussi, à son appel, prit-elle comme un seul homme son parti, sans se donner la peine de s'enquérir à qui revenait le premier tort, et l'on chanta victoire avant l'attaque même.

Cependant la ville ne s'abandonna pas. Profitant d'une trêve consentie d'un commun accord pour les vendanges, elle se chercha des alliances et en trouva, entre autres celle de Rodolphe, comte de Habsbourg, qui onze ans plus tard devait arriver à l'empire et être le fondateur de la maison d'Autriche. Elle alla plus loin. Elle profita même des inimitiés que le caractère violent de Géroldseck lui suscitait fréquemment. Tout fut soldat, tout voulut concourir à la défense de la patrie : les hommes s'armaient et combattaient, les femmes sonnaient le tocsin. Des atrocités commises dans le voisinage amenèrent des représailles de la cité. Rien ne fut laissé au hasard. Avec une rare entente des choses de la stratégie, les bourgeois s'en allèrent à Mundolsheim, à deux petites lieues de Strasbourg, pour y raser un château appartenant à l'évêque, et qui eût pu servir à ce dernier d'ouvrage avancé pour l'investissement probable de la ville.

— C'était prudemment raisonné, ce me semble, pour des gens étrangers au métier.

— D'autant mieux que ce point était, en effet, tout indiqué pour cela, comme l'a prouvé la guerre de 1870, où les Allemands avaient installé le quartier général de leurs opérations du siège. Cela précipita les événements. Le conflit se termina par la fameuse bataille d'Hausbergen, où une armée d'ouvriers de toute nature mit en fuite les chevaliers bardés de fer de l'évêque, et, détail qui a sa valeur, on amena dans la ville les prisonniers, les mains liées derrière le dos, avec les cordes qu'ils avaient attachées le matin à la selle de leurs chevaux, pour pendre, disaient-ils, tous les *manants* révoltés de Strasbourg.

La cité se montra grande comme tout ce qui est vraiment fort : elle ne tira pas d'autre vengeance de ses prisonniers que cette humiliation publique, et les consigna dans le palais des chanoines de la cathédrale. Cette générosité faillit lui coûter cher. Pendant les négociations engagées pour la signature de la paix, on remarquait que l'évêque témoignait d'un parti pris de traîner les choses en longueur pour ne rien conclure ; on s'en étonnait, lorsqu'on apprit un matin qu'il comptait reprendre incessamment la campagne. On découvrit que les prisonniers, profitant de l'excessive liberté qu'on leur avait laissée, s'étaient creusé un passage dans une cave conduisant à un souterrain d'où ils pouvaient gagner la campagne.

Une fois la mèche éventée, force fut à l'évêque de renoncer à ses projets ; d'autant plus que l'empereur intervint, déclara Strasbourg ville libre et lui attribua les franchises les plus étendues. Quant à Géroldseck, il ne put se consoler de son échec et en mourut de rage et de douleur quelques mois plus tard, maudissant le destin qui ne lui avait pas permis de trouver la mort sur le champ de bataille, où il avait combattu comme un lion et eu trois chevaux tués sous lui. C'est ainsi que Strasbourg conquit son indépendance et montra qu'elle en était digne.

— Comme on a peine à se figurer qu'il ait fallu tant de maux et d'efforts à d'autres générations pour arriver à se créer une place au soleil !

— Oh! ce n'était pas fini. La ville se donna alors un gouvernement municipal qui, tout en conservant certains droits de souveraineté à la puissance épiscopale, lui enleva ses principaux privilèges. Mais les quelques seigneurs qui, pour se venger personnellement de l'évêque, avaient fait cause commune avec la ville, n'étaient pas gens à s'effacer devant la bourgeoisie. Leur but atteint, ils ne visèrent plus qu'à tirer le plus grand avantage de leur victoire au détriment du peuple, qu'ils méprisaient tout autant qu'avant et qu'ils comptaient bien pressurer à leur tour. L'enivrement de la victoire avait quelque peu tourné les têtes de plusieurs des vainqueurs de Hausbergen, si bien que leurs descendants se croyaient également d'un autre sang que le commun des mortels. La bourgeoisie ne supportait qu'impatiemment l'orgueil de ces parvenus qui formaient bande à part avec toute cette noblesse, d'ailleurs plus allemande qu'indigène, et qui avait monopolisé le pouvoir à son profit.

Un jour, la désunion se mit parmi les chefs. Une rivalité entre deux familles, celle des Zorn et celle des Millenheim, amena une effusion de sang; et chacune appelant à soi ses partisans de la ville et du dehors, Strasbourg allait se trouver livré aux horreurs de la guerre civile. A ce moment, un boulanger nommé Burckhardt Twinger prend la parole et fournit une de ces preuves du bon sens populaire qui ont donné lieu, je suppose, au fameux dicton : *Vox populi, vox Dei*. Il assemble le peuple et lui démontre que prendre parti pour l'un ou pour l'autre des belligérants et le laisser se fortifier par des alliances étrangères, c'est s'exposer à ce que le vainqueur, quel qu'il soit, se pose en tyran de la cité et mette ses libertés en péril.

N'est-il pas préférable de confier les chartes aux mains qui en sont les gardiens naturels et d'écarter les intrus? Le peuple approuve en masse, et avant que la noblesse, tout entière à ses luttes de parti, ait eu conscience du danger qu'elle courait, les portes de la ville étaient fermées et strictement gardées; un gouvernement nouveau avait surgi et lui dictait des lois dont on ne peut s'empêcher d'admirer la sagesse, la modération et le tact.

Ce fut ainsi que, sans une goutte de sang versé, par le seul effet du calme et du sang-froid d'un seul, appuyé du calme et du sang-froid de tous, le sort de Strasbourg fut définitivement fixé et le rôle de l'aristocratie réduit à des proportions si minimes, qu'il ne pouvait plus devenir nuisible.

— Savez-vous que vous m'avez rallié à votre opinion! Un des caractères distinctifs de ce brave peuple d'Alsace, auquel vous m'avez intéressé malgré moi, est, incontestablement, un sens juste et droit, que je n'avais jamais eu l'occasion de remarquer jusqu'ici. Et ce gouvernement, improvisé en une heure critique, fut-il viable?

— Parfaitement. Je vous l'ai dit, il était remarquable par un esprit d'équité qui le rendait recommandable à tous; et sans entrer dans le détail de son organisation, que j'ai pourtant trouvée fort supérieure à son temps, je constaterai seulement qu'il avait l'avantage de tenir l'intérêt de la population toujours en éveil par l'attrait d'une double solennité civique où tous avaient à remplir un rôle dont ils comprenaient l'importance. Des élections générales réunissaient le peuple dans ses comices une fois l'an, et ce jour-là était un jour de fête pour chacun. Les hommes y apportaient l'ardeur mâle et digne que tout citoyen réserve à ce qui intéresse le pays; les mères y trouvaient leur compte; car, dès l'âge de dix-huit ans, leurs fils étaient appelés solennellement à venir prêter le serment de fidélité à la constitution, ce qui était pour eux comme une initiation à la chose publique et un moment longtemps attendu et désiré. Aussi n'était-ce qu'en habits de gala qu'on se rendait à l'appel de la patrie. C'était un devoir pour chacun, et nul ne songeait à s'y soustraire. Pas d'abstention possible ; on se connaissait, on se comptait, et il fallait avoir démérité pour renoncer à l'honneur de prendre part au vote qui assurerait à nouveau le respect de la constitution, dont on n'entendait la lecture que debout et tête nue.

Puis, après le jour du vote, venait celui de la prestation du serment, particulier à chaque fonctionnaire, à chaque ordre, à chaque corporation, et, enfin, le serment collectif dont j'ai retenu le texte, tant il m'a paru simple et bien pensé. Après une courte allocution, un des quatre magistrats qui se partageaient trimestriellement l'année s'avançait et récitait la formule suivante : « Ce qu'ordonne la charte qui m'a été lue et que j'ai bien comprise, je jure de l'accomplir et de le tenir respectueusement sans jamais l'enfreindre. Que Dieu me soit en aide. »

Sir Lionels se prit à rire, et Lytton le regarda avec surprise.

— Que voyez-vous là de si plaisant ? N'est-ce point dans cet esprit que doit être le citoyen libre et responsable d'un pays qu'il veut honorer et faire honorer ? demanda-t-il d'une voix grave, sous laquelle perçait une pointe de reproche.

— Pardon, mon cher ami, je serais désolé qu'il pût y avoir erreur dans votre pensée sur ce qui a causé mon hilarité ; seulement je comparais cet âge d'or des mœurs politiques avec le nôtre, et je me disais que nous sommes loin des votes achetés à coups de petits verres, comme vous me disiez l'avoir vu faire dans certains pays, qu'il est inutile de nommer.

— Ou, comme cela se pratique chez vous, à prix d'argent !

— Dites donc à prix d'or, mon cher, car nos honorables M. P. payent fort cher la confiance *spontanée* dont leurs électeurs les honorent.

— De l'abus naîtra peut-être la réforme; car il serait bon que chaque citoyen comprît le devoir sacré qu'il a à remplir envers le pays et envers lui-même.

— Il me paraît que vous exagérez peut-être bien la valeur d'une voix sur l'ensemble de la masse.

— Non vraiment; mais qui aliène son droit imprescriptible d'influer en bien sur la chose publique, déshonore sa qualité d'homme libre, et, en s'amoindrissant, amoindrit le prestige de la patrie. Toutefois, pour en finir avec cette partie de l'histoire de Strasbourg, elle vécut jusqu'au XVIIe siècle d'une existence indépendante et prospère, non sans avoir à se mêler fréquemment aux luttes que suscitaient en Alsace les rivalités de l'Empire et de la Papauté.

L'Alsace, rançonnée par les amis et les ennemis, en avait déjà bien souffert, lorsqu'une maladresse d'un commissaire impérial vint mettre le feu aux poudres. Ce commissaire s'empara de Wasselonne, réclamant, comme appartenant à son maître, ce fief, propriété absolue de la ville de Strasbourg. Dès lors le sénat, auquel la France et la Suède faisaient les avances les plus amicales, brûla ses vaisseaux, et, par réaction, se jeta dans la ligue protestante. Il était résolu de se séparer de l'Empire. De ce moment aussi, la rivalité s'établit entre les Français et les Suédois alliés qui s'observent et se jalousent. Les succès des Suédois donnent de l'ombrage à Richelieu, qui guette une occasion de faire pénétrer ses troupes en Alsace.

— L'imagination si fertile de Richelieu ne dut guère être embarrassée pour trouver un prétexte plus ou moins plausible? interrompit sir Henry en souriant.

— En effet, l'occasion ne tarda pas à se présenter, et le ministre de Louis XIII ne la laissa point échapper. Mais alors le contraste s'établit tout seul entre l'armée française bien disciplinée, qui ménageait le pays et respectait l'habitant, et les armées suédoises et impériales qui pillaient, saccageaient, brûlaient et ne laissaient derrière elles que la ruine et la mort. C'est au milieu d'une misère sans nom que nous arrivons au traité de Westphalie, par lequel l'Alsace était cédée à la France, à l'exception toutefois de Strasbourg, qui affectait de se renfermer dans une stricte neutralité; mais la conservation de cette neutralité était presque impossible, et Louis XIV s'étant engagé à respecter ses droits, franchises et privilèges, et surtout sa liberté de conscience, elle se laissa faire une sommation et rentra enfin dans le giron de la mère-patrie.

— Mais elle n'a pas toujours conservé cet attachement à ses vieilles coutumes ?

— Non ; cela dura jusqu'à la Révolution française, qui est la véritable pierre de touche du patriotisme alsacien. A cette époque troublée, il était loisible aux populations cisrhénanes de reconquérir leur indépendance ou de se rattacher à l'empire germanique; on osa le leur proposer et les y encourager. Mais bien loin de là, c'est le moment qu'elles choisissent pour affirmer leur dévouement à la patrie française, leur foi en ses destinées, et pour dépouiller tout ce qui leur restait du passé. Il appartenait à la Révolution, glorieux courant d'idées nouvelles dont l'entraînement était irrésistible, d'opérer la fusion complète entre tous les éléments de la France de l'avenir.

XVIII.

Les héros de l'Alsace.

— Ce n'est pas bien; vous êtes plus tôt las de parler que votre humble disciple ne l'est d'être assis à vos pieds, reprit sir Lionels en voyant que Lytton s'arrêtait. Vous me laissez en trop beau chemin. Causons donc un peu de l'attitude de l'Alsace, et particulièrement de Strasbourg, pendant la Révolution française; et puisque vous faites de cette dernière un *criterium*, mettez-moi à même d'en connaître la valeur.

— Je vous l'ai dit, l'Alsace fut admirable. Toutes les occasions lui furent offertes de se détacher de la France. Les grands, qui se croyaient menacés dans leurs privilèges, firent comme partout : ils résistèrent à l'établissement du nouvel ordre de choses. La noblesse, se souvenant qu'elle tenait ses titres de l'Empire, fraternisait avec les princes d'outre-Rhin; le cardinal de Rohan, évêque de Strasbourg, quittait son poste tout le premier et émigrait, entraînant avec lui le haut clergé, parce qu'on touchait aux privilèges de caste, donnant ainsi l'exemple de la défection; mais le clergé séculier demeurait à son poste et se montrait à la hauteur de sa mission. Ce même Rohan, profitant de ce qu'on n'avait jamais rendu le français obligatoire en Alsace — les Prussiens n'ont pas commis la même faute — multipliait dans les campagnes les prédications de prêtres allemands pour essayer de fanatiser le peuple; mais celui-ci, avec son gros bon sens, voyait à quoi tendaient ces manœuvres perfides. Il s'indignait contre les émigrés, capables d'avoir recours à l'étranger et de l'attirer en France. Or, sur la frontière d'Alsace, quel était l'étranger, sinon l'Allemand? Aussi chacun faisait bonne garde. Il y avait non seulement des rapports officiels, mais des rapports particuliers sur ce qui se préparait au delà de la frontière.

Strasbourg avait pour maire un homme d'une incontestable valeur, Diétrich, qui, s'inspirant des vœux de ses compatriotes, prenait toutes les mesures propres à déjouer les intrigues des émigrés. Le 24 avril 1792, la nouvelle de la guerre déclarée à l'Autriche, le 20 du même mois, par l'Assemblée législative, parvenait à Strasbourg et y déterminait une fête populaire, dont le caractère de spontanéité fait mieux ressortir l'enthousiasme.

Dès le lendemain les enrôlements de volontaires commençaient. Les officiers de recrutement ne pouvaient suffire à l'enregistrement, qui, en quelques heures, dépassa plusieurs milliers.

Il serait trop long de suivre l'Alsace pas à pas durant toute cette période, où ses fils font assaut d'héroïsme avec les enfants de toutes les autres provinces françaises. Ce n'est pas à cette heure d'enivrement où l'on fraternise dans un même rêve de gloire, que l'on songe aux souvenirs du passé ou aux espérances de l'avenir. Arrivons tout de suite à un moment critique pour elle, où l'occasion lui est de nouveau offerte de choisir entre la France épuisée et vaincue et l'Allemagne triomphante. Le doute est entré dans tous les cœurs; le prestige de Napoléon Ier s'est évanoui; l'invasion, la hideuse invasion s'avance menaçante; que fera l'Alsace? C'est à Strasbourg qu'il faut le demander.

Le 2 janvier 1814, lorsqu'elle apprend que le territoire est envahi, quelle résolution! quelle ardeur! quelle haine contre l'envahisseur! Permettez-moi de vous lire quelques lignes d'une *Histoire d'Alsace* par un Alsacien; je les ai lues avec un intérêt extrême que je serais heureux de vous voir partager :

« Tandis que Strasbourg était bloquée, le sénateur comte Rœderer, commissaire extraordinaire, faisait appel au patriotisme de tous; quand il demandait des hommes de bonne volonté, il s'en présentait plus qu'il n'en voulait; s'il désirait du linge, des lits pour les malades et les blessés, ses désirs étaient des ordres; si, enfin, on avait besoin d'argent, bien que les temps fussent terribles, on trouvait de l'argent. »

Cela dura jusqu'au moment où l'on vit les émigrés sortir des fourgons des alliés. Ah! il était facile alors de renier la patrie française et de se jeter entre les bras des Allemands! Les émigrés, parlant des Alsaciens, les appelaient « les gens des provinces allemandes du royaume », ce qui mettait les Alsaciens en fureur. Vous le voyez, les chances de la bonne et de la mauvaise fortune les trouvèrent toujours fidèles. Si la France — qui n'y songe pas d'ailleurs — les abandonnait dans le malheur, ce serait la France qui serait la coupable.

— Brave cité! s'écria sir Lionels. Décidément elle avait bien mérité de demeurer ville française, puisqu'elle y tenait tant. Cependant, Lytton, vous me connaissez, vous savez que je suis incapable de mentir; je vous affirme que j'ai entendu répéter dans certains cercles, ordinairement bien informés, que si les Prussiens se sont emparés de l'Alsace, c'est parce que les Alsaciens les avaient appelés et se plaignaient d'être opprimés par la France.

— Et moi, je vous affirme qu'il n'en est rien. C'étaient les journaux allemands qui, depuis dix ans, avaient adopté par ordre cette tactique, afin de préparer ou plutôt d'égarer l'opinion publique.

— Voilà ce que vous ne m'eussiez pas fait admettre il y a un mois; mais je commence à m'apercevoir que « qui n'entend qu'une cloche n'entend qu'un son », comme disent les Français.

— Avez-vous remarqué les magasins de Strasbourg aujourd'hui?

— Non. Pourquoi cette question? Ces choses-là me laissent fort indifférent.

— Assurément, et partout ailleurs j'en dirais autant que vous; mais ici il est impossible de ne pas éprouver un certain intérêt pour le sentiment qui se cache sous leurs draperies. N'avez-vous pas vu comme le noir dominait?

— C'est vrai; je ne l'ai pas vu, à proprement parler, toutefois je l'ai senti. Quelque chose d'insolite m'avait frappé l'œil, sans que je me fusse rendu compte de ce que c'était. D'où provenait cette apparence de deuil?

— Vous ne devinez pas? Nous sommes au 4 août; c'est l'anniversaire de Wissembourg, la première bataille perdue par l'armée française.

— Et bientôt suivie de celle de Frœschwiller. Et vous croyez?...

— Je ne crois pas, je suis sûr. Les Strasbourgeois ont la mémoire du cœur; et tandis qu'à Paris les couronnes s'entassent sur la statue de la ville héroïque, celle-ci trouve moyen, au milieu des petites misères et des innombrables vexations de la vie quotidienne, sous le joug pesant des Allemands, d'affirmer encore le souvenir toujours bien vivant qu'elle a gardé de la patrie française.

— Comment se fait-il que les Prussiens tolèrent ces manifestations?

— Parce qu'il est impossible de les éviter, et que ce ne sont pas des manifestations. Il y a des choses faites avec un tact tellement discret, qu'on ne saurait y trouver à redire. A moins de proscrire les couleurs qui siéent le mieux à la jeunesse, le blanc, le bleu et le rouge, on ne saurait empêcher les marchands d'avoir des mousselines blanches, des flanelles rouges et des soieries bleues ! Est-il possible de faire rendre au Reichstag un décret sur la manière dont ces couleurs ou ces étoffes peuvent être disposées? Non. C'est la mode qui règle cela, et l'on se retranche derrière la mode, qui se moque de la Prusse sans que la Prusse ose se moquer de la mode. Eh bien! si nous étions ici un jour d'anniversaire moins douloureux que celui-ci, vous verriez, à ce qu'il paraît, le parti que l'on peut tirer de ces couleurs vives et éclatantes, sans que pour cela les tribunaux puissent en prendre ombrage et incriminer les étalagistes.

— Vraiment? Vous m'étonnez.

— C'est peut-être dans ces petites choses que se manifeste le mieux la persistance du sentiment français qui exaspère si fort les vainqueurs, et qui, trop subtil pour être atteint par le système de compression à outrance adopté par eux, déborde dans les actions les plus simples. Pour vous en citer encore un exemple, on me racontait hier un fait qui m'a paru touchant. A la suite de je ne sais quel sinistre, le gouverneur autorisa un concert au profit des victimes de l'accident; tout le monde rend justice à la générosité des Strasbourgeois; on savait qu'ils ne feraient point la sourde oreille à une demande tendant à soulager une infortune ; voici donc un terrain neutre sur lequel vainqueurs et vaincus peuvent se rencontrer à l'aise. Et qui sait? Peut-être en résultera-t-il des rapports moins tendus. Toute la ville avait souscrit ; mais à l'heure indiquée par les affiches, les Strasbourgeois, avec une dignité simple et vraie, se contentent de sortir dans les rues, leur billet au chapeau, à la boutonnière ou à la main. Chacun salue ses amis, on échange des politesses, on parle de tout un peu, sans oublier la France, et l'on rentre chez soi. La bonne œuvre était faite, et, par surcroît, on s'était donné le malin plaisir d'isoler les Allemands dans une salle aux trois quarts vide.

Sir Lionels se mit à rire.

— Quelles colères cela dut motiver!

— Convenez pourtant que c'était bien joué, et qu'il était impossible de rien reprendre à une attitude aussi correcte.

— A propos, Lytton, en avez-vous fini avec ces journées de travail où vous me laissez seul, comme s'il m'était possible de jouir de quelque chose sans mon sage mentor?

— Mon courrier est parti, je suis quitte avec le *New-York Hérald*.

— Tant mieux ; alors vous m'appartenez de nouveau.

— Sans conteste.... jusqu'à la semaine prochaine.

— Par où commençons-nous nos excursions?

— Par Kelh? La ville éternellement jeune.

— Je la croyais aussi vieille que Strasbourg.

— Vous oubliez que, grâce à sa position, elle n'a jamais passé cinquante ans sans se faire raser de frais ; ce qui lui interdit la majesté des villes antiques. Du reste, elle n'offre rien de bien intéressant ; c'est, paraît-il, une ville d'estaminets, et, par conséquent, de querelles et de disputes.

— On dit que la route est belle. Et puis il y a le *Fater-Rhein*.

— Dont, pour ma part, je ne suis fanatique qu'à Schaffouse. Partout ailleurs c'est le plus mal-appris des fleuves.

— Allons donc !

— Il a un mauvais caractère, et il est tellement brouillon, qu'on a été obligé de le mettre à la raison, comme le prouvent les travaux de correction entrepris sur ses bords, et malgré lesquels on n'en fera jamais qu'un mauvais coucheur, à en juger par la quantité de lits qu'il s'est frayés et qu'il a ensuite abandonnés.

— Vous voilà bien sévère pour le demi-dieu des Allemands.

— Les hommes n'ont jamais fait les demi-dieux qu'à leur image.

— Vous n'êtes plus sévère, vous voilà méchant, dit sir Lionels en riant.

— C'est peut-être l'effet du sommeil. A demain.

Le lendemain, comme il avait été convenu, les deux amis allèrent déjeuner au *Pêcheur du Rhin*, où on leur servit une de ces matelotes renommées et inimitables qui font le désespoir de tous les Vatels étrangers, puis ils franchirent le petit Rhin et entrèrent dans l'île des Epis, où la route, bordée de platanes et de peupliers magnifiques, justifia la réputation qu'on lui avait faite auprès de sir Henry. Tout à coup, ils s'arrêtèrent ; car au milieu d'un bouquet d'arbres, à leur droite, ils apercevaient une pyramide en grès rouge qui leur faisait l'effet d'un monument mortuaire.

— Qu'est-ce que cela ? demanda sir Lionels.

— Voyez plutôt : *Au général Desaix, par l'armée du Rhin*, 1801.

— Un Français ! Oh ! c'est impossible ! Regardez, la statue est surmontée d'un casque.

— C'est une aménité des Prussiens, sans doute, une de ces

mesquines vexations avec lesquelles ils aiguillonnent les Alsaciens, si fidèles au souvenir de leurs grands morts.

— Desaix était-il donc Alsacien? demanda sir Lionels surpris.

— Non. C'était un gentilhomme d'Auvergne. Il appartenait à la brillante pléiade qui s'est illustrée à la tête de l'armée du Rhin : Hoche, Moreau, Kléber, Desaix, quatre noms intimement liés par les souvenirs de la gloire la plus pure. Desaix s'est rendu cher dans le pays par la défense de cette frontière, si vaillamment disputée, aujourd'hui perdue.

— Valeureux comme vous me les avez dépeints, les Alsaciens doivent, en effet, être bons juges du mérite militaire. Quels sont les traits de la vie de ce grand homme auquel vous faites allusion ?

— Des prodiges d'héroïsme tout bonnement, comme cette admirable époque de l'histoire de la France en a tant enregistré d'ailleurs. Desaix contribua puissamment à la prise de Haguenau, et donna les preuves d'un courage indomptable dans les combats de Wissembourg et de Lauterbourg. Ce fut au plus fort de cette dernière affaire que, les joues traversées d'une balle, il refusa de quitter le champ de bataille, et que, debout sous le terrible feu de l'ennemi, il commanda ses troupes jusqu'à la fin, suppléant par des gestes à la parole que sa blessure venait de lui ravir. Une autre fois, sans autre secours que sa division, il soutint le choc d'une armée autrichienne et lui ferma le passage. Ce fut dans cette occasion qu'un officier s'élança vers lui en s'écriant : « Général, n'avez-vous pas ordonné la retraite? — Oui, répondit-il, mais la retraite de l'ennemi. » Et en même temps il forçait les Autrichiens à se replier.

— Oh! les Français! quand ils s'y mettent, ils sont dignes des temps antiques!

— Oui, avec des généraux de cette trempe, ils eussent en 1870 donné fort à faire à de Moltke.

— Pourquoi donc Desaix a-t-il son monument ici? demanda sir Lionels, après avoir fait le tour de la pyramide pour en admirer les bas-reliefs.

Desaix.

— Voici : placé sous les ordres de Pichegru et devenu lieutenant de Moreau, il enleva Offenbourg au corps du prince de Condé. La retraite de Bavière, en lui fournissant l'occasion de déployer toutes les ressources de son génie militaire, le couvrit de gloire. Moreau, plein d'admiration pour le jeune général, le chargea de la défense du pont de Kehl. Desaix, à la hauteur d'une pareille mission, se jeta dans le fort avec un très petit nombre de soldats déterminés. N'ayant pas de canons, il commença par en prendre aux Autrichiens, et fit de tels prodiges de courage et d'habileté, que l'archiduc Charles, plusieurs fois repoussé, dut renoncer à toute tentative nouvelle sur ce point. Toutefois la famine faisait plus de ravages que l'ennemi. Arrivé à toute extrémité, il menaçait encore de se frayer une route à travers les assiégeants, et cette menace lui obtint de sortir avec les honneurs de la guerre. Mais quand les Autrichiens pénétrèrent dans le fortin, ils n'y trouvèrent rien, plus rien que des tas de pierres ; leurs canons avaient tout démoli, mais les assiégés étaient sortis les armes à la main.

— Oui, c'est beau !

— Tout était beau dans ces vies héroïques. A trente-deux ans, frappé mortellement à Marengo pendant la charge vigoureuse qu'il exécuta à la tête de la réserve, charge qui rompit les bataillons autrichiens et décida la victoire, sa seule pensée fut que la nouvelle de sa mort pouvait décourager ses soldats ; aussi dit-il simplement à ceux qui l'emportaient : « N'en dites rien ! »

— Les trois autres favoris des Alsaciens sont-ils aussi dignes de l'admiration de tous que celui-ci ?

— Mais c'est toute une histoire que vous me demandez là !

— J'adore les histoires. Et comme je ne doute pas que vous ne la sachiez — comme vous en savez tant d'autres — voici de l'ombrage, une pierre pour nous servir de siège, et le vaste silence d'une riante nature pour vous inspirer. Parlez, je suis tout oreilles.

Lytton eût eu mauvaise grâce à se faire prier, d'autant plus qu'il avait rafraîchi ses souvenirs sur les illustrations de l'Alsace pendant ces quelques jours d'étude dont sir Lionels se plaignait si amèrement.

— Kléber, commença-t-il, naquit à Strasbourg en 1753. Ce fut bien un fils de ses œuvres; car son père, qui était maçon, le laissa orphelin de bonne heure. Elevé par les soins d'un curé de village, son parent, il fut envoyé à Paris pour y apprendre l'architecture, et c'est en qualité d'architecte que

Kléber.

nous le retrouvons à Belfort en 1783, après un certain nombre d'aventures qui lui ont fait prendre et quitter le métier des armes en Autriche. En 1792, le génie si essentiellement militaire de l'Alsace s'éveille dans son âme fougueuse et passionnée pour la justice; il sent qu'elle a besoin de bras pour la défendre et préparer son triomphe, et il s'engage comme simple grenadier dans le quatrième bataillon du département du Haut-Rhin ; mais tous ne comprennent pas le devoir comme lui. L'insubordination éclate de toutes parts ; les officiers du Royal-Louis, ne voulant pas reconnaître les nouveaux magistrats, marchent contre eux avec leurs troupes. Voyant cela, Kléber, le sabre en main, fait de son corps un rempart aux magistrats, harangue les soldats en soldat et arrête l'insurrection.

Il ne tarde pas à se faire remarquer par sa bravoure et par ses connaissances militaires à la belle défense de Mayence, et pendant le siège même il est élevé au grade d'adjudant commandant. Mais lorsque la place eut capitulé, il fut arrêté par deux gendarmes et conduit à Paris. Sa justification reconnue, ainsi que celle de la garnison, il fut nommé général de brigade et envoyé dans la Vendée à la tête de l'avant-garde mayençaise.

C'est là qu'il se rencontra avec Marceau, son rival de gloire. Un jour, Kléber, dans un bivouac, au milieu d'une lande de genêts, vit venir à lui un jeune officier qui se trouvait sous ses ordres, beau visage encadré de longs cheveux bruns, les traits fins, l'expression fière ; et sur cette physionomie flottait comme un voile la mélancolie des âmes délicates. Cet exalté voulait faire la connaissance du général et venait à lui tout frémissant d'enthousiasme. Celui-ci, inquiet, préoccupé du lendemain, lui répondit d'un ton bourru : « Vous avez eu tort de quitter votre service. » Marceau se retira froissé.

Le lendemain on se battait. Soudain Kléber voit Marceau, à la tête des Mayençais, charger les Vendéens avec tant d'impétuosité, qu'il disparaît au milieu des ennemis. Il le croit perdu et se met à jurer comme un Turc contre le jeune imprudent. Enfin Marceau revient les yeux flamboyants. Alors Kléber court à lui, et, le serrant dans ses bras : « Pardon, dit-il, hier je ne vous connaissais pas ; soyons amis. »

Cette amitié, basée sur l'estime et l'admiration réciproques, ne se démentit pas un instant. C'étaient réellement deux nobles natures, qui connaissaient l'émulation de la gloire, mais restaient étrangères à toute basse rivalité, parce qu'elles étaient unies dans un même enthousiasme, celui de la patrie grande, forte, respectée au dehors, et réalisant au dedans leur idéal de paix et de bonheur.

« Menez, disait Marceau à Kléber, menez cette armée à la victoire ! Qu'est mon courage auprès de votre génie ? Je courrai sous vos ordres à l'avant-garde. »

Et ayant, en effet, battu les Vendéens au Mans et à Savenay, les Nantais lui offrirent une couronne de lauriers.

« Nous avons tous vaincu, s'écriait Kléber ; je prends cette couronne pour la suspendre au drapeau de l'armée. »

Néanmoins, leur tâche en Vendée était difficile et semée d'embûches. Les Jacobins les soupçonnaient souvent ; le Comité de salut public menaçait leur tête. Ils se soutinrent réciproquement, et se signalèrent dans cette campagne par des actes de générosité envers les royalistes vaincus. Une fois, ce sont des enfants qu'ils trouvent dans la forêt et qu'ils emportent dans leurs bras ; une autre fois c'est une jeune fille noble qu'ils font évader à grands frais. Cependant leur générosité native était mal interprétée : on impute à crime à Kléber d'avoir accordé la vie à quatre mille prisonniers faits à Saint-Florent. Il fut destitué et envoyé en exil à Chateaubriant ; mais les hommes de sa trempe étant rares en tout temps, le besoin qu'on eut de lui le fit rappeler et envoyer en 1794, avec le grade de général de division, à l'armée du Nord, sous les ordres de Jourdan.

A la tête de trois divisions, Kléber se couvrit de gloire à Fleurus, à Marchiennes, à Mons, à Louvain, rejeta les alliés sur la rive droite du Rhin, assiégea et prit Maëstricht. Il dirigea, pendant le rude hiver de 1794, le blocus de Mayence en qualité de général en chef de l'armée du Rhin, et effectua, malgré tous les obstacles, le passage du fleuve à la tête de l'aile gauche de Jourdan à Dusseldorf.

Quand l'armée autrichienne, renforcée par des corps nombreux, obligea Kléber de songer à la retraite, toutes ses mesures étaient prises pour traverser le pont de Neuwied. Il ordonna en conséquence à Marceau d'incendier tous les bateaux qui se trouvaient sur le fleuve, et dont le feu devait se communiquer au pont, quand l'armée n'en aurait plus besoin.

Les dispositions furent mal calculées : le pont n'existait plus quand l'armée se présenta. Kléber, aussitôt, donne des ordres pour en construire un nouveau, attire l'ennemi dans l'intérieur des terres, le bat et revient au nouveau pont, sur lequel il ne met le pied qu'après avoir vu passer le dernier de ses soldats.

Bientôt les succès de l'armée de Sambre-et-Meuse, un nouveau passage du Rhin, les combats de Dusseldorf, d'Altenkirchen, la défaite du prince de Wurtemberg, celle des soixante mille Autrichiens de l'archiduc Charles, battus avec vingt mille hommes seulement, mirent le comble à la gloire de Kléber. Cependant l'intrigue choisit, pour l'éloigner de l'armée, le moment où Francfort lui ouvrait ses portes. Kléber demanda sa retraite et l'obtint. Il retourna à Strasbourg, où ses amis politiques essayèrent vainement de le faire nommer membre du Corps législatif.

Il loua alors une petite maison à Chaillot, où il s'occupa à écrire ses *Mémoires*. Au 18 fructidor, ses ennemis s'efforcèrent de le faire inscrire sur la liste des déportés. Averti à temps du danger, il se tint à l'écart. Mais l'expédition d'Égypte ayant été décidée, Bonaparte fit un appel aux braves dont il désirait être accompagné, et Kléber fut un de ceux qui montrèrent le plus de zèle pour l'entreprise.

Aussitôt arrivé sur le sol égyptien, il marcha sur Alexandrie avec la colonne du centre, et reçut une blessure à la tête en escaladant l'un des premiers les murs de la ville, dont il eut le commandement. Guéri de ses blessures, il accompagna Bonaparte dans l'expédition de Syrie, marcha à l'avant-garde, prit El-Arisch, s'enfonça dans le désert, s'empara de Gaza, de Jaffa, gagna la brillante bataille du mont Thabor, et, après la levée du siège de Saint-Jean-d'Acre, protégea la retraite de l'armée. Il se distingua de nouveau à la bataille d'Aboukir.

Enfin, Bonaparte, ayant pris la résolution de revenir en France, lui remit le commandement de l'armée d'Orient. Ici Kléber ne se montra pas, dans les relations diplomatiques et dans l'appréciation des hommes et des choses, ce qu'il était sur le champ de bataille, clairvoyant, magnanime, inébranlable. Il s'entoura de tous ceux qui avaient fait éclater leur mécontentement lors de l'arrivée au Caire, et l'on ne s'occupa bientôt plus qu'à trouver impossible l'exécution de tout ce qui devait assurer le séjour de l'armée en Egypte.

Kléber crut devoir faire, pour la conservation de ses troupes, le sacrifice de la gloire qu'il pouvait encore acquérir. Une armée de quatre-vingt mille hommes, ayant soixante pièces de canon, s'avançait vers l'Egypte. Kléber entra en négociation, et conclut à El-Arisch, le 24 février 1800, une convention honorable. Il se disposait à évacuer le Caire lorsque l'amiral Keith lui fit connaître qu'un ordre de son gouvernement lui défendait de permettre l'exécution d'aucune capitulation, à moins que l'armée française ne mît bas les armes et ne se rendît prisonnière de guerre. Indigné d'une telle perfidie, Kléber se sert de la lettre du lord comme d'un manifeste qu'il fait publier dans son armée, n'y ajoutant que cette phrase : « Soldats ! on ne répond à une telle lettre que par des victoires : préparez-vous à combattre. »

La victoire d'Héliopolis fut, en effet, une admirable réponse. Cependant une insurrection avait éclaté au Caire ; Kléber reprit cette capitale, recommençant en quelque sorte la campagne d'Egypte : l'armée elle-même manifestait le désir de conserver une conquête dont elle sentait toute l'importance, et Kléber ne s'occupait plus que du soin d'en consolider la possession, lorsque, le 14 juin, il fut assassiné par un Turc fanatique. Le même jour, Desaix tombait mortellement blessé à Marengo.

— Je n'avais considéré la splendide statue de la place Kléber que comme une œuvre d'art admirable, observa sir Lionels ; maintenant elle m'intéressera doublement, car j'y chercherai, en la revoyant, l'esprit même de cette nature énergique et indomptable.

— Et vous l'y trouverez. Avec ce tact qui décèle le génie, Grass, l'éminent artiste alsacien à l'habile ciseau duquel on s'en est remis du soin de transmettre ce héros à la postérité, a choisi, pour le représenter, le moment où il vient de recevoir la lettre de lord Keith. Il la froisse d'une main, de l'autre il saisit son sabre, et, se rejetant en arrière, il répond à l'insolence de ses ennemis — passez-moi le mot — par ce défi : « Les armes que vous demandez, venez les prendre. » C'est bien lui tel qu'il était alors : l'idole du soldat et l'honneur du champ de bataille.

— J'ai admiré longtemps cette belle tête imposante, reprit sir Lionels, sans songer à relever le reproche implicitement adressé à la politique de la nation anglaise, que trahissaient les paroles de son compagnon.

— Oui, Bonaparte disait de lui : « Rien n'est beau comme Kléber un jour de bataille. » Il avait reçu de la nature une taille majestueuse, une tête imposante — vous avez trouvé le mot qui la caractérise — et une voix qui, tantôt par sa douceur lui conciliait tous les cœurs, tantôt par son éclat suffisait pour arrêter les séditions et couvrir les murmures des soldats. A Sainte-Hélène, Napoléon, qui se connaissait en hommes, formulait ainsi son jugement : « Kléber était doué du plus beau talent, mais il n'était que l'homme du moment. A l'habitude, c'était un endormi ; mais dans l'occasion il avait le réveil du lion. Il n'était lui-même que devant le danger ; aussi le cherchait-il avec l'ardeur que d'autres mettaient à l'éviter. »

— Ah ! c'étaient des hommes, ceux-là ! s'écria sir Lionels avec enthousiasme.

— Oui, comme tous ceux qui ont la foi. Il est vrai qu'ils combattaient non seulement pour la patrie, ce qui eût suffi à les inspirer, mais pour l'humanité, et non pour des querelles de parti et des querelles de souverains. Je les aime, ces valeureux champions de la Révolution française, parce que je sens en eux le même esprit qui anima nos pères, lors de la conquête de notre indépendance, et qui les transforma, eux aussi, en héros. On a beaucoup parlé de la dégénérescence des Français et de l'affaiblissement chez eux de la discipline et des qualités militaires. Eh bien ! je crois que si on les enflammait pour une idée généreuse, si on leur donnait des chefs dignes d'eux, ils se montreraient encore les premiers soldats de l'Europe.

Sir Lionels fit la grimace.

— Il est vrai, fit-il, comme se parlant à lui-même, que nous en sommes les premiers marins.

— Je ne vous l'aurais pas dit, remarqua Lytton, un tel compliment pouvant avoir quelque apparence de flagornerie.

— Parlez-moi des autres héros de l'Alsace, reprit sir Henry, dans le but évident de changer la conversation, à laquelle sa maladresse avait donné un tour peu agréable entre les représentants des deux nations qui se disputent la priorité maritime.

— Volontiers. Hoche était, comme Kléber, sorti des rangs du peuple. Il était fils d'un garde de chenil de Louis XV. Il s'enrôla à quinze ans; et comme, sous l'ancien régime, l'avancement ne s'obtenait que par faveur, les talents ne comptant pour rien, il n'était encore que sergent aux gardes françaises quand éclata la Révolution. De ce moment, le succès de sa carrière se décida.

En 1792, il était déjà lieutenant dans le régiment de Rouergue, et il se distingua devant Thionville et à Nerwinde. En ces temps troublés, le soupçon et la calomnie s'attaquaient aux vies les plus pures; un beau jour, il se voit accusé d'incivisme, imputation grave, vous le savez, à cette époque. Il avait une réponse toute prête. C'était un plan de campagne tel, qu'il fut nommé immédiatement général de brigade; car, avant Napoléon, il avait deviné la grande guerre et l'avait mise en pratique.

Sa belle défense de Dunkerque lui valut le commandement de l'armée de la Moselle. Le duc de Brunswick le battit d'abord. Cet échec, loin de porter atteinte à son prestige, acheva de révéler ses grandes qualités. L'armée qu'on lui remettait était complètement désorganisée, démoralisée, incapable de vaincre; il la remonta, transforma ses troupes, les électrisa, montrant ainsi qu'il avait, outre le talent qui dirige et l'habileté qui prévoit, un don précieux, l'ardeur, l'expansion qui se communique et à laquelle rien ne résiste. Alors il se joignit à Pichegru, et sa marche devint triomphale. Il défit les Autrichiens à Wissembourg, à Frœschwiller....

— Wissembourg, Frœschwiller, ne sont-ce pas des batailles de 1870?

— Parfaitement. Et par un triste retour des choses d'ici-bas, c'est dans ces lieux, où ils avaient moissonné tant de gloire, que les Français devaient inaugurer toute une ère de défaites sanglantes.

— Pardon, je vous ai interrompu; qu'alliez-vous dire?

— Vous raconter un épisode qui vous dépeindra l'homme. A Frœschwiller, il mit les canons autrichiens aux enchères et

Hoche.

offrit 150 livres à ses soldats pour chaque pièce enlevée à l'ennemi.

— Adjugés! répondirent les grenadiers.

Et les canons furent emportés à la baïonnette.

— D'ailleurs, quand Hoche parut en Alsace, ce fut un éblouissement, paraît-il. « J'ai vu le nouveau général, écrit un officier; son regard est celui de l'aigle, fier et vaste ; il est fier comme le peuple et jeune comme la Révolution. » Ayant ainsi le don d'entraîner les âmes, il marcha de succès en succès, et ne tarda pas à faire évacuer l'Alsace.

Mais il était dans sa destinée que plus il « ferait grand », comme on dirait de nos jours, plus il s'attirerait de haine et d'ingratitude.

A l'instigation de Saint-Just, son mortel ennemi, il ne rentre à Paris que pour aller grossir le contingent des prisons. Le 9 thermidor seul lui rendit la liberté.

Du reste, ce temps d'arrêt lui-même, il sut le mettre à profit. Loin de s'abandonner aux pensées amères que pouvait lui inspirer l'injustice dont il était victime, ou à la crainte de voir trancher dans sa fleur une vie dont il avait le droit de tant attendre, il employait ses jours aux sérieuses études qui mûrissent l'homme et dont il devait recueillir le fruit.

Ce fut sans doute par dédommagement pour l'étrange légèreté avec laquelle on s'était privé de ses services, qu'on lui confia alors le commandement d'une des armées de l'Ouest, poste difficile autant que délicat. On peut le présumer ; et ce qui est certain, c'est qu'on fit bien. A une guerre à part, il appropria des moyens à part et inaugura tout un système de petits camps retranchés. Général distingué, il remporta sur les émigrés la bataille de Quiberon, s'empara de Charette et de Stofflet; mais, politique adroit et plein d'humanité, il fit plus et mieux : il réussit à pacifier tout le pays qu'il occupait.

Aussitôt nous le retrouvons à l'armée de Sambre-et-Meuse ; il défait successivement les Autrichiens à Neuwied, Ukerath, Alterkirchen et pousse jusqu'à Wetzlar, dont il fait son quartier général. Une courte maladie l'enlève à l'adoration de ses soldats.

— Ne mourut-il pas empoisonné ?

— Oui. Sa mort rapide éveilla des soupçons ; l'autopsie révéla la présence du poison, sans qu'aucune recherche ait pu faire la lumière sur l'auteur inconnu du crime, ou même sur le mobile qui y poussa ; car à ses grandes qualités militaires il joignait le caractère le plus noble et le plus généreux ; et s'il eut des ennemis, il ne s'en fit jamais et dédaigna toujours de tirer vengeance de leurs perfidies.

— Il était tout jeune, je crois ?

— Vingt-neuf ans. Il avait été nommé général en chef à vingt-quatre ans. Ce fut donc en cinq ans seulement qu'il parcourut cette carrière de gloire qui le place au nombre des plus illustres généraux français. Mais que de travail pour arriver là ! Quelle étonnante volonté chez cet enfant du peuple ! Simple soldat, il se livrait déjà, en dehors de son service, à des travaux manuels pour se procurer les moyens d'acquérir les livres qui lui manquaient pour suivre ses études.

— Quel exemple pour les Français d'aujourd'hui, si absorbés par des plaisirs malsains et de mesquines préoccupations ! remarqua sir Lionels, qui, en sa qualité d'Anglais d'humeur puritaine, aimait volontiers à s'appesantir sur les défauts de ses voisins.

— Et non pas seulement pour eux, mais pour nous tous, reprit Lytton sérieusement ; car le propre des grands hommes de tous les pays, c'est de n'appartenir par le fait à aucun et d'être les moralisateurs de l'humanité. Ce qu'ils ont de plus que nous, ces géants qui nous étonnent, qu'ils se nomment Washington ou Hoche, Kléber ou Grant, c'est qu'ils sont capables d'une passion unique dans laquelle s'absorbent les forces vives de leur âme et dont l'objet est toujours la patrie. Cette passion, ils en entretiennent la flamme du plus pur de leur cœur. C'est par elle qu'ils aiment la justice et chérissent la liberté, par elle qu'ils entrevoient des horizons inconnus et se sentent l'énergie de s'y élancer à corps perdu, par elle qu'ils veulent être invaincus et deviennent dès lors invincibles. Ils ne font pas la guerre pour la guerre ; ils la font parce que, jusqu'à nouvel ordre, c'est le seul moyen d'amener le triomphe des idées de progrès qui assureront aux générations futures un avenir plus en harmonie avec leur véritable destinée.

Ah! qu'il y a loin entre les guerres de la France en 1792 et celles de la Prusse dans la seconde moitié du xix° siècle! L'une prodigue un sang pur et généreux pour sauvegarder le germe des libertés de tous, dont elle est la dépositaire, et c'est au cri de « vive la liberté! » que, pleine de sa mission, elle va devant elle, sans dessein d'opprimer, sans réclamer un profit quelconque de son œuvre libératrice. Malheur si, cédant aux suggestions égoïstes qui assaillissent le cœur des peuples comme ceux des individus, elle regarde en arrière! L'humanité reculera de plusieurs siècles, et vingt générations langui-ront encore dans les liens de l'ignorance et de la servitude.

Tout au contraire la Prusse.... A l'instigation de son chancelier de fer, type trop bien conservé de la brutalité d'un autre âge, elle répète après lui : Mort au libéralisme! mort au progrès! Qu'importe l'humanité! qu'importe le bonheur de tous! Et elle se rue sur l'Europe surprise, qui la laisse faire. Toutefois c'est la France qu'elle vise, c'est à la France qu'elle en veut, comme à l'incarnation de l'idée libérale, l'incarnation des principes vitaux qui sont la condamnation de son système d'oppression, et elle veut terrasser la France ; mais elle peut toucher à son territoire, elle n'amoindrira pas sa valeur morale, elle ne la tuera pas avant l'accomplissement de sa mission providentielle. « La force prime le droit », dit-elle ; et comme un voleur de grand chemin, elle fait main basse sur tout ce qui est à sa convenance. Il lui faut de l'argent pour remplir ses coffres épuisés par son militarisme à outrance ;

elle a recours à la guerre de conquête et s'enrichit de la sueur des peuples laborieux. Si la France avait retenu quelque chose du passé, elle me représenterait le type élégant et chevaleresque du preux mettant au service du faible son bras et son épée. La Prusse a préféré le type rétrograde du seigneur féodal rapace et tyrannique, préparant ses coups dans l'ombre, et peu s'en faut qu'elle n'en tire vanité. Ce sera l'éternelle humiliation de l'Allemagne, antique foyer de philosophie et de vie intellectuelle, de l'Allemagne si fière autrefois de sa science, d'avoir, à la fin du xixe siècle, courbé volontairement son front sous la pesante domination militaire que ne subissent que les peuples asservis. Et c'est la gloire de la République française de mettre en face de cette nation de soldats, gouvernée par le code des conseils de guerre et la schlague, une nation de citoyens, maîtresse d'elle-même et de son avenir, pacifique mais vaillante, et forte, surtout, de cette idée que ce qu'elle aurait à défendre contre l'ennemi, ce n'est pas, ainsi que l'Allemand, la discipline et la monarchie militaire, mais la liberté en partie proclamée et l'égalité presque conquise.

— J'aime décidément mieux être votre ami que votre ennemi, dit sir Lionels d'un ton légèrement piqué. Que vous a donc fait la Prusse ?

— A moi, rien, ni à mon pays, Dieu merci ; car alors ce serait autre chose. Je vous le répète, je ne suis point son ennemi ; je serais plutôt son ami, si je pouvais lui ouvrir les yeux sur ses véritables intérêts ; car, entre nous, entre deux rôles à jouer, je ne choisirais pas celui qui m'exposerait à la réprobation de tous....

— Et l'autre, Marceau ? demanda sir Lionels.

— C'est encore une grande et sympathique figure ; on regrette qu'elle ne fasse qu'apparaître dans le rayonnement de cette époque ardente, et surtout en Alsace, où Marceau semble n'être venu que pour mourir ; mais partout où il avait passé, il avait laissé les meilleurs souvenirs, témoin son séjour à l'armée du Nord, où, par des paroles énergiques, il arrêta les soldats de la Fayette prêts à suivre ce dernier sur la terre étrangère. En Vendée, où.... Mais il faudrait tout citer.

— Eh bien ! citez ; qui vous en empêche? Ne savez-vous pas que je suis comme les enfants, et que je me plais à voir sous votre parole s'animer et prendre vie ces figures qui n'avaient jamais été pour moi que des êtres abstraits, des noms?

— Oh ! je vais user de la permission et vous faire profiter de ce que j'ai lu sur ce héros ; car ces choses-là, on ne les improvise pas : on les reproduit avec respect.

C'était le 1er septembre 1791. Verdun, cernée par l'armée prussienne, était commandée par un des plus braves officiers supérieurs de l'armée, le commandant Beaurepaire. Elle avait une garnison de trois mille cinq cents hommes, pris parmi les plus vaillants de nos jeunes troupes républicaines. Elle avait dix bastions liés entre eux au moyen de courtines, couvertes par des tenailles et des demi-lunes, des fossés profonds, quelques ouvrages à cornes et à couronne ; plus, une citadelle composée d'un pentagone irrégulier. Ce n'était point là des fortifications de premier ordre, mais c'était tout ce qu'il fallait pour arrêter l'armée ennemie pendant quelque temps. Or, chaque minute qui retenait les alliés loin du cœur de la France était une minute précieuse, qui ne se pouvait payer par trop de sang ; car elle donnait une minute de plus à l'Assemblée législative pour organiser la défense de la patrie.

Tel était donc l'état des choses, lorsque, le 31 août, les alliés ayant jeté un pont sur la Meuse, le général Kalkreuth la traversa avec la brigade Wittingoff, deux bataillons et quinze escadrons, et par la position qu'il prit compléta l'investissement. Le même jour, à dix heures du matin, le roi de Prusse fit faire à la ville sommation de se rendre. La réponse de Beaurepaire, comme on devait s'y attendre, fut négative.

Aussitôt que le refus fut connu, une sourde rumeur courut par les rues. L'esprit de la ville était royaliste, et à cet esprit

Marceau.

venait se joindre, comme un puissant auxiliaire, la peur qu'un siège, en détruisant une partie de la ville, ne ruinât ceux sur lesquels tomberait le dommage. Les citoyens, qui ne devaient regarder que du côté de la patrie, comptèrent leurs trois mille cinq cents défenseurs; puis, reportant les yeux vers l'armée qui les étreignait, ils la virent douze fois plus forte qu'eux. Et tandis que les républicains étaient prêts à répandre jusqu'à la dernière goutte de leur sang, ils hésitèrent, eux, à compromettre une partie de leur fortune.

Néanmoins les dispositions énergiques de Beaurepaire étouffèrent d'abord les premiers murmures. Mais à peine l'ennemi avait-il été informé de la réponse du commandant de Verdun, qu'il établit trois batteries, l'une sur les hauteurs de Saint-Michel, l'autre au camp du prince de Hohenlohe, et la troisième au camp du général Kalkreuth. Du haut de leurs maisons, les habitants de la ville, tout en murmurant sourdement, mais sans oser encore entrer en opposition ouverte, suivaient les terribles préparatifs. A six heures du soir, l'une de ces batteries s'enflamma; les deux autres lui répondirent comme à un signal, et les premiers obus, en se croisant sur la ville comme un réseau de fer, de feu et de fumée, annoncèrent que le moment du dévouement ou de la trahison était venu.

Le bombardement dura toute la nuit. Pendant ce temps, les citoyens restèrent enfermés dans leurs maisons; mais, au point du jour, ils sortirent, et, malgré le danger qu'il y avait à rester dehors, il se rassemblèrent sur la place. Un obus tomba et éclata au milieu de la foule; plusieurs bourgeois furent blessés.

Ce fut le signal de la révolte. On alla trouver en tumulte Beaurepaire; on menaça d'ouvrir les portes sans capitulation et de livrer la ville à l'ennemi, si on ne se rendait pas. Beaurepaire fut obligé de convoquer le conseil; car, à cette époque, un conseil civil et militaire était chargé d'apprécier l'état de défense des places fortes, et le commandant de la place était forcé de se soumettre à ce conseil; sinon, il devenait lui-même passible d'un conseil de guerre.

Beaurepaire avait fixé l'ouverture de ce conseil pour six

heures du soir ; il s'y rendit donc avec ses officiers, dont il était sûr. Mais la majorité était aux bourgeois ; et comme le bombardement avait duré toute la journée et avait amené de nouveaux malheurs, les bourgeois décidèrent à l'unanimité qu'il fallait se rendre. Beaurepaire leur démontra tous ses moyens de défense, répondit sur sa tête que la ville ne serait point prise d'assaut ; mais il eut beau prier, supplier, les bourgeois maintinrent leur décision. Alors Beaurepaire se leva, promena un œil de mépris sur l'assemblée, puis, prenant un des pistolets qui étaient posés sur la table devant laquelle il était assis : « Vous êtes tous des lâches et des traîtres, leur dit-il ; déshonorez-vous, mais sans moi. » Et il se brûla la cervelle.

M. de Noyon, le plus ancien lieutenant-colonel, remplaça le commandant. Devant le corps tout sanglant de Beaurepaire, on fit entrer le parlementaire prussien, et l'on arrêta une suspension d'armes jusqu'au lendemain matin. A l'heure fixée, M. de Noyon et le général comte Kalkreuth devaient régler les articles de la capitulation. Les bourgeois, enchantés d'avoir obtenu ce qu'ils désiraient, se retirèrent en disant que Beaurepaire s'était tué dans un instant de fièvre. Ce fut la version qu'adoptèrent, à cette époque, tous les ennemis de la République.

La capitulation fut réglée : la garnison devait sortir avec tous les honneurs de la guerre, emportant ses armes, ses bagages, deux pièces de quatre et leurs caissons. Selon l'habitude, c'était le plus jeune officier supérieur de la garnison qui devait la porter au roi de Prusse. On consulta les cadres et l'on appela Marceau.

Alors, un jeune homme de vingt-deux ans, aux longs cheveux blonds tombant jusque sur ses épaules, au teint pâle, portant les épaulettes de chef de bataillon, sortit des rangs et s'avança pour recevoir la capitulation des mains de M. de Noyon. Mais avant de la prendre :

— Mon colonel, dit-il, ne pourriez-vous charger quelque autre que moi de cette mission?

— Impossible, dit le commandant ; les lois de la guerre vous désignent, obéissez.

Alors Marceau tira son sabre du fourreau et le brisa.

— Que faites-vous? demanda M. de Noyon.

— Je ne veux pas, répondit Marceau, qu'il soit dit qu'ayant au côté un sabre avec lequel je pouvais me défendre ou me tuer, j'aie porté à l'ennemi une capitulation qui nous déshonore tous.

Introduit devant le roi de Prusse, qui le reçut au milieu d'un état-major de princes, de ducs et de généraux, Marceau voulut parler; mais aux premiers mots, les larmes lui coupèrent la voix. Le roi tenta de le consoler; mais alors Marceau releva sa belle tête, et, souriant au milieu de ses pleurs avec toute la confiance que la jeunesse a dans l'avenir :

— Sire, dit-il, il n'y a qu'une seule chose qui console un Français d'une défaite, c'est une victoire.

Le roi de Prusse s'inclina devant cette douleur, et fit reconduire Marceau avec tous les honneurs que la guerre accorde aux parlementaires.

Le lendemain, la garnison sortit de la ville, emportant, outre ses armes, ses bagages et ses canons, un fourgon dans lequel était le corps du brave Beaurepaire. A Sainte-Menehould, elle se joignit à l'armée du général Galbaut. Marceau avait perdu à ce siège ses équipages, ses chevaux et son argent.

— Que voulez-vous qu'on vous rende en échange des pertes que vous avez faites? lui demanda un représentant du peuple.

— Un autre sabre, dit Marceau.

Quant à Beaurepaire, l'Assemblée législative le récompensa comme aurait pu le faire le sénat de Rome : elle décida que ses restes seraient inhumés au Panthéon; que sa tombe porterait

Mort de Beaurepaire.

cette inscription : *Beaurepaire aima mieux se tuer que de capituler avec les ennemis de la France*, et que l'on donnerait son nom à l'une des rues de la capitale.

Pendant ce temps, Verdun ouvrait ses portes à l'ennemi, et vingt jeunes filles, vêtues de blanc, allaient au-devant du roi de Prusse avec des corbeilles remplies de fleurs.

Deux mois après, le roi de Prusse repassait la frontière en fugitif, et les vingt jeunes filles de Verdun marchaient à l'échafaud.

Marceau passa avec son grade dans les cuirassiers de la légion germanique, et partit avec eux de Philippeville pour aller combattre les Vendéens; mais en arrivant à Tours, il se trouva que la dénonciation et la calomnie l'avaient précédé, ainsi que les officiers ses camarades; et tout l'état-major fut arrêté en corps. Toutefois la dénonciation fut reconnue absurde, et, la veille de la bataille de Saumur, on rouvrit les portes aux prisonniers et on leur rendit leurs épées, dont ils se servirent le lendemain de manière à prouver à la Convention qu'elle avait bien fait d'en agir ainsi.

La guerre de Vendée était une guerre terrible et qui tuait vite ceux qui la faisaient; car on était tué non seulement par le fer et le plomb de l'ennemi, mais encore par les dénonciations des envieux. A peine arrivé sur cette terre fatale, Marceau avait eu à lutter contre la calomnie, qu'on aurait cru cependant n'avoir rien à démêler avec son cœur loyal et sa douce et belle figure; il s'en vengea en faisant des prodiges de valeur à la déroute de Saumur, et en sauvant le conventionnel Bourbotte, qui, démonté, allait être pris, et qu'il mit presque de force sur son cheval, soutenant la retraite, ou plutôt essayant d'arrêter la déroute, à pied et un fusil à la main. Bourbotte fit son rapport à la Convention, et Marceau fut nommé général de brigade : il avait vingt-deux ans et trois mois.

Bientôt Marceau prit sa revanche : désigné par Kléber, son ami, pour commander les deux armées de l'Ouest, il rassembla toutes les troupes dispersées dans leurs différents cantonnements, et vint attaquer le Mans le 13 décembre 1793. Le même jour, les Vendéens sont chassés de toutes les positions extérieures et refoulés dans la ville ; il était cinq heures du soir. Marceau, voyant son armée fatiguée et à demi-portée du canon de la ville, remet au lendemain la bataille décisive ; mais alors arrive Westermann, le général en chef.

— Que fais-tu? crie-t-il à Marceau ; tu t'arrêtes au milieu de ta victoire ; profite de ta fortune, jeune homme, et marche en avant.

— C'est jouer gros jeu, dit Marceau en lui présentant la main avec son doux et triste sourire ; mais n'importe, marche, et je te suivrai.

Et aussitôt l'armée tout entière s'élance sur les pas des deux généraux : on joint l'ennemi corps à corps ; mais comme les rues du Mans sont encombrées, les Vendéens opposent la même résistance qu'opposerait une muraille. Pendant toute la nuit, Marceau attaque, perce, renverse ces remparts vivants, et, au point du jour, les royalistes, rompus de tous côtés, après avoir fait de chaque maison une citadelle qu'il a fallu emporter d'assaut, fuient par toutes les portes, laissant dans les rues du Mans plus de trois mille tués et quinze cents blessés ; car, dans cette guerre fatale où tout prisonnier est mis à mort, tout ce qui a pu se traîner a fui.

Mais parmi les prisonniers, se trouve une prisonnière. Du milieu d'une maison tout en flammes, s'est élancée une jeune fille ; elle a vu Marceau le sabre à la main, et elle est venue mettre son honneur et sa vie sous la sauvegarde de sa loyauté. Marceau a gardé religieusement le double dépôt qui lui a été confié. Pour prix de sa victoire, il est dénoncé à la Convention, comme ayant soustrait au supplice une femme vendéenne, prise les armes à la main.

C'était une accusation grave ; aussi fut-il arrêté, ainsi que la jeune Vendéenne. En se séparant d'elle, il lui donna une rose rouge qu'il tenait à la main, au moment où ils avaient été arrêtés tous les deux. La jeune fille aimait Marceau : elle reçut le don qu'il lui faisait, et le garda précieusement.

Il y allait de la tête de tous deux. Heureusement Bourbotte, qui se souvenait de la déroute de Saumur et du service que Marceau lui avait rendu, prit aussitôt la poste et s'en vint devant la Convention plaider la cause de son sauveur. Il obtint facilement sa liberté ; mais il n'en fut point ainsi de la vie de la jeune Vendéenne. Le matin même du jour où Marceau devait sortir de prison, elle fut conduite à l'échafaud. Elle y marcha tenant entre ses dents la rose rouge que lui avait donnée le jeune général, et lorsque le bourreau montra, selon l'habitude, la tête au peuple, cette rose rouge fit croire à beaucoup de spectateurs qu'elle vomissait le sang.

Marceau quitta le Mans et revint à Paris. A peine y fut-il, que la Convention alla au-devant de ses désirs en lui ôtant le commandement de l'armée de l'Ouest, et en l'envoyant dans les Ardennes prendre le commandement d'une division. Il passa de là à l'armée de Sambre-et-Meuse, fit à Fleurus des prodiges de valeur et décida la victoire. Enfin il était occupé au siège de la forteresse d'Ehreinbrestein, lorsqu'il reçut du général Jourdan l'ordre de venir le rejoindre.

Jourdan était en pleine retraite, et se trouvait acculé aux défilés d'Altenkirchen : il fallait donc arrêter l'ennemi, afin de donner à l'armée le temps de traverser les défilés ; ce fut Marceau que le général en chef chargea de cette dangereuse mission.

Marceau prit le commandement de l'arrière-garde ; il était adoré des soldats ; aussi, à sa vue, le mouvement rétrograde s'arrêta. L'archiduc Charles crut qu'il était arrivé un renfort aux Français, et s'arrêta de son côté. Le soir même il apprit que ce n'était qu'un seul homme.

Mais, pendant cette halte, Marceau avait eu le temps de prendre toutes ses dispositions, et, à compter de cette heure, l'armée ne recula plus que pied à pied, et sans que, malgré ses attaques incessantes, l'archiduc Charles pût l'entamer une seule fois. Ce fut ainsi qu'ils traversèrent la forêt de Rossembach ; mais, arrivés de l'autre côté, un aide de camp de Jourdan vint annoncer à Marceau que l'armée française n'avait point encore achevé de franchir le défilé, et qu'il était nécessaire qu'il s'arrêtât et fît tête aux Autrichiens. Le mot halte ! retentit sur toute la ligne, et l'arrière-garde française présenta à l'ennemi un mur de fer ; puis aussitôt, ayant jeté les yeux autour de lui pour voir quel parti il peut tirer du terrain, le jeune général aperçoit deux mamelons qui dominent la sortie de la forêt ; il ordonne de mettre en batterie six pièces d'artillerie légère, fait avancer le gros de ses troupes pour soutenir son arrière-garde, et, pour mieux examiner l'ennemi qui s'avance, part au galop, accompagné du capitaine du génie Souhait, du lieutenant-colonel Billy et de deux ordonnances. Arrivé presque à la lisière de la forêt, Marceau s'arrête, montrant du doigt à Souhait un hussard de l'empereur qui caracole devant lui.

En ce moment, un coup de carabine part à une vingtaine de pas de distance, et, au milieu de la fumée qui s'élève d'un buisson, on voit un chasseur tyrolien qui se retire en rechargeant son arme. Marceau vient d'être frappé par une balle. Il fait machinalement quelques pas en avant, la main sur sa poitrine. Le lieutenant-colonel Billy s'aperçoit qu'il chancelle ; il court à lui et le reçoit dans ses bras.

— Ah ! c'est toi, Billy ! lui dit Marceau ; je crois que je suis blessé à mort.

Jourdan accourt bientôt et se jette en pleurant sur le corps de son ami ; mais Marceau lui dit avec son sourire doux et triste : « Tu as quelque chose de plus important à faire que de pleurer ma mort ; tu as à sauver l'armée. » Jourdan fait de la tête un signe affirmatif, car il ne peut parler; il prend le commandement de l'arrière-garde, et ordonne de transporter Marceau à Altenkirchen.

L'armée passa le défilé sans être atteinte. Le soir, Jourdan rentra à Altenkirchen ; il fit appeler les chirurgiens, et apprit d'eux que non seulement il n'y avait aucun espoir de sauver le blessé, mais encore que le moindre mouvement hâterait sa mort. Il entra dans la chambre de Marceau, et, en le voyant, pâle et mourant qu'il était, calme et souriant comme d'habitude, il ne put s'empêcher de pleurer, lui, vieux soldat des premières guerres, qui avait tant vu d'hommes tomber autour de lui. Marceau fit un effort et tendit la main à ceux qui l'entouraient.

— Mes amis, leur dit-il, je suis trop regretté. Pourquoi donc me plaindre ? Ne suis-je pas heureux ? Je meurs pour notre pays !

Le lendemain matin, il fallut quitter Altenkirchen. Ce fut l'heure terrible. Il en coûtait à Jourdan de laisser Marceau au pouvoir de l'ennemi ; mais il était très évident qu'aucun secours humain ne pouvait le rappeler à la vie. Jourdan écrivit aux deux généraux autrichiens pour leur recommander Marceau. Puis l'armée française se retira, laissant près du lit mortuaire deux officiers de l'état-major, deux chirurgiens et deux hussards d'ordonnance.

Deux heures après la retraite de l'armée française, on annonça le général Haddick : c'était le commandant de l'avant-garde autrichienne. Après le général Haddick vint le général Kray, le vétéran de l'armée ennemie. Enfin, après le général

Kray, pour qu'aucun honneur ne manquât à l'agonie du jeune officier républicain, apparut l'archiduc Charles lui-même. Il amenait son propre chirurgien, afin qu'il unît ses efforts à ceux des chirurgiens français. Tout fut inutile; Marceau expira le 27 septembre 1796, à cinq heures du matin, pleuré par les officiers ennemis, comme il l'avait été la veille par ses compagnons.

A peine Marceau fut-il mort, que les officiers qui étaient restés près de lui demandèrent que son corps fût rendu à ses compagnons d'armes; et non seulement l'archiduc y consentit, mais encore il ordonna que le cadavre fût escorté jusqu'à Neuwied par un nombreux détachement de la cavalerie autrichienne. Puis il demanda même comme une faveur qu'on lui fît connaître le jour où Marceau serait enterré, afin que l'armée impériale pût se réunir à l'armée républicaine dans les honneurs qui lui seraient rendus.

Quatre jours après, l'archiduc Charles fut averti que l'enterrement de Marceau aurait lieu le lendemain.

Alors l'armée impériale occupait la rive droite du Rhin, en même temps que l'armée républicaine occupait la rive gauche; mais pour toute la journée les hostilités furent suspendues. Français et Autrichiens renversèrent leurs armes, et les canons ennemis répondirent par des salves égales aux canons français pendant tout le temps que dura la funèbre cérémonie.

Le corps de Marceau fut déposé en avant du fort qui, jusqu'en 1814, porta son nom, et qui depuis cette époque a pris celui de Pétersberg. Il consistait en une pyramide tronquée, haute de vingt pieds, placée sur un sarcophage et surmontée d'une urne où était son cœur. Cette inscription fut gravée sur l'urne : *Hic cineres; ubique nomen.* « Ici ses cendres ; partout son nom. »

Puis, sur les quatre faces du monument, on lit entre autres inscriptions les suivantes, dont j'ai pris copie :

« Ici repose Marceau, né à Chartres, département d'Eure-et-Loir. Soldat à seize ans, général a vingt-deux, il mourut, en combattant pour sa patrie, le dernier jour de l'an IV de la République française, dans la vingt-sixième année de son âge.

« Qui que tu sois, ami ou ennemi de ce jeune héros, respecte ses cendres. »

« L'armée de Sambre-et-Meuse, après sa retraite de Franconie, quittait la Laar; le général Marceau commandait l'aile droite; il était chargé de couvrir les divisions qui défilaient sur Altenkirchen, le 1er jour complémentaire an IV. »

« Il faisait ses dispositions au sortir de la forêt de Hœchstembach, lorsqu'il fut mortellement atteint d'une balle; on le transporta à Altenkirchen, où sa faibless eobligea de l'abandonner à la générosité de l'ennemi. Il mourut entre les bras de quelques Français et des généraux autrichiens, dans la XXVIe année de son âge. »

« Il vainquit dans les champs de Fleurus, sur les bords de l'Ourthe, de la Rouer, de la Moselle et du Rhin. — L'armée de Sambre-et-Meuse à son brave général Marceau. »

« Je voudrais qu'il m'en eût coûté le quart de mon sang, et vous tinsse en santé mon prisonnier, quoique je sache que l'empereur mon maître n'eût en ses guerres plus rude ni plus fâcheux ennemi (1). — *Mémoires* du chevalier Bayard. »

— J'aimerais également à en conserver la copie, dit sir

---

(1) Allusion aux paroles du général autrichien, baron de Kray.

Lionels, en s'emparant des feuillets sur lesquels Lytton avait transcrit les lignes précédentes.

On voyait qu'il était ému, et ce fut presque en silence que les deux jeunes gens refirent en chemin de fer le court trajet qui les séparait de Strasbourg. Mais à la hauteur du monument où Desaix est seul à rêver tristement dans son bosquet de peupliers, l'Anglais se découvrit avec respect, comme il eût pu le faire pour Nelson ou pour Wellington.

— Je les salue tous les quatre par la pensée, dit-il simplement.

XIX.

La cathédrale et la « Marseillaise ».

— Venez donc avec moi revoir la cathédrale, disait le lendemain sir Lionels à son compagnon.

— Comment! voici près de huit jours que vous y retournez, et vous ne l'avez pas encore assez vue?

— Non; plus je la contemple, plus je sens que c'est une de ces choses qui méritent un examen toujours plus complet, plus suivi. J'y découvre sans cesse quelque nouvel attrait, quelque détail merveilleux qui m'avait jusqu'alors échappé. Je l'ai vue par le clair de lune avec son monde de statues qui semblent un peuple de fantômes, et alors son caractère fantastique et éthéré a presque agi sur moi avec trop de puissance. J'en ai rêvé. Je l'ai vue à l'heure où le soleil l'inonde de ses rayons et où sa splendide rosace étincelle de mille feux. J'y suis allé pendant que ses orgues puissantes la remplissaient d'une ineffable harmonie ; et aussi quand elle était déserte et que dans sa pénombre mystérieuse flottaient encore les vagues parfums de l'encens et des fleurs, et lorsqu'une foule silencieuse se pressait sous ses portiques religieux ; et chaque fois, j'ai éprouvé un sentiment plus intime et plus profond. Je sens qu'il ne manque plus à mon bonheur qu'une chose : l'admirer à loisir avec vous, qui doublez mes plaisirs en les partageant, ou plutôt en en dégageant une sorte de philosophie douce qui achève de satisfaire l'esprit déjà ravi par la jouissance des autres facultés.

— Je me proposais de lui consacrer une matinée, répondit le journaliste ; j'ai à en faire un compte-rendu succinct, pour lequel j'ai dû me munir de quelques données ; mais les meilleures seront encore de pouvoir dire : Je parle *de visu*.

En conséquence, les deux amis partirent. Tandis qu'ils examinaient, avec un intérêt toujours nouveau, la disposition intérieure de la basilique, sir Lionels demanda tout à coup :

— Comment expliquez-vous que ce curieux monument représente ainsi les divers styles du moyen-âge ?

— C'est toute son histoire que vous me demandez là. Et si nous voulons rechercher le moment où cet emplacement commença à être sacré, il faut remonter fort au delà de l'ère chrétienne, à l'Argentoratum des Gaulois.

— Comment cela ?

— Parce que les recherches des savants sont arrivées à démontrer qu'il existait jadis un bois consacré à cet Esus dont nous avons déjà eu l'occasion de parler. Pour tâcher de contrebalancer l'empire encore puissant que les rites mystérieux des druides conservaient sur les populations environnantes, les nouveaux conquérants rasèrent le bois sacré et substituèrent au dieu de la guerre gaulois leur dieu Mars, auquel ils élevèrent un temple. Ce temple disparut probablement pendant la sanglante invasion des Huns, dont Argentoratum fut longtemps à se remettre, puisqu'il n'en restait pierre sur pierre, lorsque, à son tour, Clovis voulut ériger un sanctuaire au Dieu qui lui avait accordé la victoire.

On s'explique comment il donna la préférence à l'emplacement encore consacré par la vénération de tous. Un ancien chroniqueur raconte, avec la charmante naïveté d'un autre âge, que le vainqueur de Tolbiac fit cette église en bois à la bonne manière franque; expression dans laquelle on a voulu voir l'origine d'un idiotisme français : *à la bonne franquette*, qui signifie généralement : sans grand effort, sans grande cérémonie.

Quoi qu'il en soit, l'église primitive laissait fort à désirer; car Dagobert, le pieux fondateur de Saint-Denis, lui fait déjà subir des améliorations nombreuses. Charlemagne y adjoint un chœur de pierre dont vous retrouverez ici les traces, et Louis le Débonnaire, qui a déjà vu des exemples de ce que peut produire en ce genre l'architecture de son temps, renchérit encore sur l'œuvre de son père. Mais l'élément introduit par Clovis dans la fondation première nuisait toujours à l'édifice, très susceptible de s'enflammer, à ce qu'il paraît, puisqu'à diverses reprises nous le voyons incendié par la foudre, jusqu'au moment où un des ducs d'Alsace, ayant battu l'évêque de Strasbourg, en 1002, mit à sac la ville, pillant et incendiant la cathédrale.

L'évêque Wernher, désespéré d'un pareil désastre, avait mis tous ses soins à le réparer, quand la foudre, éclatant de nouveau en 1007, réduisit à néant son laborieux effort.

Toutefois, l'évêque voulait que sa Notre-Dame retrouvât non seulement sa beauté première, mais au delà. C'était l'époque où l'on incarnait sa foi dans ces montagnes de pierres, c'est-à-dire où ceux qui ne pouvaient prétendre à la gloire des armes recherchaient une gloire plus pure, qui transmît leur nom à la postérité avec une auréole. Plus l'œuvre était grandiose, plus son fondateur pouvait s'en enorgueillir; aussi, pendant huit ans, il amoncela les pierres qui devaient entrer dans l'édifice de ses rêves; pendant huit ans il mit au concours les plans des plus habiles architectes, acceptant ceci, rejetant cela, visant toujours un idéal auquel nul ne semblait pouvoir atteindre.

Enfin la construction commença en 1015; malheureusement, elle marcha très lentement; voilà pourquoi vous pouvez aujourd'hui suivre dans l'ensemble de l'œuvre toute l'histoire de la transformation de l'art architectural pendant son édification.

Certaines parties du chœur et de ses ailes, de la nef et de la crypte, reconnaissables à leur style byzantin, peuvent être attribuées mi-partie à Charlemagne, mi-partie à l'évêque Wernher. La nef principale et la façade montrent la perfection de l'art gothique, si essentiellement français, malgré son nom un peu barbare. Enfin le corps intermédiaire entre les étages des deux tours, et le couronnement de la tour du nord, décèlent les premiers temps de la décadence de l'art.

— Une décadence qui était encore bien belle, dit sir Lionels, en contemplation devant la partie de l'édifice que son ami signalait à son attention. Alors c'est à l'évêque Wernher que revient la gloire de cette merveilleuse conception?

— Non, non, se hâta de rectifier Lytton. Il eut l'idée de la masse imposante, mais jamais il n'alla jusqu'à rêver un pareil luxe de poésie; cet incomparable fouillis dont l'ensemble a fait l'admiration de tant de générations successives, et dont, s'il pouvait parler, chaque fragment ferait le bonheur d'un poète ou d'un romancier.

— Pourquoi donc?

— Pourquoi ? Parce que chacun des innombrables collaborateurs inconnus de l'artiste a laissé dans la pierre quelque chose de lui-même. Voilà la raison pour laquelle vous rencontrez dans les sculptures des églises du moyen-âge tant de scènes grotesques dont notre époque se choque et s'étonne. Le coupable y a laissé la trace de ses remords, et vous voyez les diables cornus surgir de toutes parts sous ses doigts, comme en ces temps d'ignorance ils surgissaient dans son âme épouvantée. Celui-ci, qui a souffert de la tyrannie d'un maître cruel, l'a buriné dans la pierre sous des traits hideux et fantastiques. Tel autre reconnaît qu'il nourrit une chimère, et la tête expressive se présente d'elle-même à son ciseau. Seul le cœur pur qui n'obéit qu'à des suggestions élevées se révèle à vous par des conceptions pures, et ces têtes d'anges éclosent naïves et charmantes.

— Je n'avais jamais réfléchi à cela. Mais vous ne m'avez pas encore dit qui reprit, pour la compléter, l'œuvre de l'évêque Wernher.

— Ce fut un de ses successeurs, Conrad de Lichtemberg, dont nous pourrons aller admirer le magnifique sarcophage là-bas dans la chapelle de Saint-Jean-Baptiste, qui osa imaginer ce merveilleux revêtement de dentelle de pierre, cette décoration riche jusqu'à la prodigalité, qui en fait un monument unique en son genre et la huitième merveille du monde. Il est à présumer que l'érection de la cathédrale de Cologne, ce bijou gothique dont l'apparition fut saluée par l'admiration universelle, ne fut point étrangère au dessein de Conrad de Lichtemberg. Les lauriers de Conrad de Hochsteden, l'instigateur du dôme de Cologne, l'empêchaient de dormir, et ce fut dans une de ces nuits d'insomnie qu'il prit la résolution de faire plus beau et plus grand.

— Et comment s'y prit-il ?

— Comme s'y était pris son émule, et, comme lui, il eut la chance de rencontrer un génie audacieux qui le comprit, et, d'un seul élan, dépassa de cent coudées ce que l'on attendait de lui; mais il fallait de l'argent.

« En 1275, dit M. Louis Spach, un mandement épiscopal passa de ville en ville, de bourgade en bourgade, d'abbaye en abbaye, de château en château, le long du Rhin et dans les deux chaînes de montagnes qui bordent la vallée ; les fonds affluèrent après cette invitation paternelle. En 1276 (février), Erwin posa la première pierre du portail, et pendant quarante ans présida à cette œuvre; mais sept générations successives devaient encore y apporter leurs sueurs, leurs offrandes, avant que la dernière pierre de la flèche allât toucher les nuages et saluer de plus près les étoiles et le ciel. »

— Sait-on au moins le nom de cet artiste qui entreprit ainsi de transformer la Notre-Dame de Charlemagne?

— Vous le voyez, l'article que je viens de vous lire le nomme Erwin, et il y a des présomptions sérieuses de croire que ce nom d'Erwin de Steinbach est la germanisation du Français Hervé de Pierrefonds. Ce serait d'autant moins surprenant, que les grands artistes en style gothique — connu jadis sous la dénomination caractéristique d'*opus francigenum* — ont été presque tous des Français. Le Rhin ne s'est réellement avisé de ses devoirs de fleuve frontière que lorsqu'il s'est agi de l'art proprement dit ; car, chose étrange ! ce dernier n'a pu au moyen-âge dépasser les limites de l'empire romain. En deçà du Rhin comme en deçà du Danube, vous retrouvez partout de splendides monuments aux formes élégantes, avec leurs colonnes sveltes finement évidées et leurs ogives parfaites ; au delà, tout y manque de grâce ; il y a des constructions, mais des édifices, point.

— Et ce Lichtemberg eut-il la satisfaction de pressentir l'accomplissement de son rêve?

— Oui, puisqu'il écrivait à quelque temps de là que « sa bonne cathédrale florissait comme les fleurs de mai ». Et, à ce propos, j'ai remarqué, sans trop de surprise toutefois, combien il est singulier qu'à des siècles de distance, ce monument éveille encore dans l'esprit l'idée d'une végétation puissante et d'une flore indestructible, que je retrouve dans le fragment suivant :

« Le chef-d'œuvre, c'est la façade du XIII° siècle, une des merveilles de l'art ogival. Lorsqu'on débouche de la place Gutenberg, elle vous écrase de sa hauteur, vous éblouit de sa gigantesque floraison. Pour bien saisir le caractère de cette page grandiose d'architecture, il suffit de la comparer à la façade de Notre-Dame de Paris. L'église de la monarchie française est le chef-d'œuvre de l'élégance et de la sobriété. Les trois étages se superposent, coupés par des bandes longitudinales. C'est l'harmonie, la sagesse parfaite; mais peu d'élan, peu de mouvement ascensionnel. Regardez, au contraire, la façade de la cathédrale de Strasbourg par un beau soir d'été, quand le soleil couchant chauffe les tons rouges du grès bruni. Entre les trois forts piliers qui, d'un seul jet, gagnent la plate-forme, la dentelle transparente de pierre étale une végétation immense. Quelle force d'arborescence et d'ascension ! La poussée des trois portails, l'élan des pilastres entraîne les chapiteaux, les tabernacles et des milliers de lancettes. Ogives sur ogives, colonnes sur colonnes, tout monte, tout flambe, tout fleurit; au centre, s'étale la rose, cœur ardent de cette forêt de pierres; au sommet, la flèche s'élance comme un lis. »

— Cette description est parfaitement exacte, remarqua sir Lionels.

— Et bien écrite, ajouta Lytton, que ses études rendaient meilleur juge que le jeune Anglais en matière de littérature étrangère. J'ai découpé cette poétique description dans des pages émues d'un Alsacien de talent défendant son pays, et dont je serais heureux de serrer la main loyale. Il me plaît d'aimer sa patrie avec cette généreuse ardeur et cette conviction qui s'impose.

Mais sir Lionels était en contemplation devant les statues des portails, ces vierges sages et ces vierges folles qui sont d'une si admirable facture; lorsqu'il se fut assez complu dans cet examen dont on ne peut se lasser, Lytton, l'attirant à quelque distance, lui fit remarquer d'autres statues devant lesquelles il ne songeait point à s'arrêter.

— Voici un argument qui vient à l'appui de ce que je cherchais à vous prouver naguère, du caractère essentiellement français des traditions alsaciennes. Voyez-vous ces statues de Clovis et de Dagobert? Les trouvez-vous dans la décoration de vos monuments anglais, ou figurent-elles dans celle des églises de l'Allemagne? Si vous les retrouvez ici avec celles de Charles-Martel, de Pépin le Bref, de Charlemagne, de Louis le Débonnaire, de Lothaire Ier, n'est-ce point la preuve, en quelque sorte indiscutable, que Strasbourg les reconnaissait pour ses rois au même titre?

— Je vous en prie, ne discutons plus cette question; je crois qu'elle est aujourd'hui résolue.

— Ah! voici une bonne parole dont je vous sais gré.

Il allait ajouter : « C'est surtout lorsqu'on s'est fait l'avocat d'une bonne cause, que l'on aime à constater sa victoire sur un loyal adversaire; » mais il ne voulut pas avoir l'air de poursuivre avec trop d'ardeur son avantage, et par manière de diversion — on sait que sir Lionels les aimait lorsqu'il se trouvait embarrassé — il demanda :

— Connaissez-vous l'autre titre de gloire d'Erwin de Steinbach?

— Non.

— Il est considéré comme le père de la franc-maçonnerie.

— Je croyais que celle-ci remontait à la plus haute antiquité, ou, pour dire vrai, se perdait dans la nuit des temps.

— L'artiste dans lequel se sont incarnés les génies divers qui ont concouru à l'épanouissement de cette œuvre magistrale, était aux prises avec des difficultés sans nombre. On n'évalue pas à moins de cent mille les ouvriers de toute espèce qui travaillaient aux diverses parties du monument. Ces gens affluaient de toutes parts. On les payait avec le pain du corps et les indulgences qui rendaient la joie à des âmes troublées par le remords. Comme je vous le faisais remarquer à l'occasion des monastères, tous ceux qui avaient beaucoup péché ou beaucoup souffert, aimaient à se grouper sous la domination des prêtres ou religieux, qui représentaient alors dans la société l'élément le plus clément et le plus civilisé. Eût-on pu leur demander compte de leur origine, de leur passé, qu'on ne l'eût pas fait; car le travail réclamait des bras et encore des bras. Ce que l'on pouvait faire, c'était de les asservir à certaines règles, librement consenties, qui précisaient les devoirs et les droits de chacun, tout en assurant en quelque sorte à chacun une protection plus efficace de l'église à laquelle ils consacraient leur vie. C'est à cet effet que Steinbach sollicita et obtint des privilèges exclusifs de Rodolphe de Habsbourg et du pape Nicolas III, et la loge (1) de Strasbourg eut l'honneur de fournir aux Sforza un artiste capable de terminer le dôme de Milan.

---

(1) Les quatre grands centres auxquels se rattachaient tous les ateliers d'un même pays, Strasbourg, Cologne, Vienne et Zurich, prenaient le nom de loge.

— Je m'étonne que cet Erwin n'appartienne pas au domaine de la légende.

— Aurait-il pu y échapper, avec le beau talent qui devait frapper d'admiration les masses? Certes non. Aussi nous le montre-t-elle en proie à un sombre découragement, tenant ses plans devant lui et contemplant avec amertume la façade inachevée. L'éternel tentateur, qui a deviné sa secrète angoisse à l'idée que ce plan, objet de tant de travail et d'amour, sera peut-être modifié par un continuateur indigne, l'esprit du mal cherche à le surprendre et lui offre de tout finir en un clin d'œil. Quelle gloire sera la sienne! de quel prestige s'entourera son nom! Mais à quel prix!... Erwin refuse, et, confiant en Dieu, en appelle à la postérité. Aussitôt l'ange du Seigneur apparaît. Il fait un signe, et la cathédrale s'achève et dévoile aux yeux charmés de l'artiste son ensemble tant rêvé, jusqu'à sa flèche aérienne qui va arrêter les nuages dans leur course fugitive.

— J'étais sûr qu'il devait y avoir une intervention *surnaturelle;* ce n'eût point été *naturel* sans cela.

— Ce n'est pas seulement pour lui que la légende s'est donné carrière; c'est aussi pour sa fille, la douce et illustre Sabine.

— Et quel rôle lui attribue-t-elle?

— Le plus beau qui se puisse concevoir, surtout pour l'époque : celui de continuatrice de l'œuvre de son père. Avec son frère Jean, elle accepta la lourde tâche d'assurer la complète exécution de ce gigantesque travail, et s'y consacra pieusement jusqu'à son dernier jour, préférant à toutes les joies mondaines les austères félicités d'une vie de labeurs incessants, illuminée seulement par les éclairs de son génie créateur. Nous ne pouvons partir d'ici sans que je vous aie fait voir sa statue et que je vous aie montré l'œuvre qu'on lui attribue.

Les deux jeunes gens s'arrêtèrent alors devant la gracieuse statue dans laquelle l'éminent sculpteur Philippe Grass a incarné la poétique figure de la vierge alsacienne. Après quoi ils firent une nouvelle halte devant la colonne des anges qui orne le dedans et le dehors du transept méridional dont, à tort ou à raison, on attribue les plus belles sculptures à la jeune inspirée. De là ils se rendirent devant les deux sveltes figures qui décorent l'entrée du portail roman et qui représentent la religion juive et la religion chrétienne.

— Vous aviez raison : la première, l'ancienne alliance, qui tient un labarum brisé, est empreinte d'une mélancolie si pénétrante, qu'on ne peut la contempler sans se sentir remué d'une sympathique pitié, disait sir Lionels.

— Oui, reprenait Lytton, et vous n'allez pas manquer de dire maintenant que c'est une âme tendre, une âme de femme qui a pu rendre ainsi la douleur d'un abandon mérité.

— Assurément. Aussi, quelle que soit la part que l'imagination populaire ait faite à cette noble créature, je ne saurais m'en étonner.

— Et cependant les savants ont mathématiquement démontré que la vierge légendaire n'a point existé, n'a point passé sa vie à faire jaillir de la pierre l'expression idéale de son rêve, que c'est un mythe, et que, par conséquent, elle ne mérite point la constance du sentiment enthousiaste que les Alsaciens lui ont voué.

— Expliquez-moi donc comment les savants ont pu prendre *ombrage* de cette *ombre* et ont trouvé le moyen de lui chercher noise.

— Par une raison bien simple : outre la tradition toute pleine du souvenir de la vierge antique et laborieuse, il existait une statue, aujourd'hui détruite, m'a-t-on dit, dont le socle portait une inscription latine dans le genre de ceci : *Gratia divinæ pietatis adesto Sabinæ de petrâ durâ per quam sum facta figura* (1). Or, pendant que les uns y reconnaissaient indiscutablement l'œuvre même de Sabine, d'autres y virent non moins indiscutablement un don fait à l'église par une Sabine quelconque. Au plus fort de cette question *indiscutable* que chacun tranchait à sa manière, d'autres, les savants, ne s'avisèrent-ils pas que les statues attribuées à la fille d'Erwin sont postérieures à l'époque où celle-ci aurait pu les concevoir et les exécuter?

— Oh! pour cette fois je vous arrête là; laissez vos savants en paix, vous dis-je, et laissez-moi me représenter Sabine comme je me suis représenté Odile, Richardis. Laissez-les-moi, quand ce ne serait qu'à titre de conceptions admirables faisant honneur au peuple qui, de son âme pure et vaillante, leur fait un piédestal.

— Ce n'est pas moi qui m'y oppose assurément, reprit Lytton en riant, car j'ai une aversion particulière contre ces savants qui se déclarent ennemis de toute poésie et la proscrivent avec une mesquine affectation, comme si le domaine de la science n'était pas assez vaste, assez beau, assez attrayant par lui-même, pour souffrir sur ses confins les bosquets sacrés de l'idéal.

— Mais savez-vous que voilà bientôt deux heures que nous errons sous ces voûtes de pierre d'une si imposante majesté, sans que vous m'ayez encore dit un mot de ces incomparables verrières qui prouvent que le génie appelle le génie, car elles sont aussi admirables dans leur genre que l'ensemble et le détail du monument dans toutes ses autres parties! Est-il rien de plus harmonieux et de mieux fondu que cette immense rosace qui n'a pas moins de cinquante mètres de circonfé-

---

(1) Que la grâce et la miséricorde de Dieu soient avec Sabine, par laquelle de pierre dure je suis faite statue.

rence? Et ces fenêtres ogivales? Et ces vitraux du xiv® siècle? Et l'horloge, ce chef-d'œuvre de mécanique?

— L'horloge est moderne, fit dédaigneusement sir Lionels.

— Elle n'en est pas moins une œuvre d'art (1) à laquelle tout le monde rend hommage, même après les enthousiastes descriptions qui nous sont restées du triomphe de Dasypodius (2), dont, par parenthèse, voici la place, ajouta-t-il en montrant une niche vide en face de l'horloge actuelle.

— Et les orgues (3)? Oh! parlez-moi plutôt de ces orgues puissantes qui versent tour à tour des torrents d'harmonie ou se prêtent aux accents les plus subtils des mélodies qui subjuguent l'âme. Voilà ce qui est incomparable.

— Tout le monde ne partage pas votre préférence ; car vos bons amis les Prussiens, mélomanes à l'occasion, pourtant, avaient fortement endommagé ces orgues, et ce n'est pas leur faute s'il a été possible de les réparer.

Sir Lionels tourna sur ses talons.

— Vous sentez-vous de force à escalader les nombreux escaliers qui, de tours en tours, et de tourelles en tourelles, nous permettraient de jeter un coup d'œil d'ensemble sur la ville et ses environs, sur le fleuve qui serpente dans la verdure et qui miroite et étincelle au soleil ; et sur ces chaînes des Vosges et de la forêt Noire si gracieuses dans leur altitude moyenne, que nous n'avons pas encore trouvé la possibilité de nous en lasser.

— Vous avez raison, mais....

— C'est une ascension qui vaut la peine d'être faite, continua

---

(1) Schwilgué, 1842.

(2) Conrad Dasypodius, savant mathématicien du xvi® siècle, qui avait fait une horloge astronomique, ou plutôt refait l'horloge astronomique dont la cathédrale de Strasbourg s'enorgueillit depuis 1252.

(3) Silbermann.

Lytton, qui s'échauffait facilement; car il n'existe en Europe que deux monuments plus élevés que celui-ci : l'église de Saint-Nicolas de Hambourg, qui la dépasse de deux mètres, et la cathédrale de Cologne, qui compte quatorze mètres de plus.

— Vous êtes-vous muni des autorisations préalables?

Horloge de la cathédrale de Strasbourg.

— Il n'en faut pas d'autre, je suppose, que la promesse d'un bon pourboire.

— C'est ce qui vous trompe; tant qu'il y a des tourelles, et, par conséquent, des escaliers intérieurs, il en est ainsi; mais on peut monter jusqu'à la couronne par des degrés extérieurs, ce qui exige une tête mieux équilibrée que la mienne contre les dangers du vertige. Pour arriver là, il faut une autorisation spéciale.

— Je l'ignorais ; je ferai les démarches nécessaires pour me la procurer. C'est le complément indispensable d'une visite à la cathédrale de Strasbourg. Les six étages de petites tourelles octogones qui forment la base de la flèche sont, paraît-il, d'un travail à jour admirable de fini et de délicatesse.

Sir Lionels n'était pas fâché qu'une circonstance indépendante de sa volonté le dispensât de s'exposer à une fatigue qui, pour lui, donnait à tout l'apparence d'une corvée, bien qu'il se fût enhardi et fortifié depuis qu'il s'était fait le compagnon de l'Américain si plein de vie, d'entrain et d'énergie.

Comme les deux amis s'éloignaient, l'âme encore remplie de la majesté du lieu qu'ils venaient de quitter, par une fenêtre ouverte s'échappa, fugitif et rapide, le refrain de la *Marseillaise*.

— Oh! oh! s'écria Lytton, voilà des notes entraînantes que je n'aurais pas cru entendre ici. Quel est l'imprudent qui s'expose ainsi de gaieté de cœur à la vindicte prussienne, qui ne transige pas sur les actes séditieux ?

— Ce doit être un étranger, répondit flegmatiquement l'Anglais ; car il n'eût pas compris qu'on pût l'empêcher de jouer tout air national de n'importe quel peuple, si cela avait eu l'honneur de lui convenir.

— Etranger ou autre, il pourrait lui en cuire, répondit Lytton ; on pourrait le prier de passer la frontière. C'est que, voyez-vous, la *Marseillaise* est doublement proscrite à Strasbourg, sa ville natale.

— Sa ville natale! répéta sir Henry avec surprise.

— Certainement ; c'est précisément à Strasbourg, que réclamait comme sienne l'Allemagne, que s'est, en une heure suprême, incarné le génie de la France pour appeler aux armes ses enfants et les conduire, de triomphe en triomphe, à travers une merveilleuse épopée, pour ainsi dire unique dans l'histoire.

— Epopée tant que vous voudrez; mais quel en a été le résultat pratique?

— Les résultats ont été multiples et d'une portée incalculable. C'est cette héroïque défense nationale qui a donné des ailes à la France pour échapper à l'étreinte sanglante des forcenés qui voulaient faire périr son honneur dans le sang et la boue. C'est cette héroïque défense nationale qui a affirmé la patrie de tous au détriment des barrières que la féodalité avait élevées de ville à ville et de province à province. La *Marseillaise* fut le premier chant vraiment populaire de la jeune France. Née à Strasbourg, elle reçut le baptême à l'autre extrémité de la France, à Marseille, et inaugura sa mission à Paris. Partout où éclataient ses accents, retentissants comme ceux du clairon, entraînants comme ceux d'une marche triomphale, chacun reprenait en chœur avec une sainte aspiration ou une patriotique colère; tous accouraient à sa suite, tous marchaient ou plutôt volaient, car l'âme de la patrie nouvelle avait trouvé son cri de ralliement.

— Sait-on dans quelles circonstances a pris naissance ce chant, qui ne manque pas en effet d'un certain brio?

— Si on le sait! repartit Lytton. Et comment ne le saurait-on pas, puisqu'à lui seul il a suffi à immortaliser son auteur?

— C'était Béranger, je crois?

— Vous voulez dire Rouget de l'Isle (1). C'était un jeune officier du génie, ami et commensal de Diétrich, qui était alors maire de Strasbourg et dont je vous ai déjà parlé.

— Comme d'un patriote, je m'en souviens.

— L'appel aux armes du 24 avril 1792 avait été pour Stras-

---

(1) Claude-Joseph, né en 1760 à Montaigut, près Lons-le-Saulnier (Jura), mort en 1836.

bourg une fête dont on ne peut guère suspecter le patriotisme, puisque trois jours après un bataillon de volontaires s'était déjà recruté et organisé. Pour fêter l'entrée en campagne — fixée au 29 avril — de ce jeune corps dont son fils faisait partie, Diétrich avait rassemblé chez lui l'élite de la garnison et de la population. On fraternisait volontiers à cette époque où l'on osait pour la première fois affirmer que les hommes sont frères, et l'on parlait de guerre, de guerre à outrance, de défense nationale, de patrie, comme remplaçant les intérêts de clocher qui en avaient tenu lieu jusque-là. On disait que l'enthousiasme ne manquait pas dans les rangs serrés de ces soldats qui couraient à la frontière en sabots et presque sans armes, car ils chantaient pendant les longues marches. Mais on les entendait redire les chants de leurs provinces ou les complaintes de leurs villages, et cela produisait un singulier effet, un je ne sais quoi qui manquait d'harmonie.

— Ce qu'il nous faudrait, après les couleurs nationales, ce serait un chant de guerre qui unît toutes les voix comme sont unis tous les courages, remarqua un des assistants.

De toutes parts on applaudit : c'était la constatation d'un besoin, et d'un besoin urgent.

— Tenez, vous qui êtes musicien, vous devriez nous improviser cela, dit Diétrich en frappant amicalement sur l'épaule de Rouget de l'Isle.

— Oui, oui, appuyèrent toutes les voix de femmes et surtout celles des demoiselles Diétrich, qui connaissaient bien le talent de l'aimable accompagnateur auquel elles avaient eu si souvent recours pour leurs concerts intimes.

Rouget se défendait avec la modestie inhérente à son caractère plus réfléchi que brillant ; mais il sentait comme les autres monter dans son âme le flot d'une émotion ardente, car rien n'est plus communicatif que l'enthousiasme, surtout chez les natures d'élite. Au sein de cette vaillante jeunesse qui abandonnait avec tant d'élan le tranquille *far-niente* de la vie de famille pour les hasards des combats, qui allait se faire

Rouget de l'Isle.

tuer gaiement au cri de « vive la France ! vive la liberté ! » il se sentait oppressé d'un sentiment étrange et indéfinissable ; son esprit était en feu ; son âme troublée demandait à s'épancher au dehors.

Enfin il n'y tint plus. Il regagna sa modeste demeure (1), il

---

(1) Rue de la Mésange.

saisit son violon, compagnon discret et chéri de ses heures de solitude ou de tristesse, et il joua pour tâcher d'apaiser son imagination enfiévrée. Toutefois, la musique qui parvenait à calmer le mauvais esprit incarné en Saül, ne pouvait rien sur l'hôte inconnu qui agitait ainsi Rouget de l'Isle; car cet hôte inconnu, c'était le génie de la France en travail. Le jeune homme joua longtemps, jusqu'à ce qu'enfin, dans une sorte de délire, il entendit sortir de l'instrument transformé cette marche ardente qui jaillissait tout d'une pièce, tandis que dans son esprit montaient des paroles correspondantes qui venaient une à une répondre à l'appel du rythme et occuper la place qui lui était propre. Bientôt il ne lui resta plus qu'à fixer l'air et les paroles sur le papier.

Ce fut une crise unique dans la vie de cet homme.

Le lendemain, brisé de cette lutte bizarre et de cet effort étrange, il dormait encore lorsqu'il vit arriver Diétrich et ses amis qui venaient réclamer le *Chant de l'armée du Rhin*. Rouget osait à peine répondre à leurs impatientes sollicitations; mais on le défie, on le presse, et, pour échapper à des récriminations amicales, il saisit son archet et joue.... Soudain les yeux étincellent, les poitrines se gonflent, toutes les voix acclament un chef-d'œuvre.

Mais ce n'était pas un succès en chambre qu'il fallait à l'hymne guerrier pour conquérir un peuple; Diétrich le fit jouer par la musique de la garnison, et la garnison devint enthousiaste.

— Voici par quelles paroles caractéristiques les soldats le saluèrent :

« Quel est cet air-là qu'ils nous ont joué? On dirait qu'il a des moustaches ! »

Oui, il était viril, et bien viril. Quelques mois plus tard un général écrivait :

« Nous nous sommes battus un contre dix, mais la *Marseillaise* combattait avec nous. »

— Il est bon de connaître l'origine des choses, remarqua sir Lionels; je n'avais jamais vu dans la *Marseillaise* qu'un chant magnifique, sans doute, mais trop sanguinaire pour plaire beaucoup. J'avoue qu'il m'est arrivé une fois de l'entendre entonner par une foule surexcitée, et.... j'eus peur.

— En temps de paix, les paroles peuvent assurément paraître exaltées; mais en se reportant à l'époque dont nous parlons, où les Français voyaient leur territoire violé, entendaient réellement dans les campagnes « mugir ces féroces soldats » qui venaient bien « jusque dans leurs bras égorger leurs fils et leurs compagnes », en se reportant aux services que cet air aux envolées superbes a rendus à la France, on convient qu'il n'est pas au monde de chant qui ait mieux mérité de devenir et de demeurer un chant national. N'avez-vous jamais entendu raconter comment les hauteurs de Solférino furent prises par la *Marseillaise* en juillet 1859? Ces hauteurs dont il fallait s'emparer à tout prix, car de là dépendait le succès ou la perte de la bataille, étaient formidablement défendues par les Autrichiens, qui s'y étaient retranchés comme dans une retraite imprenable; l'armée française avait été repoussée quatre fois déjà, lorsque Napoléon III eut l'heureuse inspiration de faire jouer la *Marseillaise* par les musiques des régiments. Tout à coup l'hymne admirable retentit et redouble le courage des soldats; ils montent de nouveau à l'assaut, et une heure après Solférino était une victoire complète.

Mais on l'a dit avec raison : ce chant a eu la destinée des dieux, qui est d'être invoqués à la fois par la vertu et par le crime, de planer tour à tour dans la nue et d'être traînés dans la boue. Admirable comme hymne de la défense nationale, il devint effrayant comme hymne de la Terreur. La *Marseillaise*, née sous l'inspiration de Diétrich et saluée par lui comme un chant de délivrance, devait l'accompagner à l'échafaud.

— Ce maire, si essentiellement patriote, fut-il donc une des victimes de la Terreur?

— Oui, comme Rouget de l'Isle faillit le devenir lui-même. Diétrich, admirateur des principes de 89, ne l'était pas des excès de 93. Fidèle à la constitution qu'il avait jurée, il voulut demeurer libéral et paya de sa vie sa noble fermeté. Et pour que ce nom éveille toujours dans votre pensée l'admiration à laquelle il a droit, laissez-moi vous citer ses dernières paroles, son adieu suprême à sa famille en deuil :

« Si je péris, écrivait-il à ses enfants, cette injustice vous accablera de douleur; mais imitez votre père : aimez toujours votre patrie, vengez-moi en continuant à la défendre avec la plus intrépide bravoure. »

XX.

Alsaciens et Prussiens.

En ce moment ils arrivaient à l'entrée de la rue de la Nuée-Bleue, où est situé l'*hôtel d'Angleterre*. Le petit nègre de Lytton guettait sans doute leur arrivée, car on le vit accourir la figure tout illuminée par le sourire qui accueillait toujours l'apparition de son maître. Cette fois il tenait à la main une dépêche qu'il agitait joyeusement.

Sir Lionels la regarda d'un air soupçonneux.

Lytton l'avait déjà parcourue, et ses sourcils s'étaient contractés.

— Adieu les loisirs, les flâneries charmantes et les longues causeries! dit-il avec tristesse. On me mande que le 25 août je dois être à Saint-Pétersbourg, où m'attendront de nouvelles instructions.

— Dix jours seulement! soupira sir Lionels. Je m'en doutais!

— Sept! et encore en brûlant le pavé, reprit Lytton, car il me faut trois jours pleins pour rejoindre mon poste. Nous les mettrons mieux à profit, voilà tout. C'est égal, je comptais encore disposer au moins d'une quinzaine.

— Et moi donc! En nous séparant, vous ne perdrez rien, car vous retrouverez la vie active, la vie intellectuelle qui entretient le parfait équilibre des forces; mais moi, moi, enchaîné par une santé faible et plus encore par la force du préjugé à une molle oisiveté, que deviendrai-je? Qui me rendra ces heures bénies où vous me galvanisiez en quelque sorte, où vous me faisiez croire à une existence supérieure et meilleure?

— Voulez-vous que je vous dise ce qui vous les rendra? Ce sera le travail, un dévouement complet, absolu, à quelque objet volontairement choisi, mais.... Puisque notre temps est si limité, voyons ce que Strasbourg a encore à nous offrir d'intéressant, afin de pouvoir, le plus tôt possible, reprendre le cours de notre programme, que nous serons obligés de modifier sensiblement.

Sir Lionels paraissait trop abattu pour répondre. Néanmoins, lorsque Lytton l'eut conduit dans le chœur de l'église Saint-Thomas, devant le splendide mausolée du maréchal de Saxe, son goût inné pour les œuvres d'art se ranima et lui permit une réelle admiration. Il faut convenir aussi que cette conception dans le goût antique, si en faveur au siècle dernier, est bien de nature à éveiller et à satisfaire pleinement ce sentiment dans une âme d'artiste.

Qu'on se figure, en effet, une pyramide en marbre gris au pied de laquelle est placé un sarcophage. Le maréchal, debout, descend d'un pas ferme les marches qui conduisent au tombeau. A sa droite, on voit les animaux symboliques des trois nations alliées, l'Autriche, la Hollande et l'Angleterre, dont le maréchal a triomphé dans ces guerres de Flandre où il s'est illustré. D'un côté, le Génie de la Guerre en pleurs porte un flambeau renversé; un peu en avant de lui, la France éplorée s'efforce d'une main de retenir le héros, et de l'autre repousse la Mort qui montre au maréchal le cercueil ouvert. De l'autre côté se tient Hercule symbolisant la force.

— Cette œuvre vraiment grandiose est, sans contredit, un des chefs-d'œuvre dus au ciseau du Français Pigalle, disait Lytton, après avoir donné à sir Lionels le temps d'admirer ce magnifique tombeau, élevé par la reconnaissance de Louis XV à la mémoire de celui que le grand Frédéric appelait « le professeur de tous les généraux ».

Le matin encore, sir Lionels eût trouvé quelque chose à répondre, et une longue dissertation se fût engagée peut-être sur cet illustre général qui combattit, lui aussi, en Alsace et concourut à la défaite des Impériaux; mais le pauvre Anglais marchait morne et absorbé dans une préoccupation douloureuse. Toutefois, en traversant une des places, il demanda :

— Quel est donc ce monument? Voilà plusieurs fois qu'il me frappe sans que j'aie trouvé le loisir de m'en enquérir. Convenez qu'il n'a pas le cachet d'antique et respectable vétusté auquel son style roman lui donnerait droit!

— C'est le nouveau temple Neuf reconstruit à la place de l'ancien édifice du XIIe siècle qui portait ce nom et contenait le précieux musée d'antiquités et la célèbre bibliothèque dont Strasbourg s'enorgueillissait jadis.

— Et pourquoi a-t-elle cessé de s'en enorgueillir? demanda négligemment sir Lionels.

— Parce que le tout, contenant et contenu, a été anéanti en une seule nuit par les obus allemands.

— Oh! se récria sir Lionels, évidemment choqué dans ses sentiments les plus intimes.

— Oui, dans la nuit du 24 août 1870, ces trésors sans prix, lentement accumulés à travers les siècles, devinrent le point de mire de l'artillerie de la puissance la plus civilisée du globe, et c'était à qui viserait le plus juste! reprit Lytton railleur. Et les livres rares, les manuscrits inestimables, pieuses reliques léguées à la vénération des peuples, se transformèrent en cendres, tout comme ceux d'Alexandrie, dont l'incendie, considéré comme un sacrilège, n'a point encore reçu l'absolution du monde civilisé.

— Se peut-il! répétait sir Lionels avec indignation. Mais on pouvait tuer des habitants inoffensifs!

— Et pourquoi donc eût-on bombardé, si ce n'eût été dans le but d'exercer, par l'élément civil, cruellement lésé dans ses affections et dans ses intérêts, une pression sur l'autorité militaire, et d'amener ainsi la reddition de la place? Mais tenez, si vous m'en croyez, vous monterez avec moi dans cette maison où j'ai reçu le plus cordial accueil. Il est juste que j'informe les hôtes charmants que j'y ai trouvés des changements survenus dans mes projets; car j'avais accepté d'y déjeuner samedi pour y rencontrer un homme fort compromis, paraît-il, par son attachement à la France et duquel j'espérais obtenir certains renseignements.

Sir Lionels, ne voulant plus se séparer de celui qu'il qualifiait de « sage mentor », fit violence à sa timidité et monta.

Le maître de la maison était absent. Ils furent accueillis par une de ces femmes séduisantes qui allient aux dehors de la femme du monde l'esprit pratique de la ménagère active et sans cesse occupée du bien-être de son intérieur.

Le jeune Anglais, toujours si gauche, fut tout surpris de se trouver subitement à l'aise en sa société. Elle insista avec tant de grâce pour que Lytton attendît son mari, que les deux jeunes gens se rendirent sans peine à ses sollicitations. La conversation s'engagea donc, bientôt elle tomba sur le siège.

— Je puis vous en parler sciemment, j'y étais, disait leur gracieuse hôtesse. J'étais encore une enfant à ce moment-là; mais de pareils événements mûrissent vite.

— Si ce n'était pas réveiller en vous des souvenirs trop douloureux, voudriez-vous, pour l'édification de mon ami, nous raconter ce dont vous vous rappelez? demanda Lytton.

— Ce dont je me rappelle! Ah! je puis tout vous dire alors; car pas un seul des événements de cette époque troublée n'est sorti de ma mémoire. Je revois encore l'instant cruel, terrible, où se répandit la nouvelle de la défaite de Frœschwiller, à laquelle personne ne voulait croire. C'est que ce n'était point assez de la douleur du sanglant affront fait à nos armes! Chacun savait qu'en pareil cas, Strasbourg restait sans secours, isolée, puisque les Vosges se refermaient devant elle. Hélas! il fallut bien se rendre à l'évidence lorsqu'un parlementaire prussien se présenta sous les murs de la ville, pour la sommer de se rendre. Une sourde et patriotique colère grondait dans tous les cœurs à la pensée de n'avoir pu tenir l'ennemi en échec. Quand il se présenta, arrogant, sûr de lui, ce fut une explosion. Le colonel Ducasse, un ami de mon père, se faisant l'écho des sentiments de tous, répondit : « Strasbourg ne se rend pas ; venez essayer de la prendre. »

— Le colonel Ducasse? interrompit Lytton. Je croyais que c'était le général Uhrich.

— Non; ce fut après qu'il fut tiré de la réserve pour prendre la direction de la défense.

— Combien aviez-vous de troupes? demanda sir Lionels.

— Dix-sept à dix-huit mille hommes peut-être, en y comprenant quatre mille mobiles, quelques débris de Frœschwiller, les compagnies de francs-tireurs et de chasseurs tirailleurs, et la garde nationale.

— Le vert et le sec, observa Lytton.

— Comme vous dites.

— Mais, reprit sir Lionels, c'était des troupes régulières que je voulais parler?

— Oh! de celles-là nous n'avions guère que le 87ᵉ de ligne, commandé par le colonel Blot, quelques compagnies de pontonniers sous le colonel Fiévet, un dépôt d'un bataillon de chasseurs, six cents artilleurs sans chefs et les marins de la flottille du Rhin, en tout trois à quatre mille hommes.

— Et c'était avec cela qu'il s'agissait de résister à combien de Prussiens?

— A soixante mille.

— Soixante mille! répéta sir Lionels.

— Oui, monsieur. Dès le 8 août les Allemands, au nombre de vingt mille, étaient venus camper devant Strasbourg; le 10, il y en avait soixante mille. Le général de Werder prenait le commandement et tentait un coup d'audace; ayant échoué, il hâta l'investissement, qui, le 12, était complet. Des batteries dressées de toutes parts commençaient à faire pleuvoir sur la ville une pluie de projectiles. Oh! quelle chose horrible que l'angoisse causée par le premier crépitement des bombes, puis par l'affolement de tous, dominé par les cris suraigus des enfants terrifiés. Je me souviens en particulier du 15 août: les Badois, croyant viser au bel esprit, n'imaginèrent-ils pas de saluer la fête de Napoléon III par une salve de vingt et un coups d'obusiers!

— Quelle sinistre plaisanterie! remarqua sir Lionels, tout pâle d'indignation.

— Sinistre, en effet. Un vieux domestique que nous avions depuis quarante ans fut tué l'un des premiers, et ce ne fut pas le seul! Pauvre vieux Kaspar! soldat, fils et père de soldats, il eût voulu mourir en soldat, en combattant. Son âge l'en empêcha ; mais il était écrit qu'il mourrait emporté par un éclat d'obus, et il le fut. Je ne puis songer à lui sans me rappeler un épisode des guerres de la Révolution qu'il aimait à conter et qu'il m'avait redit le matin même. C'était en 1792, à Kœnigsfelden, où son père avait perdu le bras droit. Les Français s'étaient emparés de cette petite ville et y soutinrent un siège contre les Prussiens ; ceux-ci, acharnés à reprendre la place, la battaient en brèche nuit et jour ; mais comme, la nuit, leurs boulets mal dirigés se perdaient, les nôtres, pour leur épargner la poudre, allumèrent des lanternes, qu'ils attachèrent aux murailles. Les Prussiens furent si piqués de cette plaisanterie — vous parliez de plaisanterie, sir Henry, celle-là en était une et une bonne ! — qu'ils levèrent le siège, si bien que nous gardâmes la position.

— C'était là une de ces gamineries par lesquelles les Français trouvent le moyen de se transformer en héros, dit Lytton en souriant. Aussi, pourriez-vous en demander de pareilles à ces têtes carrées d'Allemands?

— Oh! je vous en prie, madame, continuez, intervint sir Lionels, craignant que la conversation ne s'égarât.

— Nous en étions au 15 août, je crois. Ce fut pour répondre à cette grossière provocation que le 16 eut lieu la première sortie ; malheureusement elle tourna contre nous.

— Comment aurait-il pu en être autrement dans les conditions où vous étiez? dit sir Lionels.

— Oh ! ce fut plutôt l'effet de la mauvaise chance qui dès lors s'attachait à nous ; car vous savez, répondit la jeune femme avec un beau sourire, nous sommes habitués, nous autres Français, à combattre un contre dix. Quoi qu'il en soit, ce jour-là, nous eûmes soixante-dix hommes hors de combat ; le colonel Fiévet fut grièvement blessé, et peu de jours après il s'éteignait entre nos bras. De ce moment, la défense fut rejetée dans les lignes intérieures : nous ne pouvions plus lutter efficacement. Il fallait nous résoudre à l'inertie, ce supplice intolérable pour des cœurs ardents et dévoués; mais immobiliser autour de nous cette armée de soixante mille hommes, c'était encore témoigner de notre inaltérable attachement à la France, et nous y trouvions une sorte d'âpre douceur. Et puis, on avait tant à faire.

— La vie n'était-elle donc pas comme suspendue? demanda sir Lionels avec surprise.

— Pas le moins du monde! C'est étrange comme on arrive à s'habituer aux situations les plus critiques! Au bout de quelques jours on ne pensait plus aux obus. On allait, on venait, on vaquait à ses affaires; témoin le 18 août, où de pauvres ouvrières furent mutilées et tuées dans un ouvroir au centre de la ville. J'accompagnais souvent mon père aux contades, le soir. Quand nous avions fait une certaine quantité de charpie et de bandes pour les blessés, j'allais avec ma mère et mes sœurs les porter aux infirmeries. Ne fallait-il pas soutenir et encourager de notre présence ces chers enfants de la France qui étaient tombés pour nous? Le 23 commença la période que l'on a appelée le grand bombardement. Oh! c'est alors que ce fut affreux! Jamais je n'oublierai le soir de la Saint-Louis; c'était la fête de mon grand-père; nous étions dans le jardin, d'où l'on voyait la flèche de la cathédrale se détacher sur le ciel étoilé, quand une grande rumeur, passant par-dessus les murs, nous parvint et nous bouleversa : « La cathédrale brûle! » criait-on. Et l'on croyait à un obus égaré, à un accident; mais les bombes se succédaient, décrivant leurs arcs de cercles lumineux autour de la flèche avec trop de régularité pour qu'on pût s'y méprendre; j'en vis une entrer par une fenêtre et sortir par l'autre. Si vous aviez entendu l'explosion de rage qui se répandit dans la ville, quand on comprit que notre incomparable basilique était devenue systématiquement le point de mire de l'artillerie prussienne ! Nous l'aimions tant ce cher monument ! Nous le savions si admiré du monde entier, que nous le croyions sous la sauvegarde de l'art et de l'humanité !

— Qui se fût douté qu'il se trouverait des vandales assez peu soucieux de l'opinion publique, à défaut de leur propre honneur, pour s'attaquer à un édifice, objet de la vénération des siècles? s'écria sir Lionels, plus excité que Lytton ne l'avait jamais vu.

— C'était d'autant plus abominable, qu'il semblait que ce fût en réponse à la démarche que notre excellent évêque avait tentée dans la journée. Il s'était rendu en parlementaire au camp allemand, pour tâcher d'obtenir que la ville fût respectée et qu'au moins les femmes et les enfants eussent la vie sauve.

— Et cette demande fut repoussée ?

— Le général de Werder répondit que « les femmes et les enfants étaient des éléments de faiblesse qu'il était de bonne guerre de laisser dans une ville assiégée ».

— Et le corollaire de sa réponse arrivait sous forme de projectiles ?

— Oui; on les voyait comme autant de comètes décrire des paraboles lumineuses; on avait beau savoir que la prochaine vous coûterait peut-être la vie, on les suivait du regard ; on eût dit qu'on s'y intéressait.

— Et tout fut détruit ? demanda sir Lionels.

— Tout, ou du moins terriblement endommagé. La bibliothèque — un trésor de science — nos précieuses collections, les musées, le palais de justice, les églises, la préfecture, l'état-major, le théâtre, rien ne fut respecté.

— C'était calcul chez eux, remarqua Lytton.

— Oh ! certainement; nous le savions bien. Le 23, une

sommation préalable avait été faite au général Uhrich; il l'avait repoussée, et, s'il ne l'eût pas fait, il eût été écharpé. C'est alors que Werder avait commencé ce qu'ils appelaient, les infâmes, *la danse sanglante*. Il espérait nous intimider et nous obliger à lui demander grâce ; mais qu'il nous connaissait mal ! Plus il croyait nous réduire par la terreur, plus il exaltait notre patriotisme, surexcitait notre rage et notre courage. Se rendre à ces gens-là, massacreurs de femmes et d'enfants ! avoir quelque chose de commun ; être obligé, pouvant l'éviter, de subir leur contact journalier, plutôt la lutte à outrance ! plutôt la mort ! Ah ! que nous trouvions bon d'être Français ! et comme nous comptions sur la France !

Le plus terrible était d'être toujours sans nouvelles. Quelle fête on avait faite au général de Barral, lorsqu'à la faveur d'un déguisement, il eut réussi à franchir les lignes allemandes et à pénétrer dans la place ! Mais ce qu'il nous apportait du dehors n'était ni bien nouveau ni bien rassurant. N'importe ! cela aidait à supporter l'étrange vie que nous menions alors. Il y avait plus de deux mille familles sans pain et sans abri ; on comptait plus de quatre cents maisons particulières absolument en ruines, et il n'en restait guère qui ne fussent plus ou moins atteintes. Chacun recevait chez soi les amis auxquels il ne restait plus d'asile, prévoyant l'heure où soi-même on se trouverait dans une situation semblable. Que de fois nos voisins de droite ou de gauche nous sont arrivés par les toits ! Fuyant un plus cruel danger, on ne pensait plus à celui de tomber. Les écuries de mon père abritaient quatre ou cinq de nos petits fournisseurs attitrés.

Une nuit, le feu prit, et je me réveillai au matin avec un joli bébé blanc entre les bras. La mère avait été tuée en cherchant à se sauver, et l'on avait mis le pauvre petit ange dans mon lit pour le réchauffer, sans que je m'en fusse seulement aperçue, tant je m'étais faite à tous les bruits de la guerre la plus cruelle qui se puisse concevoir à une époque comme la nôtre.

— Mais il ne devait pas en être ainsi pour tous ? demanda sir Lionels.

— Oh ! non, bien sûr ; c'est le privilège exclusif de l'enfance ou de la première jeunesse. Nous avions déjà une malade, ma pauvre grand'mère, que tenaient toujours en éveil le bombardement, les appels du clairon au milieu de la nuit, l'inquiétude incessante pour nous tous, surtout pour mon oncle Frantz, qui servait sous Mac-Mahon. Le 1er septembre, le colonel Blot était venu nous faire ses adieux, car il avait résolu de tenter l'impossible. En effet, le lendemain, à la tête du 87e de ligne, il se jetait sur les batteries allemandes avec plus d'héroïsme que de succès ; il fut obligé de se replier en laissant cent cinquante hommes entre les mains de l'ennemi. De ce moment, de critique, la situation devint cruelle. Nous savions que les Allemands contraignaient nos braves paysans alsaciens à travailler sous notre propre feu pour l'établissement de leurs batteries et le creusement de leurs tranchées. Alors ce n'était plus seulement les coups de l'ennemi qui étaient à redouter pour nous ; chacun des nôtres pouvait coûter à la France la vie d'un de ses enfants. Ce fut une extrémité terrible, plus terrible peut-être que tout ce que nous avions souffert jusque-là.

— Et vous espériez toujours ?

— Toujours, bien que l'absence de nouvelles certaines et les fausses nouvelles que l'ennemi faisait répandre à plaisir ajoutassent à nos maux. Hélas ! nous ne prévoyions guère que le jour de la vérité serait un jour plus cruel peut-être encore.

Avez-vous jamais entendu l'histoire de la soupe de mil ? demanda tout à coup la jeune femme, en interrompant son attachant récit.

— Non, répondirent ensemble les deux jeunes gens surpris.

— Moi non plus je ne la connaissais pas alors, et c'est mon père qui me l'a racontée. Vous savez par quelle réputation d'honneur et de loyauté Strasbourg s'est de tout temps acquis l'estime et les sympathies de tous. En 1576, la ville de Zurich, pour prouver son amitié à sa féale amie la ville de Strasbourg, lui promit un cadeau d'une espèce nouvelle. On fréta une barque où s'installèrent les premiers magistrats de la ville, et, faisant force de rames, on gagna Strasbourg en un jour par la Limmat et le Rhin. Quand les Zurichois débarquèrent sur le quai, ils montrèrent aux Strasbourgeois étonnés ce qu'ils venaient d'apporter : une marmite où fumait une soupe encore bouillante. Idée singulière assurément et quelque peu bourgeoise, direz-vous. Quoi! un voyage pour une soupe? Cinquante lieues pour une bouillie de mil? Mais on cesse de rire en relisant les paroles historiques dont le vieux magistrat accompagna ce présent patriarcal. « Ceci, dit-il, n'est qu'un symbole. Si jamais, ce qu'à Dieu ne plaise, Strasbourg se trouvait dans la détresse, les Zurichois voleraient à son secours avant qu'un plat de mil eût pu se refroidir. »

Qui se fût douté que ce langage allégorique trouverait jamais une application pratique? C'est pourtant ce qui arriva le 11 septembre 1870. Une grande rumeur se répandit dans la ville; il s'était produit un événement heureux, mais on ne savait trop lequel, au milieu des bruits contradictoires qui se succédaient. Hélas! ce n'était ni une grande victoire, ni un secours militaire qui nous arrivait, mais c'était une marque touchante de sympathie et de ressouvenir : une députation suisse, réussissant là où l'évêque avait échoué, avait négocié la sortie d'un certain nombre d'habitants inoffensifs, et, faisant cesser un instant la pluie de fer et de feu sous laquelle Strasbourg se jonchait de ruines et de cadavres, pénétrait jusqu'à nous. Il me semble encore entendre trembler la voix de mon père lorsqu'il nous rapporta les paroles par lesquelles M. Humann, le maire de Strasbourg, accueillit ces généreux citoyens : « Soyez les bienvenus dans ces jours douloureux.... Rapportez à l'Europe le spectacle dont vous êtes témoins dans nos murs. Dites ce qu'est la guerre au xixe siècle. »

Oui, c'était l'anéantissement de nos espérances.

Le 4 septembre nous consola un peu de cette capitulation sans précédent dans l'histoire et dont la seule annonce acheva ma pauvre grand'mère. Nous connaissions la vitalité de la France et nous espérions que, sous un régime nouveau, l'avenir changerait de face.

Quant à nous, il devenait impossible de nous faire illusion : pas de secours prochain ; c'était l'obligation de nous rendre à ce vainqueur si peu scrupuleux, *dont nous avions pu apprécier la délicatesse*. Chaque jour, le cercle de fer et de feu qui nous étreignait, se resserrait davantage ; l'heure de l'assaut suprême allait sonner, et nous savions qu'il nous serait fatal. J'avais treize ans à peine ; mais je ressens encore comme par une lointaine vibration le frémissement de rage qui nous agitait tous, nous les enfants, aussi bien que les femmes et les hommes mûrs, lorsque, vers le 18, on commença à annoncer l'intention d'entrer en pourparlers avec l'assiégeant. Ce n'est pas la population assurément qui a conseillé ce parti. Notre brave général Uhrich non plus ne pouvait s'y résoudre. On voulait résister quand même, quoi qu'on eût à souffrir dans ces jours inoubliables ; on les prolongea jusqu'au 27, jour néfaste où le conseil de guerre déclara que l'honneur était sauf.

Vous croyez peut-être que cette décision fut un soulagement bien accueilli de tous ? Ah ! ce serait mal nous connaître ! Au milieu des ruines fumantes que l'on trouvait à chaque pas, nos héroïques concitoyens juraient qu'ils n'avaient pas assez souffert pour éviter la honte de coudoyer l'ennemi dans nos rues, de le voir s'asseoir à nos foyers. Toutes les femmes de Strasbourg s'unirent dans une même protestation, et quelle protestation énergique ! Mais les négociations étaient entamées.... Ce fut le 28 que la capitulation fut signée.

— Et Strasbourg avait résisté ?

— Cinquante jours, pendant lesquels il est tombé dans son sein une vraie pluie de fer : cent quatre-vingt-treize mille sept cent vingt-deux projectiles. On se souvient encore du nombre, vous le voyez.

— Quelle horreur ! Mais alors à quel chiffre devaient s'élever vos pertes ?

— Comme valeur numéraire, je ne vous le dirai pas, c'est incalculable; la seule chose qui puisse nous en consoler, c'est que ce sont les Allemands qui, chez nous du moins, ont payé les pots cassés. Quant aux victimes, c'est autre chose : la garnison avait de deux mille cinq cents à trois mille hommes tués ou blessés ; la population civile dans les environs, deux mille. C'était pitoyable.

A ce propos, laissez-moi vous rappeler un épisode que vous connaissez sans doute, mais qui a sa valeur : la grande-duchesse de Bade, fille du roi de Prusse, vint à Strasbourg peu de temps après la capitulation. Elle y joua son rôle de princesse et de femme avec assez de grâce, mais sans aucun succès. A l'hôpital, tous les blessés, tous les malades qui pouvaient se remuer sur leurs lits se retournèrent à son entrée, et elle n'en vit pas un en face. Malgré ce rude accueil, l'encombrement des salles et l'insalubrité du lieu l'émurent de pitié ; elle offrit de faire transporter et soigner à ses frais, dans une maison plus commode, tous ceux qui ne se trouvaient pas bien. Pas un seul n'accepta l'hospitalité allemande. La princesse exprima devant une dame de Strasbourg le chagrin qu'elle en éprouvait. « Je croyais que ce peuple avait de meilleurs sentiments pour nous. — Madame, lui répondit-on, nos sentiments ont été trop bombardés pour qu'ils s'en relèvent jamais. L'Allemagne doit en faire son deuil. »

— Vous n'obtîntes pas, je crois, les honneurs de la guerre?

— Non certes ; soldats et mobiles durent se rendre prisonniers ; seuls, cinq cents officiers, en première ligne desquels se trouvaient les généraux Uhrich et de Barral, qui était venu à travers mille difficultés prendre le commandement de nos tirailleurs, obtinrent de se retirer en France, sous serment de ne plus servir contre la Prusse. Soixante-quinze préférèrent partager le sort de leurs soldats, car on savait que les prisonniers n'étaient liés par aucune promesse ; et combien se sont échappés ! Il semblait entendu que jusqu'au bout les Allemands, incapables de juger à leur valeur l'héroïsme et le désintéressement, en agiraient vis-à-vis de nous avec une outrecuidance et une grossièreté incomparables. Vous savez comment ils traitèrent cet enfant de Strasbourg, notre illustre Valentin, qui avait risqué cent fois sa vie pour venir parmi nous occuper le poste difficile que lui avait confié le gouvernement de la Défense nationale?

— N'était-ce point un professeur de notre grande Ecole de Woolwich, celle qui correspond à votre Ecole polytechnique? demanda sir Lionels.

— Parfaitement.

— Alors, j'en ai entendu parler en Angleterre comme d'un homme extrêmement supérieur. On l'a fait prisonnier, je crois?

— Oui, jusqu'à la conclusion de la paix, comme si son grade, à défaut de l'héroïsme dont il avait fait preuve, n'eût pas suffi à garantir sa liberté !

— Et après?

— Oh! après, commença une époque sans précédent, je

crois, dans l'histoire. A la suite des vainqueurs arrivait toute une armée roulante de déménageurs. C'eût été grotesque, si ce n'eût été aussi douloureux. Les Badois, gens pratiques, avec lesquels nous frayions journellement et de bonne amitié avant la guerre, refluèrent chez nous avec leurs fourgons et entreprirent l'enlèvement systématique des pendules françaises, dans l'espoir sans doute de les régler à leur guise et de retarder ainsi l'heure de la liberté. Tout ce que nos prétendus amis avaient admiré chez nous partait le premier : beau linge, argenterie, piano, etc.; et c'est ce qui rend notre inimitié irréconciliable; le mépris a remplacé l'estime. On sait que dès longtemps avant la guerre on ne tendait la main qu'à des espions, on n'hébergeait que des traîtres. Quand on se respecte, il faut pouvoir honorer ses amis.

En ce moment la porte du salon s'ouvrit, et M. Toulmonde, le riche industriel, parut. Tête blonde et visage plein, yeux bleus pétillants d'intelligence, vrai type de cette race d'en deçà du Rhin qui se distingue de celle d'au delà par une nature plus fine. Une vive satisfaction se peignit sur ses traits à la vue de Lytton, qui lui était particulièrement sympathique; mais elle fit place au désappointement lorsqu'il apprit que la visite des deux jeunes gens était une visite d'adieu. Après quelques minutes de conversation, l'industriel demanda en plaisantant à sa femme si elle ne s'était pas exercée un peu sur son thème favori de *Prussophobe*?

— Non, non, protesta sir Lionels, madame ne mérite pas une telle appellation, puisque, moi qui suis, ou plutôt qui étais prussophile jusqu'à ces derniers temps, j'ai admiré la modération de son langage comme la justesse de ses appréciations, ajouta-t-il avec une inclination de tête courtoise.

— Je le sais, répondit le mari en souriant; mais ma femme fait partie de la grande ligue féminine tacite qui soutient tout le poids de la lutte contre la germanisation, dont elle paralyse presque absolument les progrès.

— Ces pauvres Prussiens! observa Lytton ; je voudrais les voir aux prises avec les Américaines, mes compatriotes.

— Point n'est besoin d'aller si loin ; nos femmes se chargent suffisamment de leur donner du fil à retordre. Vous avez peut-être entendu dire que dernièrement encore l'administration allemande dénonçait très sérieusement les femmes alsaciennes et lorraines comme créant les plus graves embarras au pouvoir par le mauvais esprit qui les anime et l'indomptable force d'inertie qu'elles ont opposée à tous les efforts de germanisation.

— Comment peuvent-elles s'y prendre? demanda naïvement sir Lionels, chez lequel le mot de lutte éveillait de vagues idées de boxe et de ferraillement peu compatibles avec les mains blanches de Mme Toulmonde.

— Comment vous expliquer une chose aussi subtile que l'influence? repartit l'industriel en souriant. Ce qui est certain, c'est qu'elles ont empêché la population masculine de s'assoupir dans la résignation au fait accompli, et cela par ces mille petits moyens dont elles ont le secret et dont nous constatons l'action sans pouvoir la définir. Ce sont elles qui, se refusant à toutes relations sociales entre conquérants et conquis, font si rudement sentir aux vainqueurs que moralement et indiscutablement ce sont eux qui sont les vaincus. Ce sont elles qui les ont, dès le premier jour, relégués au ban de notre société et les y ont maintenus avec un tact qui défie toute répression. Ce sont elles surtout qui poussent chaque année tant de nos jeunes gens à se soustraire à la nécessité de se coiffer jamais de l'odieux casque à pointe.

— Oui, remarqua Lytton, j'ai entendu dire à l'étranger qu'ils avaient décompté sur l'avantage de posséder l'Alsace-

Lorraine, eux qui disaient si bien et si haut : « Nous avons conquis pour l'Allemagne la terre qui fournissait à la France ses meilleurs soldats ! » On m'affirmait que c'est à peine si, chaque année, ils enrégimentent le dixième du contingent appelé.

— C'est parfaitement vrai, et c'est une chose qui dépasse leur compréhension.

— Ce n'est pourtant que du patriotisme, répondit sir Lionels.

— Et comment cela ne les étonnerait-il pas ? Ne les ai-je pas entendus me dire à moi-même : « N'est-il pas naturel de se soumettre à la loi du plus fort ? Est-ce que nous nous sommes fait prier sous le premier Empire ? Avons-nous fait tant de simagrées ? Napoléon Ier nous avait battus et conquis; nous sommes devenus Français, très bons Français, et nul n'ignore que le goût de la France nous est resté assez longtemps encore après 1815. »

— Vrai, ils disent de pareilles naïvetés ? demanda sir Lionels.

— Ils en disent bien d'autres, quand, par exemple, ils affirment leur *mission civilisatrice;* ce qui explique leur arrivée chez nous, non seulement comme en pays conquis, mais en pays *sauvage,* leurs procédés à la façon de Stanley au Congo. Et ce qui exaspère ceux qui sont de meilleure foi et qui ont pris au sérieux leur tâche de collaborateurs à ce qu'ils appellent l'œuvre de la *conquête morale,* c'est de constater leur impuissance à travailler au bonheur de l'Alsace-Lorraine. « Comment donc s'y prenaient ces diables de Français pour être tant regrettés ? » soupirent-ils. Et ils oublient de faire entrer en ligne de compte que la comparaison n'est pas en leur faveur, la France étant la patrie des libertés idéales; la Prusse, le régime de la compression et de l'arbitraire.

— Et puis, reprit Mme Toulmonde, ce n'est pas seulement la question politique qui nous divise, nous autres femmes. A l'antipathie de race se joint le dégoût que nous inspirent les mœurs grossières de nos vainqueurs. Que viendraient faire chez nous ces rustres qui laissent après eux une odeur de graillon? Ils seraient mal à l'aise dans nos demeures élégantes et soignées, où nous aimons la propreté sans dédaigner le luxe qui les surprend et qui les gêne. Il ne leur faut à eux que des produits de pacotilles, des velours de coton, etc. Ce serait profaner nos dîners que d'y convier ces gens dont l'estomac est un coffre et qui, pourvu qu'ils s'emplissent — passez-moi l'expression, elle est triviale, mais vraie — s'inquiètent peu si c'est avec du son ou de la farine! Et ce sont ces gens-là qui viennent se poser en civilisateurs! Et puis, d'autre part, il y a une question de simple honnêteté et de pure morale. On leur aurait peut-être pardonné de nous avoir mitraillés, c'était la guerre; de s'être emparés d'un beau pays dont la richesse les tentait, de l'avoir pris quitte de toute charge et d'en avoir doublé les impôts : c'était le droit du vainqueur! Mais leur indigne mauvaise foi; quel cœur droit et loyal en prendra jamais son parti? Que pendant dix ans ils aient perfidement insinué à leurs populations, à leurs enfants, que nous étions las de la France et que nous tendions les mains vers eux comme vers le salut, c'était indigne; mais avoir voulu faire de nous les complices de ce lâche mensonge, c'est odieux! Avez-vous remarqué la violence de leur langage, monsieur Lytton, dès qu'ils parlent du Welche abhorré? Croient-ils qu'en vomissant l'injure — pardonnez-moi ce terme énergique, ces gens me font toujours sortir de mon caractère! — en vomissant l'injure, dis-je, contre notre belle patrie, une des meilleures du monde, ils puissent nous la faire oublier? Oui, nous autres femmes, nous avons accepté la tâche de les punir par où ils ont péché! Ils nous ont trop saturés de leur haineuse formule : « Où est la patrie de l'Allemand? Aussi loin que la langue allemande résonne et que le nom français est exécré. » Eh bien! s'ils ont du cœur, qu'ils s'en aillent! Nous leur montrons assez que ce n'est pas ici leur patrie, car tout ce qui nous vient de chez eux est méprisé, honni, tout ce qui nous vient de l'ouest est sacré.

Une sainte exaltation illuminait les traits de la noble Alsacienne, et les deux étrangers admiraient cette virile énergie cachée sous des dehors si séduisants et si gracieux.

Mais M. Toulmonde savait ce que cette surexcitation avait de douloureux pour cette âme patriotique et tendre. Il sonna, et bientôt une nourrice entra, soutenant les pas d'une fillette aux yeux bleus, aux membres potelés, qui se démenait joyeusement pour avancer plus vite. Il s'empara du blond chérubin, et, le mettant sur les genoux de la jeune mère, il dit à Lytton :

— Je ne la console de la patrie absente qu'en lui rappelant l'existence de notre dernier né, notre petite France.

— Oui, car nul ne peut nous empêcher d'unir sur son front les mots d'avenir et de France adorée, conclut Mme Toulmonde en se penchant sur le bébé chéri.

XXI.

Souvenirs et légendes.

En quittant cet aimable groupe, sir Lionels était ému.

— Je regretterais vivement de ne pas vous avoir suivi dans cette visite, dit-il ; et si vous avez souvent rencontré des hôtes comme ceux-là, je déplore la sauvagerie qui m'a privé à la fois de votre société et de la leur.

Mais Lytton était préoccupé.

— Je vois qu'il faut renoncer à une grande partie du plan que je m'étais tracé, répondit-il. Cependant je ne veux pas rayer de mon programme Saverne et ses environs, ni Reichshoffen, ni Bitche, ni Metz.

— Ah ! que n'êtes-vous libre de ne rien rayer du tout ! repartit sir Lionels. Par son charme propre, ce délicieux pays suffirait à lui seul à me retenir, mais le sympathique respect que m'inspirent ses habitants m'y attacherait encore davantage.

— Je suis heureux de vous voir dans ces dispositions ; car,

étant données ces prémisses, je ne vois pas pourquoi nous ne prendrions pas rendez-vous pour nous y retrouver à mon prochain congé.

— Vous n'avez jamais que de bonnes idées, et vous me donnez du courage pour la séparation que je redoutais et que je me représentais comme éternelle.

— Rien n'est éternel, observa Lytton ; et c'est surtout en Alsace qu'il ne faut point parler d'éternité. Pauvres gens ! cela leur ôterait tout courage.

On régla alors le nouvel itinéraire, et le lendemain nos voyageurs étaient de bonne heure à Saverne, dont on admire la situation charmante au pied du contre-fort des Vosges. Ils ne purent donner qu'un coup d'œil à la ville, pourtant intéressante par ses antiques églises et ses vieilles maisons.

En déjeunant, sir Lionels disait à son ami :

— Vous avez donc perdu le feu sacré, que vous ne me dites rien sur Saverne ?

— C'est par mesure de prudence. Je ne vous livre mes *savantes improvisations* qu'après les avoir longuement élucubrées dans le silence des bibliothèques ou des archives, et, vous le savez, le temps m'a manqué cette fois. Cependant voici ce que je tiens pour certain : Quoique d'une ancienneté respectable, puisqu'elle fut établie pour défendre le passage des Vosges et qu'elle était le *Tres Tavernæ* des Romains, ces principaux souvenirs se rapportent à la guerre de Trente ans, où elle a joué un grand rôle. Car il ne faut pas faire comme les Français en 1870 et oublier que le col de Saverne est un point stratégique de la plus haute importance, que quelques régiments eussent pu défendre contre la masse profonde des Allemands. Mais passons.

Je crois que j'omets de noter une des réminiscences les plus tragiques de son histoire. Au commencement du xvie siècle, les Rustauds, cette association de paysans dont je vous ai déjà parlé, s'étant révoltés, s'emparèrent de Saverne, que vint assiéger le duc Antoine de Lorraine. Ces gens, mal habiles au métier des armes, ne purent y tenir longtemps. Après une courte résistance, ils furent trop heureux de se rendre, moyennant la vie sauve; mais les gouvernants d'alors ne se piquaient pas d'une bonne foi excessive. A peine tous ces pauvres diables quittaient-ils la ville sans armes, au nombre de vingt mille, que les lansquenets les attaquèrent, au mépris de toute convention. En vain les malheureux, sans défense, essayèrent-ils de chercher un refuge dans la ville; ils y furent poursuivis, traqués et impitoyablement mis à mort. Pour rendre hommage à la vérité, je dois convenir que le duc de Lorraine fit un généreux mais infructueux effort pour réprimer les violences de ses soldats. Plus de seize mille cadavres jonchèrent les rues, les places, les maisons de Saverne et les campagnes environnantes.

— Oh! l'histoire! fit sir Lionels avec dégoût, elle n'est écrite que de boue et de sang.

— Vous oubliez les éclairs d'héroïsme qui l'illuminent à chaque page et la rendent attachante, malgré ses rudes leçons sur la perversité humaine. Remarquez qu'il se rencontre toujours quelques pures et rayonnantes figures, même dans les temps les plus sombres, afin de bien apprendre à l'humanité qu'elle ne doit jamais désespérer d'elle-même.

— Vous avez raison; mais c'est triste.

— Eh bien! cherchons la note gaie : elle n'est pas loin. Voyez-vous cette colonne milliaire au milieu de la place du château? Vous ne devineriez jamais sa destination.

— Je l'ai prise pour un obélisque ayant un but ornementatif, passablement manqué, entre nous.

— Erreur, mon cher; elle indique en milles germaniques la distance de Saverne aux principaux points du globe.

— Du globe ou du département?

— Du globe, je vous dis; et j'aurais aimé à rechercher quel est le naïf qui s'est livré à une aussi curieuse étude. Celui-là devait souffrir dans son amour-propre qu'on n'eût point encore imposé à l'univers le méridien de Saverne !

— Et cette caserne monumentale là-bas ?

— Comme vous y allez! Cette caserne monumentale est l'ancien château de Saverne, résidence habituelle des évêques de Strasbourg, ses seigneurs et maîtres. Il fut reconstruit dans la seconde moitié du xviii° siècle par le célèbre Louis de Rohan, évêque de Strasbourg, auquel son luxe et son faste, aussi bien que l'affaire du collier de la reine, ont acquis une si mondaine notoriété. Depuis la Révolution, qui l'avait détourné de sa disposition première, il en avait reçu une autre non moins pratique : il servait de retraite aux veuves d'officiers supérieurs.

— Qui ont dû amèrement regretter cette résidence quasi royale, acheva sir Lionels.

— Que diriez-vous d'une promenade de digestion qui nous mènerait au Hoh-Barr, anciennement connu sous le nom de l'Œil-de-l'Alsace, à cause de sa position élevée entre la vallée de la Zorn et la plaine d'Alsace? J'ai entendu dire des merveilles de ce château qu'illustra jadis l'héroïsme d'un jeune homme, presque un enfant, resté vivant dans les traditions du pays. C'était en 1744; les Pandours (1) avaient envahi une partie de l'Alsace ; la garde du château avait été confiée à quelques hommes qui l'abandonnèrent. Alors le jeune fils du fermier se porta sur le sommet du rocher le plus élevé, où il avait conduit une chèvre dont le lait lui servait de nourriture. Lorsque, après la prise de Saverne, les troupes arrivèrent au château, elles aperçurent le brave paysan prêt à se défendre jusqu'à la dernière extrémité. Sommé de se rendre, il ne répondit aux menaces que par une grêle de pierres et soutint pendant quelque temps un véritable siège du haut de la tour

---

(1) Nom d'un village de Hongrie dont les habitants, organisés en corps francs, ont fait ensuite donné le nom de Pandours aux troupes autrichiennes employées dans les guerres du xviii° siècle.

que l'on ne parvenait pas à escalader. Les assaillants enfin se munirent de longues échelles, et, malgré les quartiers de rocher qui en tuèrent un certain nombre, ils parvinrent à se saisir du vaillant défenseur de la citadelle.

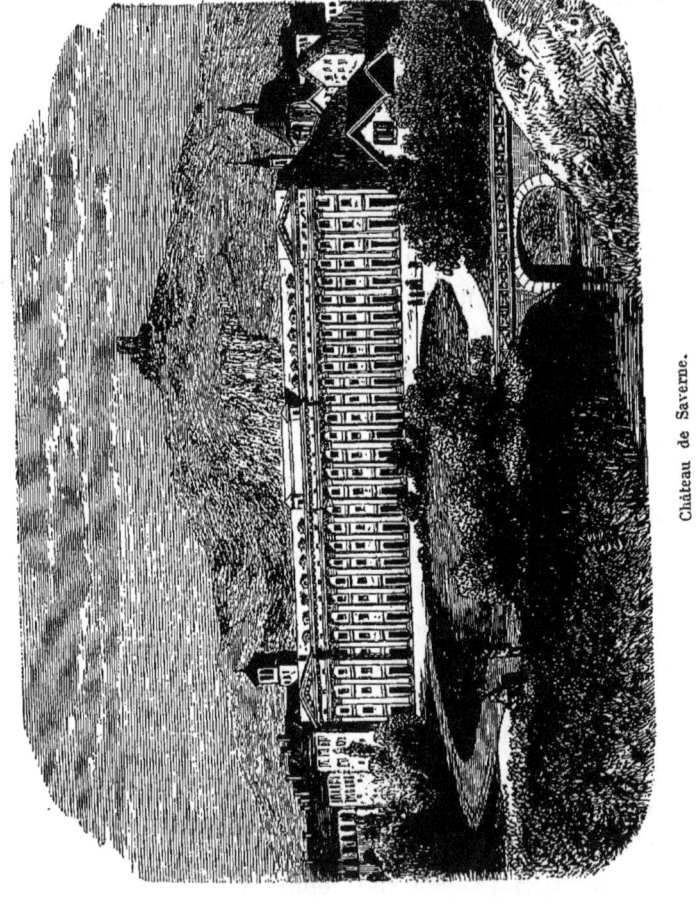

Château de Saverne.

— Quel héroïsme !

— Pas plus grand que celui de ces deux soldats, l'un Alsacien et l'autre Polonais, qui ont naguère bravé la colère de Bismarck en refusant de prêter un serment demandé. « Je ne reconnais devoir le serment de fidélité qu'au gouvernement de la France, » a répondu le noble enfant de l'Alsace.

— Celui-là était de la race qui a produit les martyrs, remarqua sir Lionels. Je ne saurais trop bénir le ciel de m'avoir fait naître dans un pays où point n'est besoin d'opter entre sa sécurité et sa conscience.

— Nul ne peut dire que ce devoir ne lui incombera jamais, répondit Lytton presque avec solennité ; et, pour ma part, je m'efforce d'habituer mon esprit à ne jamais admettre de transaction possible avec tout ce qu'impliquent les mots de patrie et de loyauté.

— Oh ! mais vous !

— Je suis un homme faillible comme tout autre, mais d'un pays où l'on est plié de bonne heure au culte de la liberté.

— Culte qui a pourtant fait commettre bien des crimes ! dit sir Lionels avec un sourire railleur.

— Mais seulement quand on a oublié que la liberté individuelle, dont chacun est si jaloux, n'existe qu'à la condition de respecter la liberté de tous, et *vice versa*, répondit vivement l'Américain.

Pendant ce temps, les voyageurs étaient arrivés dans le charmant sentier sous bois qui mène aux environs du Hoh-Barr. Tout était si beau, si calme autour d'eux, sous cette voûte feuillée, avec ses alternatives d'ombre et de soleil et son grand silence, coupé çà et là par ses bruits de ramures et ses gazouillements d'oiseaux, que sir Lionels en était au regret d'arriver. Cependant la vue magnifique qui l'attendait dans le pavillon aménagé au pied du donjon pour la plus grande commodité des touristes, le dédommagea de l'intense jouissance qu'il avait goûtée dans les grands bois.

Malgré sa frayeur maladive du vertige, il voulut même escalader, à la suite de Lytton, la longue échelle qui, à défaut d'escalier, permet d'atteindre la plate-forme du donjon et d'embrasser d'un coup d'œil un immense panorama où les bois, les eaux, les montagnes se combinent pour charmer la vue. Ils saluèrent d'un œil attendri Strasbourg et sa flèche élancée; ils donnèrent un dernier regard au Rhin bleu miroitant au soleil entre ses rives escarpées couvertes de vignes magnifiques, et sur lesquelles s'échelonnent de tous côtés ces ruines qui donnent tant de cachet aux paysages d'Alsace; ruines tour à tour majestueuses à cause de leur grandeur, et charmantes à cause du revêtement de lierre et de plantes grimpantes dont la nature clémente pare leur vétusté, puisque

> La ruine encore autour de sa tristesse
> A besoin de jeunesse et de rayonnement (1).

Pour Lytton, épris en poète de ces vestiges d'un autre âge, il se complaisait à voir sur chaque éminence se dresser ces vieilles tours crénelées au ton presque uniformément rouge comme le roc dont elles furent tirées, sentinelles décrépites, mais encore vigilantes, qui semblent guetter le retour des hommes d'armes empanachés et des châtelaines montées sur leurs blancs palefrois.

— C'est curieux, disait Lytton; dans les ouvrages dits « des bords du Rhin », il est un usage reçu de ne parler que de la rive droite et de ses ruines, qu'on affirme être les plus belles du monde. On ne paraissait pas se douter en France que la rive gauche en groupe de non moins curieuses et non moins pittoresques, qui auraient suffi pour assurer à l'Alsace les larges profits que les Allemands font chaque année, grâce aux touristes attirés par les merveilles annoncées sur l'une des deux rives seulement. Les légendes abondent aussi bien sur une rive que sur l'autre. Si Heidelberg a sa dynastie de Gros-Tonneau Ier à Gros-Tonneau IV....

— Que dites-vous? demanda sir Lionels, croyant que la langue fourchait à son compagnon.

---

(1) Victor Hugo.

— Je dis que si Heidelberg a sa dynastie bachique, le Hoh-Barr où nous sommes a eu Mme la Corne.

Pour cette fois, l'Anglais pensa que Lytton avait dû attraper une insolation, dont les effets se traduisaient par un détraquement de ses facultés mentales. Son œil un peu morne refléta la subite inquiétude qui s'était emparée de lui. Lytton surprit son regard effaré et se mit à rire.

— Croyez-vous que l'excellent vin de Moselle que nous avons bu, et qui, par parenthèse, est du vrai vin du Rhin par ses qualités généreuses, quoi qu'en disent les Allemands, me fasse rêver de tonneaux? Détrompez-vous, mon cher, et expliquez-moi comment il se fait qu'ayant visité Heidelberg, vous n'ayez pas ouï parler du monstre aux flancs avides qui absorba dans son temps, c'est-à-dire en 1751, 236 foudres?

— Des foudres! fit sir Lionels stupéfait; mais je croyais qu'un foudre contenait un nombre considérable de litres de vin.

— Assurément; et la preuve, c'est que le tonneau, après avoir absorbé 236 foudres, renfermait environ 300,000 bouteilles.

Pour le coup sir Henry resta muet. Lytton ne pouvait s'empêcher de rire de sa stupéfaction.

— Cela donne une certaine opinion des qualités de buveurs incomparables de ceux qui se passèrent cette royale fantaisie. C'était une maladie, héréditaire d'ailleurs, comme la folie, dont ce n'était peut-être qu'une variété inoffensive.

— Il y en a eu quatre comme cela?

— Non; celui-là fut le dernier mot, l'idéal de la chose. Jean-Casimir le pieux, désirant transmettre son nom à la postérité et n'ayant pas, comme Alcibiade, de chien auquel il pût ou voulût couper la queue, s'avisa qu'un tonneau monstre serait un *memento* digne de lui, et il en fit faire un de la contenance de 150,000 bouteilles.

— Oh! oh! s'écria sir Henry.

— Malheureusement, la guerre de Trente ans arriva; on

oublia le monumental récipient ; et quand Charles-Louis eut le loisir d'examiner les trésors de la succession de son oncle, il ne trouva de ce chef qu'une ruine,

Aussitôt le démon de l'ambition lui souffla dans l'âme une glorieuse et patriotique détermination : celle de faire oublier par une création nouvelle jusqu'au souvenir de Gros-Tonneau Ier, de gigantesque mémoire.

— Surtout pour le temps !

— Les ouvriers auxquels il s'adressa étaient dignes de partager cette noble émulation. Gros-Tonneau II contint 230,000 bouteilles. De plus, on avait assis par-devant, sur un lion couché, une figure de Bacchus couronné de pampres et dans l'attitude animée qui convient au père de l'ivresse ; il semblait faire un appel aux buveurs et leur présentait, avec un air de triomphe, de la main droite une urne ciselée, et une coupe de proportions non moins raisonnables de l'autre main. En outre, on avait ménagé sur le haut du tonneau une plate-forme, entourée d'une balustrade, sur laquelle quatre personnes pouvaient exécuter une contredanse.

— Bien qu'on eût cherché à poétiser la chose, elle était plus curieuse qu'intéressante, vous en conviendrez, remarqua sir Lionels.

— Je ne le conteste pas. Cependant les poètes se mirent de la partie, pour célébrer l'apparition de cette merveille qui promettait d'être immortelle. Mais encore une fois on avait compté sans la guerre. Monsieur, ayant épousé la fille unique de l'électeur Charles-Louis, immisça son frère Louis XIV dans ses petites difficultés de famille ; il en résulta que le château fut livré aux flammes, ce qui endommagea si sérieusement Gros-Tonneau II, qu'après la paix de Ryswick, Charles-Philippe, qui avait hérité des ruines de Heidelberg et du tonneau....

— Fit refaire une nouvelle édition de l'un et de l'autre ?

— Précisément ; et Gros-Tonneau III succomba, grâce à la

fatalité, et fut remplacé par Gros-Tonneau IV, dont la vaste rotondité fait encore l'ébaudissement des bons bourgeois qui vont lui présenter leurs hommages. Vous voyez que je n'avais pas tort de dire que c'était une maladie héréditaire.

— Quel rapport établissez-vous entre Heidelberg et le Hoh-Barr ?

— Si Heidelberg avait sa dynastie bachique, ce château-ci avait la fameuse confrérie de la Corne, célèbre dans toute l'Europe occidentale, et qu'avait instituée l'évêque Jean de Manderscheid en 1583.

— Quel était le but de cette confrérie?

Lytton se prit à rire.

— Un but philanthropique, dit-on, mais qui fut aisément oublié, si l'on en croit les récits qui nous sont parvenus. Comme je craindrais, en les répétant, de vous scandaliser, je les laisserai de côté, ne citant que la partie absolument historique ; vous tirerez les conclusions vous-même. Le symbole était une grande corne contenant près de quatre litres; et pour être admis dans l'association, il fallait vider d'un seul trait ce formidable hanap.

— S'en trouvait-il beaucoup qui se reconnussent capables d'une pareille prouesse?

— Pour répondre à cette question, il suffirait de parcourir la liste nombreuse et soigneusement conservée des comtes, barons, évêques et chanoines qui en firent partie jusqu'à la guerre de Trente ans, où cette confrérie de forts et joyeux buveurs fut dissoute.

— Ouf! fit sir Lionels, que la seule pensée de tant de liquide paraissait suffoquer.

— Mais la Corne, transférée au château de Saverne, n'avait fait que changer le théâtre de ses exploits. Elle servait souvent aux officiers français qui venaient tenir garnison au Hoh-Barr et qui estimaient à honneur de rendre leurs devoirs à l'incomparable Corne, et le faisaient avec les cérémonies requises.

— Il y avait encore pour cela un cérémonial?

— Assurément, puisque j'ai lu que Mme de Saint-Simon, « gouvernante de ce lieu de Saverne, et ses enfants, comme disent les chroniques du temps, rendirent hommage au fameux Trinkhorn avec les belles et superbes cérémonies usitées entre les confrères et les sœurs de la confrérie de Mme la Corne. »

— Sait-on au moins ce que devint cette mesure de l'homérique capacité des estomacs des générations passées?

— Oui; cette coupe, étant échue en partage au duc de Feltre, héritier du château, a été traitée avec les honneurs qu'elle méritait et placée au rang de curiosité historique.

Pendant ce temps, nos touristes avaient exploré ce qui reste debout de cet antique manoir, entouré de fossés et de précipices qui semblaient devoir le rendre absolument inaccessible.

— Comment se fait-il donc que cette inexpugnable forteresse, si bien faite pour défier les efforts de l'homme et les injures du temps, ait pu être ainsi démantelée à une époque où l'artillerie n'était point en état de l'atteindre? C'est pour moi une énigme, disait sir Lionels, occupé à prendre des notes sur la longueur et surtout sur l'épaisseur des murs, percés d'étroites meurtrières, et la hauteur prodigieuse des tours restées debout.

Lytton, absorbé dans l'ébauche d'un rapide mais fidèle croquis du côté sud, où l'on remarque deux magnifiques rochers réunis par un pont de bois, ne répondit pas tout de suite; mais le jeune Anglais ayant répété sa question, il reprit :

— C'est une des clauses du traité de Westphalie qui fit supprimer les fortifications, parce que, sentinelle avancée du côté de la Lorraine, ce petit fort donnait de l'ombrage aux ducs de ce pays. Mais le château continua à exister, et il ferait probablement encore l'honneur de cette région, si une attaque de Pandours, dans la seconde moitié du xviiie siècle, ne l'avait réduit à ce piteux état.

— Que c'est agréable de voyager avec vous! disait sir Lionels en reprenant le chemin de la ville ; vous avez toujours réponse à tout. Comment vous arrangez-vous pour tout savoir ainsi?

— Je lis, dit simplement l'Américain, et je m'efforce de retenir.

— Rien de plus?

— Non. C'est le seul procédé, je crois, pour meubler un cerveau vide. C'est ainsi que j'ai eu connaissance d'une curieuse tradition d'après laquelle des trésors seraient enfouis sous cette masse imposante. Une galerie souterraine, assez large pour permettre le passage des voitures, conduit, dit-on, du Hoh-Barr où nous sommes à l'ancien palais épiscopal de Saverne, communication nécessaire en cas d'alarme, et qu'on retrouve dans presque tous les châteaux de l'époque. Lors des guerres de religion, on y avait placé une statue de Jésus-Christ en or massif, celles des douze apôtres en argent, et d'autres trésors sans prix.

Or, l'entrée de ce souterrain n'était connue que de l'évêque, qui la dévoilait à son successeur dans un pli fermé et cacheté, que celui-ci devait brûler après en avoir pris connaissance. On n'avait pas prévu que le prélat pouvait mourir de mort subite; c'est pourtant ce qui arriva. Un jour, le dernier dépositaire du secret succombait à l'improviste sans avoir pu transmettre à son confesseur l'intéressante révélation, et, depuis lors, le Hoh-Barr a gardé le secret de son mystérieux passage et des trésors enfouis dans son sein.

— Vous croyez à cette tradition?

— Abstraction faite des exagérations produites par des imaginations exaltées et le temps, je crois qu'il y a toujours un fond de vrai dans toutes les croyances populaires. C'est, d'ailleurs, une opinion généralement accréditée, puisqu'à plusieurs reprises on a tenté des fouilles et dépensé des sommes considérables, sans pouvoir toutefois arriver à un résultat.

Cette excursion eût dû suffire pour un jour; mais le peu de temps dont disposait Lytton les détermina à profiter de l'après-midi pour aller dîner à Marmoutier et visiter un des plus anciens monuments religieux de l'Alsace.

— Ce nom de Marmoutier a-t-il une origine historique? demanda sir Lionels, tandis que leur voiture les emportait rapidement, à travers un riant paysage, vers la petite localité indiquée.

— Il vient de *Mauri monasterium*. L'abbaye, dont la fondation première remonte à l'an 600, et prouve une fois de plus que l'Alsace était jadis, comme aujourd'hui, essentiellement franque, le mot français n'existant point encore; car ce fut un roi mérovingien, Childebert II, qui la dota d'un domaine considérable. Détruite à plusieurs reprises par la foudre, l'église fut rebâtie à la fin du xe siècle, et c'est de cette époque que date la magnifique façade que nous allons admirer. Ce sera peut-être la dernière excursion archéologique que nous nous permettrons, bien que l'Alsace compte encore des centaines de châteaux historiques, témoin, dans cette seule région, le grand et le petit Géroldseck que nous avons salués en passant, le Greifestein, l'Ochsenstein, le....

— Oh! grâce! se récria sir Lionels. Lorsqu'on n'a pas le château sous les yeux, tous ces noms ne sont que des mots qui ne disent rien à l'imagination.

— Je le sais; mais je constate une fois encore en passant que cette rive du Rhin est tout aussi historique et monumentale que l'autre.

— Et vous voulez vous faire son Barnum.

— Pourquoi pas? Il n'y a que cela qui lui ait manqué.

— L'Amérique en ayant gardé le monopole, dit sir Lionels en riant.

— L'Allemagne a bien su trouver le sien ! Il est vrai que les Français y avaient prêté la main avec une déplorable négligence, jusqu'à la fondation du Club alpin français, qui a entrepris de faciliter aux touristes l'accès de cette région charmante.

L'arrivée à Marmoutier interrompit la conversation.

Les deux amis convinrent que la façade de l'ancienne église n'avait point usurpé sa réputation ; car, outre son incontestable beauté, elle a surtout pour les amateurs le mérite d'un cachet à part. Ses deux étages sont des plates-bandes saillantes surmontées de trois tours ; le porche ouvert est formé de trois arcades de plein cintre, supportées par des colonnes à chapiteaux cubiques qui rappellent le style égyptien et sont ornés de raisins et de feuilles d'une exécution parfaite.

En d'autres temps, nos voyageurs se fussent attardés aux détails de l'intérieur, où l'on remarque quatre tombeaux de la grande famille des Géroldseck, ainsi que les boiseries du chœur d'un travail exquis ; mais Lytton l'avait dit, les flâneries charmantes avaient pris fin.

Il faisait un ravissant clair de lune ; nos voyageurs reprirent leur voiture, et, moyennant la promesse d'un de ces pourboires qui donnent du zèle aux cochers, ils allèrent coucher à Wangenbourg, afin de pouvoir dès l'aube partir pour le Dabo, que Lytton tenait à honneur de visiter. La charmante petite ville qui porte le même nom est devenue pour les Alsaciens une station d'été favorite, parce qu'elle est le centre d'innombrables excursions qui rayonnent dans les immenses forêts du Dagsbourg au Schneeberg, au Dabo, au Donon, etc.

En effet, le petit jour trouva nos voyageurs debout : l'Américain alerte, joyeux de vivre et tout disposé à admirer ; sir Lionels plus calme, un peu défait, bâillant, s'étirant. Mais ils avaient à peine fait une lieue dans cette riante campagne, pleine d'ombre et de chants d'oiseaux, que le jeune Anglais avait surmonté cette première impression et aspirait les fortifiantes senteurs du pin que leur apportait de toutes parts la brise fraîche et matinale.

Il était convenu qu'ils graviraient à pied les pentes du Dabo seulement. Ils arrivèrent rapidement à l'antique création de Dagobert, Dagsbourg, dont la noble maison a fourni à l'Eglise un pape, Léon IX. Après un rapide déjeuner, nos amis s'engagèrent dans la route en lacet qui serpente au milieu de la sapinière et qui les mena d'abord à une énorme butte gazonnée d'herbe fine et couronnée par un plateau rocheux formant une sorte de bourrelet surplombant les gazons.

— Comment gagnerons-nous cette plate-forme? demandait à tout instant sir Lionels, esprit toujours un peu timoré.

— Qu'importe? D'autres y sont parvenus, puisqu'elle porte la chapelle de Saint-Léon; nous y parviendrons bien.

A un détour du sentier, ils se trouvèrent en présence d'un escalier taillé dans le roc et qu'il leur fallut gravir. Longtemps après l'Américain, l'Anglais arriva, suant, soufflant et s'essuyant le front; mais il s'arrêta et poussa un cri d'admiration.

C'est qu'en effet, des bords à pic de la plate-forme, on a une vue magnifique sur tout le pays d'alentour, dont les vallées, les ravins et les montagnes couvertes de forêts d'une étendue de douze mille trois cent cinquante et un hectares, passent par tous les tons du vert le plus sombre au plus idéal, et produisent une harmonie étrange et charmante dont on ne saurait se lasser.

Après avoir joui pendant quelque temps de cette fête du regard, il fallut s'éloigner le cœur bien gros ; car, plus que toute autre, cette région offre le double attrait des souvenirs historiques et préhistoriques.

Il ne pouvait être question d'aller au Schneeberg voir la pierre branlante, si parfaitement équilibrée, qui rappelle des croyances à jamais disparues; ni au Donon, où Lytton eût aimé à visiter les restes d'un temple gaulois ; ni au Graufthal, pittoresque hameau situé en partie au fond d'une vallée, en partie dans les anfractuosités de magnifiques parois de grès rouge, hautes de 65 à 70 mètres et couronnées de bois ; ni à Lutzeinstein, cette jolie petite ville forte si admirablement située, et dans les environs de laquelle se trouvent encore les restes d'un monument gallo-romain ; ni même au Saut du prince Charles, énorme bloc de grès rouge, évidé à la base, qui surplombe le vallon de Schlittenbach d'une hauteur de vingt mètres environ et porte les traces des sabots d'un cheval.

— Quel souvenir rappelle donc ce rocher, dont j'ai déjà entendu parler plusieurs fois?

— Un exploit hippique tel que nos amateurs de turf n'en ont pas encore rêvé, heureusement pour la race chevaline! On raconte que Charles le Téméraire, pris dans une embuscade, franchit cet escarpement d'un bond de son cheval, et continua sa route jusqu'à Saverne, dont la pauvre bête ne put franchir les portes. Elle tomba raide morte.

— Je le crois sans peine. Allons-nous donc quitter le pays sans rien voir de plus?

— Nous dirons adieu ce soir à l'Alsace pittoresque, mais ce sera à la cascade du Nideck.

— Il se fera tard.

— Tant mieux ; j'espère que nous la verrons au clair de lune, si le temps se maintient tel qu'il est.

Les voyageurs revinrent donc en toute hâte à Dagsbourg, où ils louèrent une voiture.

Inutile de répéter que ce fut au milieu du plus riant paysage qu'ils avancèrent vers le Nideck. A mesure qu'ils en approchaient, le pays changeait. Les deux amis avaient mis pied à terre et cheminaient encore à travers une haute futaie de sapins ; mais autour d'eux, tout prenait un aspect de plus en plus grandiose qui en imposait un peu à l'âme mobile et facilement attristée de sir Lionels, jusqu'au moment où ils arrivèrent devant un bel amphithéâtre formé par une muraille de roches porphyriques.

Et vraiment l'on ne songe pas à s'étonner que la mythologie, cette fille de la poésie, ait fait de cet endroit une demeure de géants. C'est du haut de cette muraille, qui compte au moins trente mètres, que se précipite le Nideck, grossi du tribut de mille petits torrents de montagnes. La cascade elle-même est dominée par la masse imposante des ruines du vieux castel féodal qui avait assis ses remparts dans une position à la fois magnifique et inexpugnable; ce qui lui assurait une haute importance comme point stratégique.

On dîna un peu sommairement dans le modeste abri qui garantit aux touristes un gîte pour la nuit; puis Lytton, ayant à prix d'or levé les scrupules du garde, se rendit avec lui à la tour du Nideck, du sommet de laquelle l'effet de la cascade augmente son prestige.

La nuit était merveilleusement calme et tiède; la lune versait à flots sa clarté transparente, ne laissant aux objets que cette demi-fluidité qui leur prête quelque chose d'immatériel, bien fait pour agir sur l'imagination.

Si les deux amis ne purent pas bien distinguer le médaillon en bronze d'Adelberg de Chamisso, que l'on a placé au-dessus de la porte de la tour au milieu des vers qui ont rendu célèbres le Nideck et ses ruines, ils sentaient autour d'eux planer l'âme du poète, et ils planaient eux-mêmes dans une sorte de monde idéal.

Ce n'était qu'à demi-voix qu'ils échangeaient leurs impressions, tant ils craignaient de troubler le silence de cette solitude que remplissent à eux seuls la voix de la brise dans la forêt mystérieuse, et le bruit de la chute d'eau tombant dans un vaste entonnoir formé par de grands blocs minés, noircis. Sir Lionels se serrait avec une sorte de terreur, qui n'était point sans charme, près de son ami, si fort au-dessus de ce sentiment.

— Prenez garde, messieurs, il se fait tard, et la femme aux cheveux flottants pourrait vous apparaître, dit enfin le guide, qui trouvait que la fantaisie des deux étrangers se prolongeait outre mesure.

— Quelle femme? demanda Lytton.

— Ah! messieurs, ne me demandez pas de vous parler d'elle, ici surtout et à cette heure.

Lytton lui glissa un marc dans la main, et remarqua avec plaisir que cette monnaie, si allemande qu'elle soit, a une vertu particulière, même contre la peur des revenants. Toutefois, le guide s'était assis à l'intérieur de l'escalier avec sa lumière, moins vacillante que sur la tour.

— Comme vous voudrez, dit-il; mais, croyez-moi, elle porte malheur.

— N'avez-vous rien aperçu là-bas? demanda sir Lionels avec un léger frémissement dans la voix.

— Vous la reconnaîtrez à la lueur verdâtre qui rayonne autour de sa tête, reprit le guide, et surtout à l'expression de douleur de son visage; cela fait peur.

Sir Lionels regardait dans la direction de l'escalier, comme s'il eût aimé se mettre à l'abri de la contagion de cette douleur qui commençait à réagir sur lui; mais Lytton ne paraissait nullement ébranlé.

— Vous savez son histoire? demanda-t-il.

— Qui ne la sait pas dans le pays? répondit le guide.

— Moi, fit tranquillement l'Américain en allumant un havane, et je serais enchanté de la savoir.

— Il y a bien longtemps, commença le guide d'une voix légèrement émue, il se trouvait dans la contrée deux ouvriers, Hans et Ludwig. Le premier, beau, mais d'un mauvais caractère, aimait une charmante jeune fille des environs, qui lui préférait le second, fort laid, mais fort bon. Barbe — c'était le nom de la jeune fille — venait tous les soirs près de la chute, déguisée en homme, pour voir son fiancé que les devoirs de sa profession retenaient en ces lieux. Hans, la rage au cœur, résolut de se venger ; il suivit un jour la jeune fille avec l'intention bien arrêtée de l'enlever et de tuer Ludwig.

Malheureusement, le projet criminel arriva aux oreilles de son rival, qui n'en continua pas moins ses entretiens, tout en prenant ses mesures. Un soir d'été, lorsque le ciel était chargé de nuages et qu'il faisait plus sombre qu'à l'ordinaire, Ludwig

Les échos répétèrent le cri déchirant que poussa la victime.

se plaça au-dessus de la chute, de manière a ne pas être vu, à pouvoir se jeter sur son ennemi dès qu'il arriverait, et à le précipiter du haut du rocher sans que Barbe s'en doutât. Il attendait depuis quelque temps, lorsqu'il entendit des pas d'homme; c'était lui, le bâton qui résonnait sur les pierres ne lui laissait aucun doute.

D'un bond il sortit de sa cachette, saisit vigoureusement celui qui approchait et le précipita dans le Nideck. Les échos répétèrent le cri déchirant que poussa la victime, qui n'était autre que la malheureuse jeune fille. A ce moment, la lune, perçant les nuages, illumina de ses rayons la vieille tour et ses environs. Ludwig, sous le coup d'une indicible émotion, leva les yeux et aperçut au sommet un homme qui lui lança un rire diabolique et qui lui cria :

« Tu t'es trompé, Hans vit encore, et Barbe n'est plus, c'est toi-même qui l'as tuée. »

Ludwig, tout frémissant, s'élança vers lui; mais celui-ci se laissa glisser le long des rochers, puis disparut dans l'obscurité. Ludwig désespéré partagea le sort de sa fiancée en se jetant dans l'abîme. Depuis ce moment, Barbe revient assez souvent dans la tour, les soirs d'été; et dès qu'elle voit un voyageur, elle le suit, croyant apercevoir Hans, dont elle a juré la perte.

— J'avais lu une autre version dans un de vos plus sympathiques conteurs, Erckmann-Chatrian, reprit Lytton.

Mais était-ce un effet de la pâle lueur de l'astre des nuits ou de l'humidité du lieu? Son regard tomba sur son compagnon; il le vit si pâle, si défait, qu'il se souvint de l'organisation toute féminine de cet enfant dont il avait en quelque sorte accepté momentanément la tutelle, et, changeant brusquement de sujet, il témoigna autant d'empressement d'aller regagner sa couchette que s'il eût été lui-même susceptible d'une émotion aussi puérile.

XXII.

Reichshoffen.

Le lendemain, nos voyageurs revenaient à Saverne, juste à temps pour prendre le train qui devait les emporter à Haguenau, leur prochaine halte. La voie ferrée parcourait une riche contrée, dont chaque parcelle de terre est disputée aux houblonnières par la culture maraîchère, à la culture maraîchère par les houblonnières. On sent que l'on approche de Bischwiller, qui, malgré les pertes que lui a imposées l'annexion, est encore le plus important des marchés de houblons. Chemin faisant, sir Lionels disait :

— Regardez chacune de ces stations, avec leurs magnifiques jardins; comme tout est net et soigné à leurs abords ! On ne saurait refuser aux Prussiens les qualités qui font les gens d'ordre, et ces goûts simples qui font les gens heureux !

— Il n'y a qu'une chose qui me choque : c'est qu'ils sont trop uniformes, répondit Lytton.

— Oh ! il faut toujours que vous leur adressiez quelque reproche.

— A votre tour, vous n'avez pas remarqué un fait que personne n'ignore pourtant : c'est que toutes ces lignes de l'Alsace-Lorraine ont été converties en lignes stratégiques ; tout y est machiné pour en faire au besoin un véritable ouvrage de défense. On y a multiplié les remblais, parce qu'ils constituent autant de remparts pouvant servir d'abri aux tirailleurs. Le moindre ponceau est pourvu de son fourneau de mine ; chaque maisonnette de garde-voie a ses meurtrières, ses redans, ses bretèches et ses barbacanes. Chaque bâtiment de station, se succédant de cinq en cinq kilomètres, est dominé par une tour de vigie dont le cadran d'horloge masque une embrasure de canon ; les quais et les voies de garage sont partout aménagés avec une ampleur dont on n'a nulle idée en France, même dans les gares des grandes villes ; et tout autour du groupe de constructions qui forment les stations, vous avez remarqué vous-même ces vastes enclos convertis en jardins et en potagers, et naturellement vous avez cru y voir des indices de la pureté et de la douceur des mœurs allemandes. Détrompez-vous : ce luxe de verdure et de fleurs cache des mesures administratives et a pour but unique de déguiser de véritables places d'armes.

— Vous m'effrayez. Que deviendrait la France en cas de guerre, en présence de si formidables préparatifs ?

— Bah ! l'Autriche ne s'était-elle pas, au quadrilatère de Vérone, fortifiée de manière à se rendre invulnérable ? Ce ne sont pas les savantes précautions de la Prusse qui la rendront invincible, si les éléments étrangers qu'elle recèle dans son sein viennent à se désagréger. On demandait à des Badois pourquoi ils s'étaient battus avec tant d'acharnement pour un prince qui avait été leur ennemi avant de se déclarer celui de la France. « Pourquoi les Français ont-ils commencé par des défaites ? répondirent-ils ; une première victoire de leur côté eût probablement changé notre ligne de conduite. »

— Je comprends ; et les Prussiens sont fous de rester sur ce pied de paix armée, remarqua sir Lionels ; ce doit être ruineux ?

— Oui, mais ils ne peuvent guère faire autrement. En enlevant à la France un lambeau palpitant de sa chair, les Allemands avaient cru faire un coup de maître. Ils se sont aperçus, mais trop tard, que c'était une école. Si, d'une part, la perte de l'Alsace-Lorraine est une plaie toujours saignante au cœur de la France, son acquisition est, d'autre part, une écharde profondément enfoncée au flanc du nouvel empire germanique. Du reste, c'est lui qui l'a voulu. On lui a assez dit : « Renoncez à nous conquérir, si vous voulez une paix durable. » Il lui avait été jusqu'alors si facile d'annexer ces populations allemandes domptées par la force brutale comme le Prussien par la schlague ! il avait besoin d'apprendre qu'un peuple qui a une fois mis ses lèvres à la coupe de la vraie liberté est composé d'hommes....

— Et de femmes ! interrompit sir Lionels avec un sourire attendri, car il pensait à Mme Toulmonde serrant sa petite France dans ses bras.

— Vous avez raison. Le régime de la liberté est bon pour l'homme comme pour la femme ; car il élève le niveau moral, il donne à leurs facultés les plus hautes un libre essor, une salutaire expansion. Vous avez été à même d'en juger dans vos voyages, la femme allemande est le type de la soumission patiente, servile, résignée. Aussi n'essaye-t-elle pas même de réagir dans son intérieur ; ne faut-il pas à son seigneur et maître, toujours courbé sous les rigueurs d'une compression arbitraire, la détente légitime qu'il trouve dans le rôle de tyran domestique? En Alsace, au contraire, la femme, égale et compagne de l'homme, influe sur lui à tous les âges et dans tous les états : enfant, adolescent, homme fait. Elle ne se mêle pas à la lutte politique, elle ne descend pas dans le forum, mais elle a le sentiment très net de ce que l'on doit à la patrie, et elle joue le rôle discret, effacé, mais tout puissant, qui convient à nos mères, à nos sœurs, à nos femmes.

L'entrée du train en gare de Haguenau interrompit la conversation.

Cette petite cité ne devait pas les retenir longtemps; son origine, relativement moderne, n'offrait pas à Lytton l'intérêt des cités de création gallo-romaine ou franque; car ce fut un rendez-vous de chasse du duc de Souabe Frédéric le Borgne, qui lui donna naissance. Cependant le rang qu'elle a occupé pendant le moyen-âge mérite de fixer un instant l'attention.

Résidence préférée de plusieurs empereurs d'Allemagne, elle fut favorisée de privilèges excessifs, placée à la tête de la décapole et dotée d'un tribunal impérial. C'est à Haguenau que Richard Cœur de lion, prisonnier de l'empereur Henri VI, comparut devant une assemblée de princes.

La ville souffrit beaucoup pendant la guerre de Trente ans et plus encore sous Louis XIV; car en 1677 ses fortifications furent rasées et la ville livrée aux flammes par le maréchal de Créqui. Elle se releva pourtant de ses ruines, fut de nouveau fortifiée, mais dut à un décret impérial, qui la déclassa en 1867, l'avantage de n'être point bombardée trois ans plus tard.

Telle était la substance des renseignements que Lytton communiqua à son compagnon, tout en déjeunant à l'*hôtel de la Poste*.

L'hôtesse, reconnaissant en eux des étrangers de distinction, les engagea vivement à aller visiter la halle aux houblons, la caserne située sur l'emplacement du palais élevé par Frédéric Barberousse, et surtout l'église Saint-Georges, qui se recommandait à eux, disait-elle, par les deux plus anciennes cloches de l'Alsace, puisqu'elles remontent au XIIIe siècle. Mais si intéressant que pût être l'antique édifice, nos touristes, au lieu d'aller saluer les cloches, se contentèrent de se laisser saluer par elles, car elles sonnaient un joyeux carillon lorsqu'ils reprirent le train, sans que Lytton eût eu le temps d'aller donner seulement un coup d'œil à la bibliothèque, dont les livres rares l'eussent séduit plus qu'autre chose.

Un moment l'ordre de voyage faillit être interrompu. Fidèle jusqu'au bout à son programme, l'Américain aurait voulu pousser jusqu'à Wissembourg, afin de montrer à sir Lionels la preuve de la domination mérovingienne, attestée par la statue de Dagobert dans l'antique et magnifique basilique dont s'honore cette cité. Mais sir Lionels savait que les heures de son ami étaient comptées ; il ne pouvait perdre un jour. Il insista donc pour tenir pour *vue* la statue, à la condition que Lytton lui raconterait ce qu'il savait sur la bataille qui précéda et prépara Reichshoffen, où ils se rendaient en ce moment.

— Précisément les souvenirs abondent, disait Lytton, fort ennuyé de renoncer à cette excursion. Wissembourg doit son nom à une fondation pieuse de ce Dagobert qui, quelque défaveur que la verve gouailleuse des Français ait attachée à son nom, fut un bon roi.... pour le temps. Après que le traité de Westphalie eut rendu Wissembourg à la mère-patrie, le maréchal de Villars y fit établir ce que l'on était convenu d'appeler les lignes de Wissembourg.

— Qu'était-ce que ces lignes? demanda sir Lionels.

— C'étaient une série d'épaulements, de parapets renforcés de distance en distance par des redoutes qui se prolongeaient sur une étendue de plus de trente kilomètres. Mais si nous voulons grouper les souvenirs historiques particuliers à Wissembourg, disons que quelques années plus tard nous y trouvons Stanislas, roi de Pologne, dépossédé non seulement de son royaume, mais de l'asile qu'il tenait de la générosité de Charles XII de Suède. C'est même là qu'il reçut en 1725 le duc d'Antin chargé de lui demander la main de sa fille pour Louis XV. Le 3 décembre 1793, le général Hoche y remportait une victoire sur les Autrichiens de Wurmser. Hélas ! l'enivrement de la gloire est passager. La victoire est volontiers infidèle.

— Peut-être aussi n'y avait-il pas un Hoche pour la fixer comme au siècle dernier, remarqua sir Henry.

— Un Hoche, non; mais un bon et brave général, Abel Douai, qui, j'en suis sûr, était digne de commander en un jour de victoire. Le 3 août 1870, il recevait l'ordre de quitter Haguenau pour se porter sur Wissembourg, où il arrivait dans la soirée; il n'avait que quatre mille neuf cents hommes d'infanterie et une seule brigade de cavalerie; il alla prendre position au Gaisberg, petite colline de deux cent quarante-six mètres d'altitude qui commandait la ville et les environs. Dès l'aube du lendemain le général accomplissait son devoir et envoyait des éclaireurs de l'autre côté de la Lauter. Ici commence l'interminable histoire des fautes et des malheurs des Français.

Dans quelles conditions cette importante reconnaissance fut-elle accomplie? Il ne m'appartient pas de le dire. Les éclaireurs revinrent sans avoir rien remarqué de suspect. Pourtant le 2ᵉ corps bavarois était caché dans les bois d'alentour. Lentement, à son aise, il avançait, l'œil fixé sur l'ennemi qui ne se doutait de rien.

Il prit bien son temps; ce ne fut qu'à huit heures du matin qu'il apparut brusquement et engagea l'action sur le 74ᵉ de ligne. Cette première attaque fut lestement repoussée avec le brio de la *furia francese;* mais les Bavarois tenaient encore lorsqu'ils se virent successivement appuyés par le 5ᵉ et le 11ᵉ corps prussiens.

La bataille rageait donc avec une nouvelle ardeur, quand, vers neuf heures et demie, le général Douai tomba mortellement frappé. Il fut immédiatement remplacé par le général Pellé. Les hardis turcos exécutaient une charge à fond de train contre les batteries bavaroises. Le château de Gaisberg, contre lequel était dirigé tout l'effort de l'armée allemande, n'était défendu que par une poignée de braves; mais elle suffit longtemps à tenir en échec des forces imposantes et sans cesse renouvelées. Cependant les munitions s'épuisaient. Que vouliez-vous qu'ils fissent, ces malheureux? Ils durent céder au nombre. Voilà comment s'inaugura la série de ces combats homériques où les Français étaient toujours un contre cinq, six, sept, huit, neuf et même dix. Le général Pellé fit sonner

Le général Abel Douai.

la retraite et se retira par la route de Bitche, sur laquelle il ne tarda pas à rencontrer Ducrot.

— Trop tard ! s'écria sir Henry.

— Oui, trop tard ! c'est le mot de cette cruelle guerre, commencée à un moment inopportun, et où il semble qu'on ne devait jamais arriver en temps opportun.

En ce moment on atteignait Schweighausen. Lytton tressaillit et tira de sa poche un petit carnet de notes qu'il feuilleta.

— Je m'en doutais, dit-il enfin; ce nom ne m'était pas inconnu; j'avais noté ce point pour m'y arrêter, car des antiquités romaines y ont été découvertes, entre autres une Junon et un buste d'Hercule qui m'eussent offert un véritable intérêt.

— Vous me traitez absolument en saint Thomas, dit sir Lionels en souriant; vous ne voulez me faire grâce d'aucune des preuves de cette domination que je niais, sur la foi des auteurs allemands.

— Oh! si vous voulez les en croire, ils vous en diront bien d'autres! A propos du combat de Sarrebruck, livré le 2 août en grande partie pour donner satisfaction à l'opinion publique qui s'étonnait d'une si longue concentration de troupes sans résultat offensif, n'ont-ils pas écrit que les Français avaient bombardé la ville de gaieté de cœur, alors que pas un obus n'avait été dirigé contre elle? A Strasbourg, n'ont-ils pas qualifié de crime le bombardement de Kelh par le général Uhrich, qui était — ou nul n'y sera jamais — dans le cas de légitime défense? Et encore s'ils n'avaient fait que charger leurs consciences de mensonges grossiers faciles à réfuter....

— N'est-ce point assez?

— Il le paraîtrait; car était-il besoin de mener la guerre en barbares, comme leurs ancêtres la comprenaient et la pratiquaient il y a trois siècles?

— Vous ne faites pas assez la part de l'enivrement de la lutte; celle-ci a des exigences que l'on ne s'explique pas de sang-froid.

— Allons donc! s'écria Lytton, dont l'œil s'enflamma. Où avez-vous vu que les lois de la guerre tolèrent ailleurs que chez les sauvages des faits comme ceux qui se sont passés à

Bazeilles, à Châteaudun, à Saint-Cloud..., je devrais dire partout ?

— De quels faits si graves voulez-vous donc parler ?

— Je cite au hasard, mais je suis prêt à préciser. A Châteaudun, une vieille femme veillait auprès de son mari paralysé ; les Bavarois, à coups de crosses, la forcent à s'éloigner et mettent le feu au lit du malade, qui est brûlé vif et expire dans d'affreuses tortures. Un vieux soldat du premier Empire, témoin impuissant de cette monstrueuse et froide barbarie, s'indigne et apostrophe les bourreaux ; on le tue à coups de revolver et l'on jette son cadavre dans les flammes.

— Assez ! assez ! cria l'Anglais en se couvrant la figure avec une horreur sincère. Et vous m'assurez que ce ne sont pas des faits isolés ?

— Non ; partout où passèrent les Bavarois, on a enregistré ces atrocités en nombre considérable. Pour être véridique, je dois ajouter que les autres corps allemands ont mieux respecté leur dignité d'hommes.

Sir Lionels ne disait rien, et c'est à peine s'il avait répondu par des monosyllabes aux réflexions de son compagnon, lorsque le train entra en gare de Niederbronn.

— Oh ! la charmante petite cité ! Quel nid de verdure ! Qu'il ferait bon venir s'y retremper après les fatigues d'un long hiver parisien.... ou russe ! y oublier les exigences de la vie mondaine et les agitations de la politique ! s'écriait Lytton en parcourant, dans la soirée, la ville et ses environs.

C'est bien l'effet que produit ce petit coin privilégié qui attirerait par le charme et le pittoresque de sa situation, alors même qu'il ne retiendrait pas par l'influence salutaire de ses eaux thermales, dès longtemps appréciées des Romains d'abord, et des peuples modernes ensuite.

— Que ne m'a-t-on adressé ici ! reprenait-il, lorsqu'après un instant de conversation avec un des baigneurs qu'il avait eu occasion de rencontrer une ou deux fois dans ses voyages, il eut appris que des fouilles intelligemment conduites ont fréquemment amené la découverte de médailles romaines et de fragments de sculptures. Que ne m'a-t-on adressé ici ! J'aurais une fois satisfait mon goût inné pour les antiquités, et je serais peut-être l'heureux possesseur d'une mosaïque ou d'une médaille découverte par *moi* sur les lieux mêmes où le temps les a recouvertes de son manteau de poussière et d'oubli.

Mais il ne fallait pas songer à s'attarder; le lendemain, de bonne heure, les deux amis partaient pour Reichshoffen, Frœschwiller, Wœrth; ils s'acheminèrent à pied et seuls vers ces lieux historiques. Ils eussent souffert d'être, en ce moment, coudoyés par la masse des excursionnistes qui visitent un champ de bataille *pour y avoir été*. Ils sentaient qu'on ne se rend pas là comme à une foire, et que les grandes douleurs d'une nation méritent le respect et la sympathie plus encore peut-être que celles des particuliers.

Ils suivaient la rive gauche du Falkeinsteinbach, et tous deux songeaient au grand drame dont ils allaient explorer le théâtre. Depuis bien des jours, sir Lionels n'avait point eu une parole acerbe contre la France; l'Anglais sommeillait en lui, les antipathies de race s'évanouissaient, et l'homme restait seul, plein de délicatesse, prêt à faire la part des responsabilités, disposé à sympathiser à une cruelle infortune noblement supportée.

Arrivés au village de Reichshoffen, Lytton se dirigea vers une petite maison où M. Toulmonde lui avait assuré qu'il trouverait un guide sûr pour l'aider à se reconnaître sur le champ de bataille. Ce guide n'était autre qu'un vieux soldat rengagé de la dernière guerre et fourvoyé en plein pays ennemi. Interrogé par sir Lionels sur la cause qui l'avait fait établir dans un pays que tant de milliers d'Alsaciens avaient fui, plutôt que de subir une domination odieuse, il répondit simplement :

— La femme l'a voulu; notre vieillesse eût été trop solitaire ailleurs; nos deux fils dorment là-bas.

En effet, on sortait du chemin creux qui monte sous bois aux hauteurs d'Elsasshausen occupées par les Français le 6 août 1870. On émergeait de la forêt pleine d'ombre, de calme et de fraîcheur, dans la plaine baignée de lumière, et l'œil était douloureusement impressionné de ces premiers tertres surmontés d'humbles croix de bois, seuls souvenirs qui rappellent encore à l'indifférent que là, pendant neuf mortelles heures, trente-cinq mille Français tinrent tête aux cent quarante mille Allemands commandés par le prince royal de Prusse, soutenus par une artillerie quatre fois plus nombreuse que celle de Mac-Mahon, et qu'ils balancèrent quelque temps la victoire.

— Les nôtres se battaient comme des lions, disait le vieux sergent avec une rage sourde ; il fallait les voir : sans cesse repoussés, ils se reformaient sans cesse, ouvrant de sanglantes tranchées dans le mur vivant qui se dressait devant eux. Il fallut que les Allemands débordassent notre droite pour que Mac-Mahon consentît à se replier sur Saverne.

— L'histoire en a pris note, et le plus généreux de vos ennemis, le prince royal lui-même, leur a rendu hommage, dit Lytton d'une voix émue. Lorsqu'il vit défiler devant lui les soldats faits prisonniers pendant cette lutte héroïque, il se découvrit respectueusement, et, se tournant vers son état-major : « Saluez le courage, messieurs, dit-il ; je n'ai de ma vie rien vu d'aussi brave que ces soldats que la fortune a trahis. »

— Ah ! vous me faites du bien ! dit sir Lionels. Je craignais de ne plus pouvoir estimer un seul de ces gredins-là.

Mais tout en causant ainsi, les promeneurs avaient atteint le noyer sous lequel le maréchal de Mac-Mahon avait établi son quartier général, et certes, le poste eût été mal choisi pour un trembleur, car il était assez exposé ; mais aussi on embrassait de là tout le champ de bataille.

— Voyez, disait le vieux sergent, jusqu'à une heure nous tenions toutes ces lignes, nos positions étaient intactes ;

Frœschwiller ici et Wœrth là-bas étaient en flammes ; la canonnade et la fusillade retentissaient sur un espace de plus de deux lieues. Si Mac-Mahon avait eu en ce moment des forces suffisantes pour prendre l'offensive, c'était la victoire. Tout à coup une sinistre nouvelle parvint à l'état-major ; des renforts arrivent à l'ennemi, une forêt de casques scintillent à l'horizon ; une mêlée effroyable sur le pont, là-bas, annonce que notre droite est tournée ; c'est alors, et pour essayer de la dégager, qu'eut lieu cette fameuse charge de cuirassiers, dite de Reichshoffen. Vous en avez entendu parler ?

— Qui ne la connaît ? dit Lytton ; elle restera légendaire dans le monde entier.

— Comme un ouragan, les cuirassiers se précipitent à travers les haies, les fossés, les vergers, les houblonnières, se font mitrailler dans les rues de Morsbronn, rompent et traversent les lignes ennemies, et, en bien petit nombre, hélas ! vont se rallier à Hégeney, laissant derrière eux une large traînée de cadavres, d'hommes et de chevaux. Les Allemands sont ébranlés par cette charge impétueuse : la division de Lartigues reprend l'offensive ; mais peu à peu les masses allemandes se reforment et font tout plier devant elles ; de toutes parts, elles gravissent les hauteurs ; il faut songer à la retraite, car bientôt elle nous sera coupée. Des cuirassiers de la division Bonnemain, pour protéger la retraite, recommencent en arrière d'Elsasshausen la charge héroïque des cuirassiers de Morsbronn ; seulement les premiers étaient soutenus par l'espoir de la victoire, les seconds....

— C'est alors, interrompit Lytton, qu'eut lieu ce bref et poignant dialogue que j'ai lu quelque part et que j'ai retenu, car il est digne de l'antique. Le maréchal de Mac-Mahon s'élança vers le général Bonnemain en lui criant : « Général, chargez sur la droite avec toute votre division ; allez. — Maréchal, c'est à la mort, vous le savez. — Oui ; mais vous sauverez l'armée. Embrassez-moi, et adieu ! »

— Et..., dit sir Lionels haletant.

— Le général partit au galop ; il disparut dans cet enfer de feu et de fumée, entraînant à sa suite tous ces beaux jeunes hommes, la fleur de la jeunesse française.

— Et alsacienne, monsieur, corrigea le vieux sergent avec orgueil. C'était en Alsace que se recrutaient presque tous ces fiers cuirassiers à la crinière flottante, à la tenue martiale, le plus beau corps de l'armée ! Combien de cœurs de mères tremblent encore au seul nom de Reichshoffen ! Que d'espérances, que d'amours furent tranchés durant cette terrible cavalcade de la mort ! Au départ, c'était un régiment ; à l'arrivée, c'était une poignée....

— Si encore ils eussent sauvé quelque chose ! soupira sir Lionels.

— Ils avaient fait plus : ils avaient accompli le plus saint des devoirs, sans même être soutenus par l'enivrement du succès ou les promesses de la gloire ; ils avaient donné leur vie pour la patrie, ils avaient sauvé l'honneur !

Les trois hommes marchaient maintenant en silence au milieu des croix qui se multipliaient à l'infini ; il y en avait dans les chemins creux, au coin des bois, et partout dans la plaine immense. L'aspect de cette riante campagne ainsi transformée en cimetière oppressait l'âme. Ces bruits de vie, ces chants d'oiseaux, ces murmures d'eau et de ramures ailleurs si pleins d'apaisement, ne parvenaient pas à calmer l'imagination surexcitée qui croyait encore entendre l'écho lointain des canons, sentir le tremblement de la terre ébranlée par ce choc géant, surprendre la plainte des blessés et les cris de rage des vaincus. Involontairement Lytton répétait ces vers qui lui revenaient à la pensée :

> Oui, ta sérénité m'importune et me lasse,
> O nature, que rien n'émeut dans nos douleurs.

Tout à coup le vieux sergent s'arrêta et se découvrit.

— Ils dorment là! dit-il.

En effet, ils étaient sortis de Morsbronn et avaient gagné le sommet d'un vignoble. Devant eux se dressait une pyramide tronquée en grès rouge, sur la façade de laquelle est gravée l'inscription suivante :

> MILITIBUS GALLIS
> HIC INTEREMPTIS DIE 6. AUGUSTI 1870
> DEFUNCTI ADHUC LOQUUNTUR
> EREXIT PATRIA MOERENS.

— *Defuncti adhuc loquuntur*, répéta Lytton en se découvrant pieusement; ce que son compagnon avait déjà fait. Oui, ils parlent encore, et l'exemple qu'ils ont donné leur communique une singulière éloquence. Je serais bien étonné si la noble jeunesse française ne prête pas un jour l'oreille à ces accents. Pauvres morts! couchés là dans cette terre devenue étrangère, ils demandent que l'ennemi n'insulte plus à leur tombe solitaire, et pour cela ils crient : « Plus de divisions qui affaiblissent, mais l'union qui rend invincible. Vengez-nous, non pour nous, qui sommes désormais au-dessus des luttes des partis, mais pour l'honneur de cette France dont nous avons presque voilé la défaite à force d'héroïsme. »

— Ils seront vengés! dit sir Lionels avec gravité. Je suis arrivé en Alsace comme un enfant, acceptant les idées toutes faites qu'on m'avait inculquées; mais vous m'avez appris à réfléchir, vous avez fait de moi un homme, vous avez dessillé mes yeux, et voici ce que j'ai vu. Ils ont menti, ceux qui ont affirmé qu'ils avaient droit aux dépouilles de la France. Ils ont menti, lorsqu'ils ont prétendu qu'ils ne faisaient la guerre qu'à l'empire, puisque l'empire, tombé au début de cette lutte sanglante, les a laissés face à face avec les Français et qu'ils n'ont pas déposé les armes. Ils ont menti, en dissimulant sous des dehors pleins de cordialité les vieilles rancunes dont ils remplissaient le cœur de leurs enfants, en faisant pénétrer sous chaque toit de leur loyale voisine l'espion, le traître, sous le masque du serviteur et de l'ami. Quiconque possède quelques notions d'honneur ne peut tenir ceux qui s'abaissent à en agir ainsi que pour des lâches. La vérité est qu'ils ont voulu assassiner la France ; ils l'ont terrassée, mais non vaincue. Oui, vous aviez raison : sa cause est juste, elle est sacrée ; mais ce que vous ne m'avez pas dit, ce que j'ai senti se dégager lentement de l'enseignement quotidien des hommes et des choses de ce pays, c'est que, malgré l'effarement de la première heure, la grande mutilée de 1870 a conservé le beau rôle. On l'a prétendue marâtre, et on lui a enlevé ses enfants, et ses enfants ont proclamé qu'elle avait des entrailles de mère ; on a attenté à son honneur en la dépeignant comme gangrenée par l'orgueil et le vice, et elle a déployé les vertus qui font les peuples forts : la modération, la persévérance, le labeur opiniâtre. Son épée s'est brisée sous un choc brutal, mais elle n'a pas pour cela perdu la couronne fleuronnée des arts, ni sa prépondérance dans le domaine de l'intelligence. Si, ne pouvant être Anglais, il me fallait choisir entre la France et la Prusse, soucieux de mon honneur, j'aimerais mieux être Français.

— Moi aussi, affirma vivement Lytton.

— Jugez donc, poursuivit le jeune homme, emporté hors de sa réserve habituelle par une émotion généreuse, jugez donc, si nous éprouvons cela, nous, étrangers, quels doivent être les sentiments de ses enfants, justement fiers de son passé, confiants dans son avenir et sa mission sublime ! Le jour viendra où ils se lèveront comme un seul homme, et alors.... ceux-là seront vengés !

Lytton lui tendit la main avec effusion.

— Je savais que nous devions un jour nous comprendre' dit-il ; la race de ces braves n'est pas éteinte en France ; nous assisterons à la revanche.

XXIII.

Lorraine.

Pendant ce temps, le vieux sergent s'était absorbé dans une douloureuse méditation. On voyait que le monde extérieur n'existait plus pour lui. De grosses larmes obscurcissaient son regard. Mus par une même impulsion, les étrangers s'approchèrent de lui, et Lytton le toucha avec respect. L'homme tressaillit.

— Vos fils? lui demanda l'Américain, devinant à demi.

— Ils dorment là, fit-il laconiquement.

— Ils en étaient?

— Tous deux.

— C'est un titre de gloire, répondit sir Lionels.

— Ah! si seulement ils étaient tombés un jour de victoire! s'écria le vieillard avec amertume.

Et, voyant que ses deux compagnons semblaient l'attendre, l'ancien soldat ajouta :

— Le chemin va tout droit, messieurs, vous ne vous égarerez pas. Je reste ici, excusez-moi.

Ce congé était si douloureux, si digne, que les jeunes gens ne songèrent point à s'en formaliser. Ils échangèrent une poignée de main sympathique avec cet homme si cruellement frappé dans ses affections de père et de patriote. Ils revinrent sur leurs pas, s'arrêtant çà et là pour déchiffrer une inscription, un nom sur les pierres déjà envahies par les herbes folles, cueillir un pâle myosotis ou redresser une croix tombée.

Il était tard lorsqu'ils arrivèrent à Niederbronn. Il ne leur restait plus le temps d'entreprendre une seule de ces excursions qui en rendent les environs si séduisants pour le touriste. Le train allait partir, ils prirent leur billet à destination de Bitche.

Pour les arracher à la rêveuse mélancolie qu'ils avaient rapportée de leur visite du matin, il fallut tout le charme de cette heure en chemin de fer. En effet, il semble qu'on traverse un immense parc anglais. De tous côtés l'œil est récréé par de riantes prairies, que de nombreuses retenues d'eau, formant de petits étangs souvent entourés de bois, entretiennent dans un état de fraîcheur constante, et par des mamelons boisés que séparent de coquettes vallées où l'on aimerait à s'égarer à loisir. L'éclat de toute cette verdure est encore rehaussé par de grandes roches de grès rouge, aux formes bizarrement contournées, émergeant à l'improviste de ces bouquets de pins et de hêtres, tandis que l'on ne cesse d'apercevoir une ruine curieuse que pour en saluer une autre plus pittoresque encore.

L'arrivée à Bitche ne devait en rien détruire l'impression délicieuse de ce court trajet ; car, de loin, on voit se dresser sur un grand rocher, également de grès rouge, s'élevant de cinquante mètres en falaises à pic de tous les côtés, le fort célèbre qui domine la petite ville, et qui fait encore partie du système de fortifications inauguré par Vauban en 1679. Démantelé après la paix de Ryswick, ce fort fut reconstruit en 1741, tel qu'il est aujourd'hui. Le soir même, Lytton et son ami avaient obtenu d'en gravir la plate-forme, et promenaient un regard attendri sur cette Alsace qu'ils allaient bientôt quitter.

— Le dernier souvenir que nous en emporterons sera encore tout à la louange de son héroïque population, remarqua Lytton, car Bitche a une double tradition de patriotique énergie.

— Vraiment?

— Oui; déjà en 1793 les Prussiens avaient éprouvé sa valeur. Une nuit, grâce à leur supériorité reconnue dans l'art de se ménager par tous les moyens possibles des intelligences dans la place, ils avaient déjà réussi à s'emparer des ouvrages avancées, quand un habitant, ayant reconnu leur approche, donna l'alarme et eut l'inspiration sublime de mettre le feu à sa maison, afin qu'on pût mieux juger des mouvements de l'ennemi.

— Bravo! c'était du patriotisme pratique! non pas des mots, mais des faits.

— Naturellement, la garnison courut aux armes, repoussa les Prussiens et leur fit deux cent cinquante prisonniers.

— Et en 1870?

— Ils se montrèrent dignes de leurs pères. Ayant de l'eau, grâce à ce puits qui est à quatre-vingts mètres, et des munitions que le général de Failly y avait accumulées, ils résistèrent. Aussi, malgré un bombardement qui n'avait laissé que des ruines, Bitche a tenu pendant deux cent trente-deux jours, et n'a ouvert ses portes que sur l'ordre formel du gouvernement français, le 27 mars 1871.

— Et quelle fut la compensation obtenue par cette héroïque défense?

— Que le gouverneur dicta des conditions aux vainqueurs; il refusa les honneurs militaires de l'ennemi et exigea que les Bavarois se tinssent hors de vue et n'entrassent dans la ville

HISTORIQUE ET LÉGENDAIRE. 333

qu'après le départ du dernier soldat français, emmenant armes
et bagages.

Le lendemain, nos voyageurs arrivèrent à Sarreguemines

Une rue de Bitche.

par une route presque aussi charmante que celle de Bitche. La
veille, ils avaient résolu de déjeuner dans cette ville, qui figurait
sur le parcours qu'ils s'étaient primitivement tracé, un peu à
cause de son origine, beaucoup à cause de sa situation à

proximité des champs de bataille de Forbach, Spickeren, Sarrebruck, etc.

Au commencement du viii⁰ siècle, Sarreguemines n'était qu'une villa appartenant à Pepin d'Héristal, qui en céda la moitié à l'abbaye d'Echternach ; mais, suivant l'habitude de cette époque, une ville n'avait pas tardé à se grouper à l'entour, l'endroit étant particulièrement bien choisi au confluent de deux rivières, la Sarre et la Bliès.

Toutefois, ce qui intéressa le plus le journaliste, ce fut de voir les aménagements qui ont été faits à ce point intermédiaire entre Metz et Strasbourg pour y centraliser toutes les lignes du réseau d'Alsace-Lorraine et des réseaux allemands, de manière à réunir facilement et en très peu de temps une armée de réserve de cent cinquante mille hommes, qui pût être dirigée à propos sur le point menacé. Les deux jeunes gens n'eurent pas même le temps de visiter ce qu'on nomme la salle des échantillons des produits céramiques de la ville — que bien des gens qualifieraient, et non sans raison, de musée. — Il fallait partir, car c'était le surlendemain que l'on devait se séparer, et il s'agissait d'avoir un jour franc à consacrer à Metz et à ses environs.

Avant la nuit, nos voyageurs arrivaient à Metz, sans avoir pris le temps de s'arrêter en route pour visiter le champ de bataille de Spickeren, complément de la série de désastres inaugurée à Wissembourg — et qui occasionna aux vainqueurs des pertes si sensibles — ni celui de Sarrebruck. Ils avaient choisi la voie de Thionville, devenue, de par le bon plaisir de la Prusse, la triste Diédenhofen.

Tandis que la locomotive sifflait et soufflait en gare, et après avoir donné un coup d'œil au peu que l'on aperçoit du quai, Lytton parcourait d'un rapide regard les feuillets pressés où il sténographiait ses notes et disait à sir Lionels :

— Encore une ville d'origine incontestable, car elle tire son nom d'un château construit sous la deuxième race,

Theodonis villa. Ce fut une des résidences favorites de Charlemagne ; c'est de là que sont datés plusieurs de ses capitulaires ; il y tint même en 805 une diète dans laquelle il fit connaître aux grands du royaume ses dernières volontés quant au partage de son vaste empire entre ses trois fils.

Pauvre petite ville ! elle a eu des destinées bien agitées. Elle fut d'abord annexée au Luxembourg, qui relevait de l'Empire. Au xii° siècle, elle passa au pouvoir des ducs de Bourgogne ; le mariage de Marie de Bourgogne la réunit de nouveau à l'Empire ; puis au royaume d'Espagne. Et que de sièges n'a-t-elle pas subis ! En 1558, elle est prise par François de Guise et restituée l'année suivante par le traité de paix de Cateau-Cambrésis. Elle est de nouveau, mais vainement cette fois, assiégée par Feuquières en 1639. Quatre ans plus tard, le grand Condé s'en empare. En 1792, ce sont les émigrés, soutenus par l'armée d'invasion, qui échouent contre elle. En 1814, le général Hugo, père du grand poète français, tient les Prussiens en échec. En 1815, elle est prise par les alliés ; mais elle n'a jamais tant souffert qu'en 1870....

— Fut-elle aussi bombardée ?

— Je le crois bien ! Après s'être contentés de la cerner pendant trois mois, et pour ne pas se départir de leurs habitudes barbares, les Prussiens commencèrent, le 22 novembre, à sept heures du matin, un bombardement par lequel tous les monuments publics furent incendiés. La pauvre petite ville capitula au bout de quarante-huit heures.

— Que de souvenirs néfastes !

— Pas plus qu'à Metz. Cette dernière place forte m'intéresse tout particulièrement, à cause de ce que j'ai recueilli de tous côtés sur l'ardent patriotisme dont elle a donné tant de preuves. Metz la Pucelle, c'est-à-dire l'invincible, l'invaincue, méritait mieux que d'être vendue par un traître.

— Qu'est-ce qui lui avait donné ce renom d'invincibilité ?

— Le siège de Charles-Quint en 1553.

— C'était pourtant un prince fort puissant.

— Oui ; mais, au XVIe siècle, la France a été deux fois sauvée par deux sièges mémorables : l'un, celui de Saint-Quentin, où les ennemis réussirent, mais en perdant un temps précieux ; ce qui permit de mettre le royaume en état de défense et d'arrêter leurs progrès ultérieurs ; l'autre, celui de Metz, où vint se briser tout l'effort d'une invasion formidable. A cette époque, la puissance et l'ambition qui menaçaient l'Europe étaient celles de la maison d'Autriche. Charles-Quint, maître des Pays-Bas, de l'Espagne, de l'Italie par Naples et Milan, et de l'Autriche, tenait, en quelque sorte, l'Europe par les quatre bouts. Il était de plus empereur d'Allemagne ; il possédait l'Amérique, et son fils allait épouser la reine d'Angleterre. Que manquait-il au nouveau Charlemagne?

— La France.

— Mais la France ne se laissa pas saisir. Elle lutta trente ans contre le colosse qui l'étreignait, et cette lutte est l'honneur du règne de François Ier.

— Le siège de Metz eut-il donc lieu sous ce règne ?

— Non ; mais sous celui de Henri II, fils de François Ier, qui avait fait alliance avec les protestants d'Allemagne, persécutés par Charles-Quint. Celui-ci, pour se venger de la défaite sanglante que lui avait fait subir Maurice de Saxe à Inspruck, et de la restitution à la couronne française des trois évêchés de Toul, Metz et Verdun, réunit une armée énorme pour le temps et s'en vint assiéger Metz, qu'il considérait avec raison comme la clef de la Lorraine.

— Et par qui la ville fut-elle défendue ?

— Le roi y envoya le duc de Guise, un prince que la France a le droit de maudire comme le générateur des guerres de religion qui l'ont si longtemps ensanglantée, mais auquel sa défense de Metz et la reprise de Calais ont assuré à juste titre un renom immortel.

— C'était le contraire de Bazaine alors?

HISTORIQUE ET LÉGENDAIRE.

— Le contraire absolument. Autant l'un a déployé d'impéritie, autant l'autre déploya les ressources d'un grand capi-

Siège de Metz par Charles-Quint en 1553.

taine. La relation du siège de Metz par un témoin oculaire, le grand-oncle de Fénelon.....
— L'auteur du *Télémaque?*
— Oui, le cygne de Cambrai....., montre à chaque page les

qualités éminentes de ce chef habile : une prévoyance égale à son courage, une énergie qui animait tout autour de lui et rendait tout facile, une surveillance qui ne se lassait jamais et qui, chose rare en ce temps, descendait aux plus petits détails, parce qu'il savait que la parfaite exécution des petites choses assurait l'accomplissement des grandes.

Pour ne vous en citer qu'un exemple, le duc s'aperçut un jour qu'un des points de la défense qui ne lui avait pas paru mériter une attention particulière, nécessitait des travaux spéciaux ; les troupes et la population suffisaient à peine aux travaux déjà en cours d'exécution.

« Alors, pour ne deffournir les autres ateliers, dit le journal du siège, comme aussi pour donner exemple, luy-même entreprint l'œuvre avecque les princes, seigneurs et gentilshommes qu'il avoit en sa compagnie, portant quelques heures par jour la hotte, et montrant être bien convenable à un chef de soustenir au besoing le travail et la sueur en sa personne, comme la vigilance en l'esprit. »

— Mais c'était admirable ! s'écria sir Lionels.

— Il m'a paru ainsi, et c'est pourquoi je l'ai noté. En tout, vous retrouvez ce même esprit pratique. Bien qu'il eût pris toutes les précautions possibles pour se prémunir contre le manque de vivres, il mit, quand l'ennemi approcha, toute la population dehors, par crainte des désordres et des paniques, après avoir toutefois écrit aux villes voisines de bien recevoir les Messins, et fait dresser par chaque habitant un inventaire de ses meubles, pour qu'en son absence rien ne fût détourné par les soldats.

— Voilà une mesure à laquelle je n'aurais jamais pensé.

— Je vous le dis, ce siège est des plus intéressants, et, si je n'avais pas dû abréger, j'en aurais fait une étude approfondie. Le 19 octobre, l'armée impériale parut sous les murs. Une formidable batterie ne tarda pas à y ouvrir une brèche ; mais telle était la contenance des assiégés, que les Impériaux remettaient toujours au lendemain à donner l'assaut ; ils le remirent tant et si bien, qu'ils n'assaillirent pas une seule fois la brèche qu'ils s'étaient donné tant de mal à faire. Il faut dire que les Français, bien qu'ils ne fussent pas six mille, semaient chaque jour l'alarme aux camps par des feintes ou des sorties, et obligeaient ainsi cette immense armée de près de cent mille hommes à être constamment sur pied.

Les gouverneurs des villes assiégées criaient sans cesse au secours ; Guise fit dire au roi qu'ayant des vivres pour dix mois, il se faisait fort de tenir jusqu'à la fin d'août ; qu'en conséquence il pouvait disposer de l'armée réunie à Saint-Mihiel, et la porter en Picardie où l'ennemi s'était montré.

Les Impériaux croyaient bien n'y pas rester si longtemps. Dès le milieu de novembre, le prince de Piémont avait écrit à son parent, le duc de Nemours, qui était dans la place, de lui apprêter à dîner pour le dimanche suivant, qu'il viendrait manger en son logis ; et le marquis de Marignan envoyait un trompette au duc Horace Farnèse avec instante prière de quitter la partie, parce que les Allemands et Bohêmes, bien sûrement, tueraient tout dans le sac de la ville, princes comme varlets. A quoi Guise répondait qu'il faisait meilleur dans la ville que dehors, et qu'ils avaient fait bonne chère aux jours marqués, mais que les convives promis n'étaient pas venus.

L'empereur aussi avait juré qu'il prendrait Metz, dût le siège lui coûter trois armées, et il s'y opiniâtrait. Mais avec novembre étaient arrivées les pluies ; avec décembre, les froids et le typhus ; l'armée impériale avait perdu le tiers, suivant d'autres la moitié de son effectif, quand Charles se décida à lever le siège. Le 15 janvier, le dernier corps quitta le camp, abandonnant une masse prodigieuse de morts et de mourants, sans compter le butin. Dès le 1er janvier, fuyant la vue de ce grand désastre, Charles-Quint était parti, maudissant la fortune. « Je vois bien qu'elle est femme, disait-il ; mieux aime-t-elle un jeune roi qu'un vieil empereur. »

— Il n'eût dû accuser que lui-même, qui avait entrepris une pareille opération dans une saison défavorable, remarqua le jeune Anglais.

— Sans doute; car alors on ne savait pas triompher de ces grands généraux que les Russes appellent décembre et janvier.

— Et dont ils ont si bien su tirer parti, quand il s'est agi de leur indépendance.

— Oui, dans la retraite de Moscou. Mais, pour en finir avec le sujet qui nous occupe, c'est à la suite de cette humiliation que Charles-Quint s'avoua vaincu, déposa toutes ses couronnes et s'en alla chercher dans la solitude de Saint-Just, au fond de l'Estramadure, le repos qu'il ne devait pas y trouver, puisque la punition des grands ambitieux est précisément d'être toujours la dupe de l'ambition qui les dévore.

— Je comprends que Metz tirât gloire d'une telle résistance à un tel potentat, le premier des princes qui, dans l'Europe moderne, ait attenté à l'indépendance des autres peuples.

— Oui, Metz, n'ayant jamais subi l'outrage de l'étranger, a pu s'étonner à bon droit de le voir s'impatroniser chez elle et y dicter des lois. Aussi suis-je curieux de voir si ce qu'on m'a dit est vrai, et, si plus qu'aucune des villes enlevées à la France, elle a perdu son caractère propre pour revêtir l'aspect navrant et morne d'une ville conquise et occupée militairement.

— Mais, puisque vous ne l'avez pas vue avant 1870, comment pourrez-vous en juger?

— Parce qu'on m'affirme que cette ville, naguère si populeuse et si commerçante, n'a plus aujourd'hui de commerce. Il est facile de contrôler un pareil fait.

— Les Français l'ont donc abandonnée?

— En grande partie. Les fabriques se sont fermées pour aller se rouvrir en terre française; les ateliers de peinture sur verre de la grande maison Maréchal ont été transportés à Bar-le-Duc; son importante manufacture de tabac n'existe

HISTORIQUE ET LÉGENDAIRE. 341

plus. En échange, tant en garnison qu'en civils, on y compte
trente-trois mille Allemands; aussi la pauvre ville végète-
t-elle en soupirant après sa délivrance.

— Mais je crois que nous sommes en gare.

Cathédrale de Metz.

C'était bien le nom de Metz que les employés jetaient d'un
ton indifférent à l'oreille des voyageurs. Nos amis se hâtèrent
d'aller dîner, afin d'avoir le loisir de donner un premier regard
à la ville, et de s'entendre pour l'excursion du lendemain sur
les champs de bataille. Ils remontèrent à cet effet la promenade de l'Esplanade, qui s'étend de la place Royale jusqu'à la

Moselle, qu'elle domine en terrasse de près de vingt mètres. La nuit était splendide ; des milliers d'étoiles étincelaient et venaient se refléter dans les eaux limpides du fleuve, dont Lytton avait vu la source emprisonnée là-bas à sa naissance.

— Que de changements ont vus les rives de ce fleuve, depuis les vieux Médiomatrices jusqu'aux Prussiens d'aujourd'hui! remarqua Lytton pensif.

— Cette ville est-elle donc si ancienne? demanda sir Lionels.

— Très ancienne. C'est l'antique Divodurum des Romains, ville superbe et déjà alors remplie de vastes monuments. C'était la capitale des Médiomatrices, peuple de la Gaule qui se rattachait à la Belgique première. Sous les Mérovingiens, elle devint et resta pendant près d'un siècle la capitale du royaume d'Austrasie. Lors du partage de l'empire de Charlemagne, elle fit partie de la Lotharingie et fut ensuite placée sous le protectorat de l'Allemagne.

— Elle a appartenu à l'Allemagne?

— Non, non, rectifia vivement le journaliste. Dès le XIe siècle elle fut constituée en ville libre impériale, et, jusqu'au moment de sa réunion à la France, elle vécut de sa vie propre avec le gouvernement qu'elle s'était donné.

Mais se souvenant que la journée du lendemain serait fatigante, Lytton s'arracha aux vieux souvenirs qu'il avait un instant évoqués, et les deux amis, oppressés d'une vague tristesse, regagnèrent lentement leur hôtel.

Le lendemain, de bonne heure, la voiture qu'ils avaient retenue la veille pour les conduire aux champs de bataille était à la porte. Ils ne se firent point attendre. Ils ne pouvaient songer à visiter en détail ni Borny, ni Vionville, ni Rezonvillle, ni Noisseville, ni Ladonchamps. Ils avaient résolu de se borner à Gravelotte et à Saint-Privat, où Lytton avait perdu un de ses amis, engagé volontaire dans la légion étrangère.

Dès les Génivaux, les tombes et les monuments funèbres commencèrent à se succéder comme dans un immense cimetière. Hélas ! il n'y en aura pourtant jamais assez pour représenter la dixième partie des héroïsmes inconnus qui se sont immolés là sur l'autel de la patrie.

— C'est affreux de songer à tout le sang qui a coulé ici sans résultat, disait Lytton, en essayant de reconstituer le drame sanglant qui s'est joué autour de Metz.

Après les désastres des batailles d'Alsace, les trois armées prussiennes, formant un total de plus de *cinq cent mille hommes*, s'avançaient vers le cœur de la France. La première, commandée par Steinmetz, se dirigeait sur Metz; la deuxième, celle de Frédéric-Charles, devait se porter sur Pont-à-Mousson, afin de couper la retraite à l'armée française et de la rejeter sous Metz; la troisième se dirigeait vers Paris par Nancy.

L'armée du Rhin se concentra autour de Metz sous les ordres de Bazaine; elle comptait cent soixante-seize mille hommes.

Le 14, eut lieu la bataille de Borny, une victoire, puisque l'ennemi fut repoussé sur tous les points. Malheureusement, cette victoire même tournait au désavantage de ceux qui la remportaient, puisqu'elle retardait d'un jour la retraite de l'armée française, et que le prince Frédéric-Charles, gagnant ainsi sur elle, arrivait à temps, quarante-huit heure plus tard, pour grossir l'effectif engagé à Rezonville.

Rezonville fut encore une victoire, l'armée française coucha sur ses positions. Mais autant les troupes montraient de valeur et d'ardeur patriotique, autant un esprit de vertige semblait s'être emparé des chefs suprêmes.

Il était tout indiqué que la lutte devait recommencer le lendemain pour poursuivre l'avantage obtenu, et les soldats, si éprouvés qu'ils fussent par une journée qui avait laissé de part et d'autre trente-trois mille morts ou blessés sur le champ de bataille, s'y attendaient et s'y préparaient avec entrain. Le lendemain ils recevaient l'ordre de se replier. A quoi bon tant d'héroïsme employé à conquérir et à conserver ces positions, pour les abandonner ainsi de gaieté de cœur? Il fallut obéir néanmoins.

Le surlendemain 18, la bataille commençait à onze heures et demie. Comme à l'ordinaire, cela débuta par une victoire : les Prussiens furent repoussés sur tous les points ; ils furent horriblement mitraillés là-bas, à cet endroit que l'on nous a indiqué comme étant Saint-Hubert. Un moment la panique se mit dans leurs masses profondes ; le IXe corps était tellement éprouvé, qu'il fallut le faire rentrer dans la réserve. La déroute commença ; mais de Moltke veillait, il arriva en personne avec des troupes fraîches. Si Bazaine en eût fait autant, s'il eût soutenu Canrobert et Ladmirault, dont les troupes faisaient des prodiges de valeur, s'il eût envoyé à leur secours la garde, qui rongeait son frein l'arme au pied, Saint-Privat était une victoire complète ; la guerre de 1870 changeait peut-être de face.

— Et Bazaine?

— Il avait des occupations sans doute plus importantes que celles de commandant en chef ; il n'était pas même sur le champ de bataille.

— Aussi les obus ne l'atteignaient pas ! fit sir Lionels en raillant.

— Toujours est-il que les renforts demandés par ses subordonnés arrivèrent à huit heures du soir, alors que, n'ayant plus de munitions, ces derniers avaient commencé à battre en retraite.

— Quelle souffrance pour ces braves !

— Oh ! oui, braves, on peut le dire ! Nulle bataille n'a été aussi sanglante pour les Allemands ; de leur côté, vingt mille hommes jonchaient le sol.

— Et du côté des Français?

— Dix mille cinq cents.

— Et dans quelles proportions fut la bataille?

— Cent vingt-cinq mille Français contre deux cent soixante-dix mille Allemands.

— Décidément on avait tort de conclure à la dégénérescence de la valeur française.

— Oui ; de semblables défaites sont douloureuses, mais point ignominieuses, excepté pour le lâche qui a accepté devant l'histoire et devant sa conscience la responsabilité de tant de vies inutilement sacrifiées.

— Que se passa-t-il ensuite sous Metz?

— L'armée du Rhin n'existait plus ; elle était bloquée, le mouvement tournant des Allemands ayant pu s'achever sans encombre ; elle devenait l'armée de Metz.

Le 26 août une sortie fut tentée ; elle était résolue depuis le 21. On y retrouve la même impéritie, si bien que le canon du fort Saint-Jean qui devait donner le signal de l'attaque, ne tonna qu'à *quatre heures du soir!* Les troupes françaises se battirent admirablement ; mais l'affaire, commencée trop tard, dut se terminer à la nuit. Pendant ce répit forcé, les Allemands concentraient rapidement toutes leurs forces, si bien que dès le lendemain à l'aube ils attaquèrent sur tous les points à la fois.... On n'oublia que de soutenir le 3º corps engagé ! Aussi, après avoir sacrifié trois mille hommes, fut-on obligé d'abandonner les positions déjà conquises et de se replier encore une fois ! Ce fut le combat de Noisseville. Oh ! si j'étais Français, en quelle exécration je tiendrais cet homme, plus coupable mille fois qu'un assassin et un bandit !

— Mais après?

— Après? Vous m'en demandez trop long. Qui est-ce qui a jamais su le dernier mot des menées ténébreuses qui ont abouti à la reddition d'une place forte de premier ordre et d'une armée de cent vingt mille hommes, valeureuse comme celle qui a combattu dans cette plaine, comme celle que le roi de Prusse était forcé d'admirer à Sedan même, lorsqu'il s'écriait : « Oh ! les braves gens ! »

— Mais encore?

— Eh bien ! il y eut une dernière sortie ; ce fut le combat de

Ladonchamps. Mais on avait attendu un mois entier. Les troupes, énervées par cette inaction forcée, les souffrances du blocus et le sentiment de quelque chose de monstrueux qui se tramait dans l'ombre, firent cependant leur devoir; à trois heures on avait pris deux batteries ennemies, les premières lignes allemandes étaient enfoncées. Un suprême effort, que tous étaient prêts à tenter, pouvait dégager l'armée, abattre l'enivrement orgueilleux des Prussiens, peut-être sauver la France!... Le général en chef fit sonner la retraite.

— Oh! c'était de la fatalité!

— C'était le mauvais génie qui poursuivait son œuvre.

— Voyons, fit le jeune Anglais en se rapprochant de son compagnon, comme pour témoigner de l'intérêt qu'il attachait à la question qu'il allait poser, ne craignez-vous pas que cette période fatale — on ne peut lui appliquer d'autre expression — ne marque le commencement du déclin de ces races latines dont la France est l'âme en quelque sorte visible?

— Moi, croire cela! Jamais! Où trouvez-vous, dans une période de décroissance, l'admirable vitalité qui a marqué le relèvement de la grande vaincue de 1870? Et puis, on ne meurt pas avec les germes puissants et féconds que la France renferme dans son sein, et qui, après avoir déjà porté des fruits si excellents pour elle, sont encore appelés à vivifier tous les peuples ses voisins. Non! la France a encore une grande, une belle mission à remplir, et, vous le savez, la douleur, dans les âmes bien trempées, amène le progrès, la réaction, l'effort. Elle n'amollit que les lâches.

Mais il était déjà tard, car il faut compter plus d'une demi-journée pour visiter cet immense champ de bataille de Saint-Privat. Lytton désirait donner un coup d'œil à la ville de Metz. On s'en revint donc en causant toujours de cette grande épopée, de ces milliers de jeunes hommes pleins de vie, de cœur et d'espérance, qui s'étaient entassés là pour mourir, Français, Prussiens, Allemands de toutes dénominations.

— Oh! la guerre est une horrible chose! disait sir Lionels.

— Oui; et bien grande est la responsabilité de la Prusse dont le souffle ardent entretient le feu sous la cendre. Je soupire après l'heure où elle ne sera plus possible. Mais quelle hécatombe humaine pour en arriver là!

Le cocher, sans doute habitué à cela, avait fait un détour et les avait déposés au cimetière de l'île Chambière, et là, il leur avait indiqué ce que l'on y vient voir : un monument élevé par la ville de Metz aux soldats français morts dans ses murs.

— C'est un ossuaire, remarqua Lytton.

— Voyons, fit sir Lionels ému : je n'en ai jamais vu.

En effet, les voyageurs se trouvaient en présence d'un haut soubassement portant une pyramide terminée par une urne cinéraire; et, chose triste à voir, ce soubassement est percé d'ouvertures dans lesquelles viennent s'engager des cercueils empilés, qui indiquent assez que le monument a été élevé à la mémoire d'un grand nombre de morts. Hélas! une des inscriptions, celle de la face postérieure, en donne une idée douloureuse : « Aux sept mille deux cent trois soldats français morts dans les ambulances de Metz. » Les autres indiquent les combats autour de la cité.

— Voyez celle-ci, fit sir Lionels; elle me plaît par son éloquente simplicité : « Les femmes de Metz à ceux qu'elles ont soignés. » Dieu merci, ajouta-t-il, pensant peut-être à sa mère, plus les hommes causent de maux, plus les femmes ont de dévouement pour tâcher de les soulager.

Lytton s'attardait. Il se demandait si le cher disparu de 1870 dormait sous cette froide pierre ou s'il était resté couché là-bas au gai soleil d'été, indifférent à nos douleurs, et qui se joue aussi bien dans les boucles brunes du fils qui ne reverra plus sa mère, que si la mort n'avait pas tranché des jours si pleins d'espérance, absorbé à son profit cette brillante jeunesse que réclamaient tant d'affections diverses. Toutefois, s'apercevant que son compagnon n'était plus à ses côtés, il le chercha de l'œil : il le vit presque affaissé sur un des prie-Dieu en pierre qui sont disposés autour du monument.

— Vous souffrez? lui demanda-t-il vivement.

— J'ai honte de moi, répondit le jeune homme; mais en ce lieu qui rappelle les douleurs de tant de morts et peut-être encore de vivants, c'est un sentiment personnel qui domine : le regret de vous voir partir.

L'avez-vous remarqué? Les dernières heures qu'on passe avec un ami s'écoulent avec une rapidité désespérante.

A peine les deux jeunes gens eurent-ils le temps de saluer le monument élevé aux officiers tombés sous Metz, et reconnaissable à sa statue de la France couchée et tenant un drapeau. Ils rentrèrent en ville. Ils ne purent visiter ni la cathédrale, si curieuse et si intéressante pourtant par ses magnifiques verrières et vitraux qui ont une réputation européenne, et par la conception ingénieuse qui a permis de comprendre dans son plan la vieille église de Notre-Dame la Ronde, ni les autres monuments dont elle abonde; ni les vieux murs romains ; encore bien moins les forts, pour lesquels, du reste, l'autorisation est extrêmement difficile à obtenir. On leur signala seulement au passage quelques curiosités, telles que la maison de Rabelais, de vieilles maisons du xive et du xviie siècle.

La nuit était déjà venue, et le lendemain on devait se séparer.

Tirons le rideau sur la sincère douleur de sir Lionels pendant cette dernière soirée, et sur la préoccupation de Lytton, qui se demandait comment cette âme généreuse, mais faible, s'accommoderait désormais de sa solitude.

UNE DÉDICACE A LA FIN D'UN VOLUME.

Quelques semaines plus tard, Lytton recevait avec surprise un paquet recommandé qu'il n'attendait pas. Une lettre l'accompagnait ; il la parcourut vivement. Voici ce qu'elle contenait :

« Cher ami,

« Lorsque vous me laissâtes seul et désolé sur le quai de la gare de Metz, je crus que vous emportiez avec vous mon courage, mon énergie et jusqu'à mon désir de vivre. Je m'en allai promener ma tristesse sur les bords de la Moselle, et je m'abandonnai à l'amer regret des jours heureux que vous m'avez fait vivre auprès de vous. Puis, faisant un retour sur moi-même, je me demandai de quelle utilité j'avais jamais été sous le soleil, quel bien j'avais produit en ce monde, où tout a sa tâche à accomplir ; au bonheur de qui j'avais travaillé, en dehors de celui de ma bonne mère, qui se contentait, pour être heureuse, de mes baisers et de mes caresses. Vous dirai-je les sombres pensées qui hantaient mon esprit ? Non ; vous ne comprenez pas la lâcheté, et j'étais lâche. Je souffrais comme doit souffrir le soldat qui veut déserter son poste. Cela dura longtemps.

« J'avais regagné ma chambre solitaire ; je caressais de l'œil et de la main mes pistolets, quand tout à coup l'idée me vint, avant d'en finir, de fixer sur le papier le souvenir de ce temps écoulé : cela le ferait revivre pour moi ; ce serait une dernière joie. Je pris mes notes et je les feuilletai ; soudain une réaction s'opéra. J'écrivis, j'écrivis pendant bien des heures ; et à mesure que se produisait en moi l'effort de la pensée pour ressaisir l'esprit de vos renseignements, je me rassérénais. Je n'étais plus triste, je n'étais plus seul, je vivais....

« Depuis, cher Lytton, je suis un autre homme ; le travail m'a régénéré ; je n'ai plus peur de la solitude, elle m'est chère. Quelles heures charmantes n'ai-je pas passées à retracer les principales phases de notre voyage, les principaux points sur lesquels ont porté nos études ! J'ai beaucoup réfléchi, et le jour sous lequel vous avez placé la France à mes yeux m'a paru de plus en plus vrai. J'ai reconnu la véritable grandeur de cette nation, que son ardeur emporte quelquefois trop loin, mais qui rachète ses fautes par sa générosité innée. Or, c'est précisément cette qualité qui a manqué à tous ceux qui se sont arrogé le droit de la juger. On l'a vue chanceler, et nul ne lui a tendu la main ; on l'a vue terrassée, et l'on a exagéré son mal à dessein, parce que tous la jalousent.

« Quand elle s'est relevée, quand elle a étonné le monde par la sève puissante qui avait survécu à ses blessures, on a murmuré tout bas que, ne succombant pas au fer de l'étranger, elle tomberait victime des fautes de ses enfants. Tandis qu'elle marche à travers des tâtonnements inévitables vers la réalisation d'un idéal sublime de justice et de vérité, on lui impute à crime les traînards ou les retardataires. Elle a ouvert un sillon lumineux, et l'on crie qu'il aboutit aux abîmes. Pourquoi? Je me le suis demandé, et j'ai répondu en deux mots : *Væ victis*.

« Alors je me suis voilé la face. Se peut-il que les nations civilisées en soient encore là? Qu'elles professent à ce point le respect de cette formule barbare dont la Prusse a fait sa devise : « La force prime le droit. »

« Et sous l'impression d'humiliation morale que je ressentais, j'ai reporté mes yeux vers cette Alsace-Lorraine si noble, si française, qui a repoussé toutes les avances et toutes les séductions du plus fort pour rester fidèle au malheur. Je me suis reposé dans la contemplation de cet exemple qu'elle donne au monde et qui fait sa grandeur. Honneur à ce pays qui a su secouer le préjugé du *væ victis* antique !

« Et moi aussi je le combattrai partout où je le rencontrerai ; ma plume, cette plume que vous m'avez mise en main, cher Lytton, aura pour mission de le flétrir et de le dénoncer, qu'il menace les peuples ou les individus. Voilà le but auquel je consacrerai mes forces ; et si je n'ai pas l'autorité de votre talent, j'aurai du moins celui d'une conviction ardente.

« Faites de ceci ce que bon vous semblera.

« W. H. LIONELS. »

Dans le courant de l'hiver qui suivit, Lytton fit tout exprès le voyage de Russie à Londres pour offrir à sir Lionels le premier exemplaire de son consciencieux travail. Il lui tardait de le féliciter de l'immense progrès qu'il avait accompli en donnant à sa vie un but digne d'elle.

A notre tour, qu'il nous soit permis d'y ajouter deux mots : *Pro patriâ*.

FIN.

TABLE.

	PAGES
I. — Une Naïade prisonnière.	7
II. — Edel-Sass.	14
III. — A la recherche de la vérité.	26
IV. — L'Ochsenfeld. — Mulhouse.	42
V. — Ensisheim.	61
VI. — Turkheim.	71
VII. — Munster.	86
VIII. — Le Hohneck.	94
IX. — Colmar.	108
X. — Comment le général Rapp se trouva dans un embarras extrême et s'en tira.... sans s'en douter.	117
XI. — Schelestadt.	130
XII. — Le Hohkœnigsburg.	140
XIII — L'Heidenmauer.	153
XIV. — La patronne de l'Alsace.	163
XV. — La reine Richardis.	172
XVI. — Les fleurs séditieuses.	184
XVII. — Strasbourg.	198
XVIII. — Les héros de l'Alsace.	217
XIX. — La cathédrale de Strasbourg et la *Marseillaise*.	254
XX. — Alsaciens et Prussiens.	275
XXI. — Souvenirs et légendes.	295
XXII. — Reichshoffen.	315
XXIII. — Lorraine.	330
Une dédicace à la fin d'un volume.	349

Rouen. — Imp. MÉGARD et Cᵉ, rue Saint-Hilaire, 136.

Texte détérioré — reliure défectueuse

NF Z 43-120-11

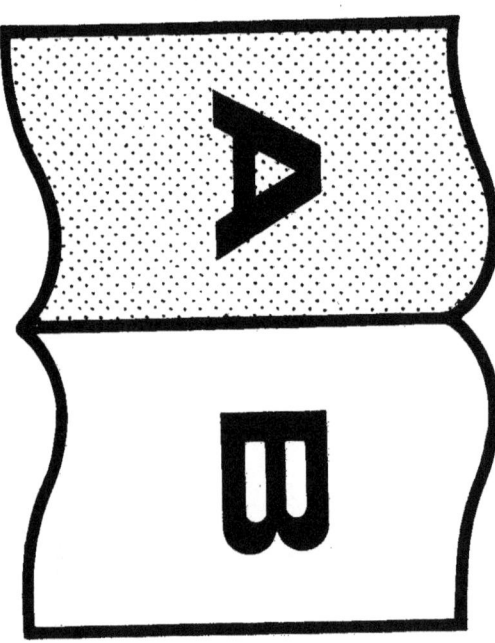

Contraste insuffisant
NF Z 43-120-14

www.ingramcontent.com/pod-product-compliance
Lightning Source LLC
Chambersburg PA
CBHW070858170426
43202CB00012B/2111